Deutschdidaktik für die Primarstufe

Band 3

Deutsch Digital

Theorie

herausgegeben von

Julia Knopf & Ulf Abraham

Schneider Verlag Hohengehren

Deutschdidaktik für die Primarstufe
Reihenherausgeber: Julia Knopf & Ulf Abraham

Umschlag:
Jette Theiß-Neuner

Bibliografische Information der Deutschen Nationalbibliothek
Die Deutsche Nationalbibliothek verzeichnet diese Publikation in der Deutschen Nationalbibliografie; detaillierte bibliografische Daten sind im Internet über http://dnb.d-nb.de abrufbar.

ISBN: 978-3-8340-1661-4

Schneider Verlag Hohengehren
Wilhelmstrasse 13
D-73666 Baltmannsweiler

homepage: www.paedagogik.de

Printed in Germany
Druck: Appel & Klinger, Schneckenlohe

Inhaltsverzeichnis

2. Nutzung und Integration digitaler Endgeräte

JULIA KNOPF, ULF ABRAHAM

Vorwort

Wir können jederzeit online gehen – mit unseren Laptops, Tablets oder Smartphones. Und wir tun dies, denn der Umgang mit digitalen Medien ist Alltag – beruflich wie privat gleichermaßen. Insbesondere Kinder und Jugendliche nutzen die Möglichkeiten, die ihnen die Digitalisierung heutzutage bietet. Und beinahe täglich werden es mehr. Aber sollten bereits Kinder digitale Medien nutzen? Skeptiker skizzieren Horrorszenarien von Kindern, die alleine im Sandkasten sitzen und vereinsamt auf ihr Tablet starren. Von der „digitalen Demenz" ist die Rede und der ein oder andere dramatisiert: Digitale Medien machen dumm, faul und süchtig. Im Extremfall wird daraus gefolgert, Kinder sollten vor ihrem 18. Lebensjahr kein Smartphone und keinen Computer besitzen.

Sicher, man darf die Risiken neuer Entwicklungen nicht ignorieren. Auch gibt es das eine oder andere negative Beispiel, das eine skeptische Haltung stützt. Aber gerade der Risiken wegen sollten Heranwachsende auch im Deutschunterricht mit digitalen Medien auseinandersetzen. Zahlreiche nationale und internationale Forschungsprojekte zeigen: Ein verantwortungsvoller Umgang mit digitalen Medien schon im Kindesalter kann einen entscheidenden Beitrag leisten, um die sprachlichen und literarischen Kompetenzen von Kindern zu fördern. Manchmal können digitale Medien dies sogar besser als die ‚alten Medien': Mit qualitativ hochwertigen Bilderbuch-Apps lassen sich beispielsweise die genaue Wahrnehmung sprachlicher Besonderheiten oder die Übernahme von Perspektiven literarischer Figuren mitunter gezielter fördern. Was aber nicht heißt, dass Kinder nur noch Bilderbuch-Apps rezipieren sollten. Es geht nicht um ein Entweder – Oder, sondern um eine bewusste Entscheidung für ein Medium, das in einer bestimmten Situation einen Mehrwert bietet. Dieser Mehrwert besteht allerdings nicht nur darin, bereits bekannte Kompetenzen durch den Einsatz digitaler Medien effektiver zu fördern; Vielmehr geht es auch darum, ganz neue Zieldimensionen durch die Auseinandersetzung mit digitalen Medien zu erschließen. Die beiden Bände „Deutsch digital", die die zweiten Bände der Schriftenreihe „Deutschdidaktik Primarstufe" darstellen, sollen dazu einen Beitrag leisten. Sie sind das erste Theorie-Praxis-Kompendium, welches das sprachliche und literarische Lernen im Lichte der Digitalisierung beleuchtet und dabei ausschließlich den Deutschunterricht der Primarstufe adressiert.

Der vorliegende Theorieband der Schriftenreihe zum Thema „Deutsch digital" gibt zunächst einen Einblick in die unterschiedlichen Begrifflichkeiten, skizziert die historische Entwicklung und fasst den aktuellen Forschungsstand zusammen. Sowohl die schulische als auch die private Nutzung digitaler Medien durch die Kinder ist dabei im Blick. Darauf aufbauend werden Entwicklungsperspektiven für die nächsten Jahre aufgezeigt. Die daran anschließenden Artikel widmen sich unterschiedlichen Endgeräten: Smartphones, Tablets, interaktiven Whiteboards und auch der Kombination unterschiedlicher Geräte, Stichwort: vernetztes Klassenzimmer. Anhand zahlreicher Beispiele werden sowohl die jeweiligen technischen Grundlagen nachvollziehbar erklärt als auch Einsatzmöglichkeiten für den Deutschunterricht der Primarstufe aufgezeigt. Gerade in der Grundschule ist es dabei ein Anliegen, die Kinder zu einem sicheren und kompetenten Umgang mit digitalen Medien zu befähigen. Sie müssen wissen, wann es sinnvoll ist, eine „What's App"-Nachricht zu schreiben oder wann man seine Freunde besser persönlich anruft oder trifft. Sie müssen sich bewusst für das gedruckte Kinderbuch oder ein digitales Leseangebot entscheiden. Hier sind insbesondere die Erwachsenen gefordert: Sie sind Vorbilder für einen sicheren und kompetenten Umgang mit digitalen Medien. Das erfordert natürlich auch, sich in unbekannte Themengebiete einzuarbeiten und offen zu sein für das Neue. Digital Literacy ist zu einer neuen Schlüsselkompetenz geworden, und die Entwicklung einer solchen Kompetenz ist die Voraussetzung für soziale Teilhabe und somit Teil unseres Bildungsauftrages – auch und insbesondere im Deutschunterricht. Der dazugehörige Praxisband dieser Reihe gibt – daran anknüpfend – zahlreiche weitere unterrichtspraktische Möglichkeiten für die einzelnen Kompetenzenbereiche.

Es war im vorliegenden Band mit Rücksicht auf die gewünschte Informativität und Praxisorientierung der Beiträge nicht immer vermeidbar, Hersteller von Endgeräten oder Software beim Namen zu nennen. Eine „Promotion" bestimmter Produkte ist damit ausdrücklich nicht intendiert.

Wir bedanken uns bei allen Autorinnen und Autoren für die spannenden Beiträge. Unser besonderer Dank gilt an dieser Stelle Eva Schrenker für die großartige Unterstützung bei der Erstellung des Theorie- und des Praxisbands, vor allem bei der konzeptionellen Planung sowie beim Lektorat. Ferner möchten wir uns recht herzlich bei Jette Theiß-Neuner für die innovativen Illustrationen der beiden Cover und bei Ann-Kathrin Weber-Lenkel für die aufwändige Formatierung aller Artikel bedanken. Allen Leserinnen und Lesern[1] wünschen wir viel Freude bei der Lektüre!

Saarbrücken und Bamberg, im Juli 2016

Die Herausgeber

1 Aus Gründen der besseren Lesbarkeit wurde im Text die männliche Form gewählt. Die Angaben beziehen sich jedoch auf Angehörige beider Geschlechter, sofern nicht ausdrücklich auf ein Geschlecht Bezug genommen wird.

ANDREAS SEIDLER

Die historische Entwicklung digitaler Medien aus pädagogischer Sicht

1. Die Geschichte des Computers

Digitale Geräte sind heute fester Bestandteil von Kinder- und Klassenzimmern. Der historische und funktionale Kontext, in dem die ersten elektronischen Rechenmaschinen entstanden sind, ist dazu jedoch denkbar disparat, denn diese werden im Laufe des 2. Weltkriegs gebaut.

Der deutsche Ingenieur Konrad Zuse konstruiert 1937 den ersten mit dem binären Zahlensystem arbeitenden Rechenautomaten Z 1, der allerdings noch mechanisch funktioniert. Das elektromechanische Nachfolgemodell Z 3, der als der erste funktionsfähige Digitalrechner gilt, wird 1941 fertiggestellt und für aerodynamische Berechnungen und die Entwicklung programmgesteuerter Bomben eingesetzt. Der erste vollelektronische Rechner ENIAC (Electronic Numerical Integrator And Calculator), der während des Krieges an der University of Pennsylvania entwickelt und 1946 fertiggestellt wird, diente zu ballistischen Berechnungen und kommt auch bei der Entwicklung der ersten Atombomben zum Einsatz. ENIAC nutzte Elektronenröhren als die für die erste Generation elektronischer Rechner typischen Schaltelemente. Solche Röhrenrechner, die bis in die 1960er Jahre gebaut wurden, waren turnhallengroße Ungetüme, die mehrere hundert Tonnen wiegen konnten (vgl. Lippe 2013, 7). Zu einer kontinuierlichen Verkleinerung und damit auch zunehmenden Verbreitung der elektronischen Rechenapparate kommt es in den folgenden Jahrzehnten durch die Entwicklung neuer Schaltelemente wie dem Transistor (seit den 1950er Jahren), der integrierten Schaltung auf einem Chip (1960er Jahre) und schließlich den Mikroprozessoren (1970er Jahre) (vgl. ebd., 11-40).

Bereits in den 1970er Jahren kommen Kleinrechner speziell für den Einsatz im Mathematik- und Informatikunterricht an Schulen und Hochschulen auf den Markt (vgl. ebd., 44). Eine größere Verbreitung auch in Privathaushalten finden digitale Rechner jedoch erst in der Form des Personal Computers. Zum ersten Mal realisiert wird das Konzept des PCs mit dem Apple II, der ab dem Jahr 1977 verkauft wird. Er verfügt über einen Farbbildschirm, ist ausgestattet mit Steckplätzen für Grafikkarten und Drucker und kann darüber hinaus als Synthesizer für die Bearbeitung von Klängen genutzt werden (vgl. Naumann 2001, 195). Der Computer wird damit erstmals zum Multi- oder Symmedium (vgl. Frederking 2005). Einen weiteren entscheidenden Schritt zur Popularisierung elektronischer Rechner macht die Firma Apple 1984 mit der Markteinführung des Macintosh. Dieser bietet als erster PC eine grafische Benutzeroberfläche mit Fenstern, Menüs und Piktogrammen. Damit findet auch die bereits in den 1960er Jahren entwickelte „Maus" ihre Funktion als intuitiv handhabbares Eingabeinstrument (vgl. Lippe 2013, 57). Die Interaktion mit dem Rechner durch Texteingabe in eine Kommandozeile wird damit abgelöst und Computer wandeln sich vom geheimnisvollen Apparat für Experten zu einem Medium für alle. Dabei wandelt sich auch die Vorstellung vom Nutzen elektronischer Rechner für die Menschen grundlegend. Das Leitbild des Automaten für komplexe Rechenaufgaben wird abgelöst von der Vorstellung des Computers als Werkzeug in einer Mensch-Maschine-Interaktion, in der sich die vom Computer errechneten und auf dem Bildschirm angezeigten Gegenstände vom menschlichen Nutzer bearbeiten lassen (vgl. Coy 1995).

Eine noch weitere Verbreitung als in der Form des PCs fand die Digitaltechnik im Laufe des letzten Jahrzehnts in der miniaturisierten Form von Smartphones und Tabletcomputern. Der Durchbruch gelang hier erneut dem Apple-Konzern mit der Einführung des iPhones im Jahr 2007. Smartphones und Tablets, die über einen Touchscreen gesteuert werden, vereinen in sich die Funktionen von Telefon, Kamera, Mediaplayer, Lesegerät, Spielkonsole, Navigationsgerät u.a.m. In Kombination mit den Möglichkeiten einer weltweiten Vernetzung sind Computer damit zu einem universellen Medium geworden.

2. Geschichte des Internets

Der Grundstein für ein weltweites elektronisches Datennetzwerk wird Ende der 1960er Jahre in den USA gelegt. Der Antrieb dabei war jedoch nicht, eine allgemeine Kommunikations- und Informationsplattform für Menschen zu schaffen. Vielmehr war das Ziel, die knappe Rechenkapazität einzelner Großrechner an verschiedenen Forschungseinrichtungen durch den Austausch von Daten zwischen den Rechnern besser nutzen zu können. Hierfür initiierte die unter dem Dach des amerikanischen Verteidigungsministeriums arbeitende ARPA (Advanced Research Projects Agency) 1969 das ARPANET. Ursprünglich für den Datenaustausch zwischen nur vier Rechnern geplant, schließen sich dem Netzwerk schnell weitere Universitäten und Forschungseinrichtungen an. Dabei wird auch die Möglichkeit entdeckt, dass die beteiligten Forscher auf elektronischem Wege miteinander kommunizieren. So wird 1972 die erste E-Mail über das ARPANET versandt (vgl. Lippe 2013, 143-149).

Bis zur Nutzung elektronischer Netzwerke durch eine breitere Öffentlichkeit außerhalb wissenschaftlicher Institute vergehen jedoch noch zwei weitere Jahrzehnte. 1990 verfasst Tim Berners-Lee am CERN (Conseil Européen pour la Recherche Nucléaire) in Genf einen Projektantrag mit dem Titel *WorldWideWeb: Proposal for a HyperText Project*. Er beschreibt dabei die grundlegenden Elemente, auf denen der weltweite Datenaustausch im Internet heute beruht: HTTP (Hypertext Transfer Protocol), HTML (Hypertext Markup Language) und URL (Uniform Resource Locator). Das Projekt wird umgesetzt und 1993 entscheidet das CERN, das WorldWideWeb ohne Lizenzgebühren für die Öffentlichkeit freizugeben (vgl. ebd., 154f.). Schnell werden leicht zu bedienende grafische Browser als Benutzeroberfläche für das Netzwerk entwickelt und die Verbreitung bei Milliarden von Nutzern nimmt ihren bekannten Lauf.

Auch die Bildungspolitik in Deutschland nimmt bald Kenntnis von der Bedeutung des neuen Mediums. 1996 gründet das Bundesbildungsministerium gemeinsam mit der Deutschen Telekom AG die Initiative Schulen ans Netz mit dem Ziel, alle Schulen in Deutschland mit einem kostenlosen Internetzugang und entsprechenden medienpädagogischen Konzepten zu versorgen. Im Jahr 2012 wird die Initiative mit der Begründung, dass sie ihre Ziele erreicht habe, eingestellt (vgl. Schulen ans Netz 2012).

3. Der Computer als Schreibwerkzeug

Ein Aspekt digitaler Technik, der die Deutschdidaktik in besonderer Weise betrifft, besteht in der Möglichkeit des Schreibens am Computer.

Das Medium Schrift bietet sich aufgrund seiner spezifischen Eigenschaften für eine Verarbeitung am Computer an. Denn damit Informationen durch Rechenmaschinen bearbeitet werden können, müssen sie in diskreten Einheiten vorliegen, quantifizierbar und durch Zahlenwerte repräsentierbar sein. Im Unterschied zu anderen Repräsentationsformen von Informationen wie Bilder oder Töne, die für die digitale Verarbeitung erst in ein messbares mathematisches Raster überführt werden müssen, liegt Schrift immer schon zerlegt in das begrenzte Repertoire ihrer Zeichen vor (vgl. Heilmann 2012, 196). Als Standard für die Codierung der lateinischen Schrift an Computern wird 1963 der ASCII (American Standard Code for Information Interchange) festgelegt. Bereits bei seiner Konzeption war jedoch klar, dass der ASCII in seiner Beschränkung auf die 26 Buchstaben des lateinischen Alphabets in seiner Übertragbarkeit an Grenzen stößt, spätestens wenn es um die Darstellung anderer (nicht alphabetischer) Schriftsysteme geht. Daher entwickelt die ISO (Internationale Organisation für Normung) seit den 1990er Jahren den Unicode, der den ASCII heute von den Rechnern verdrängt hat. Das Ziel ist es, alle bekannten Schriftsysteme der Welt nach einem einheitlichen Schema zu erfassen, wofür der Unicode über eine Million Codepositionen bereithält.

Mitte der 1960er Jahre kommen erstmals Computer speziell für die Textverarbeitung zum Einsatz. Ihre Aufgabe besteht dabei vor allem in der Automatisierung häufig anfallender Routinen wie das Verfassen von Serienbriefen und der elektronischen Speicherung von Texten. In Firmen und Behörden findet vor allem das Word Processing System der Wang Laboratories Inc. Verbreitung, das Anfang der 1970er Jahre 30.000 Dollar kostet, sich durch Rationalisierungseffekte im Bürowesen jedoch schnell bezahlt macht (vgl. Naumann 2001, 188).

Die intendierte Verwendung des Computers für Zwecke der Textverarbeitung ist dem Xerox Alto, der 1973 auf dem Markt erscheint, bereits in seinem Design eingeschrieben. Sein hochformatiger Bildschirm entspricht in seinen Maßen genau dem amerikanischen Standardpapierformat U.S. Letter (vgl. Lippe 2013, 45). Erkennbar ist hier bereits das Bestreben nach dem Prinzip des WYSIWYG (What You See Is What You Get), nach dem auf dem Computerbildschirm bearbeitete Dokumente möglichst genau so aussehen sollen wie nach dem Ausdruck auf Papier. Dieses Prinzip wird vor allem auch für die Ausbreitung elektronischer Textverarbeitung außerhalb professioneller Kontexte wichtig. Das erste Textverarbeitungsprogramm Electronic Pensil wird 1976 programmiert, ist jedoch umständlich zu bedienen und verfügt nur über wenige Formatierungsfunktionen. Massenhafte Anwendung findet die elektronische Textverarbeitung mit der Verbreitung entsprechender Programme für Heimcomputer. 1983 erblickt Microsoft Word in der Version 1.0 das Licht der Welt und bestimmt seit der ersten WYSIWYG-Version von 1985 gemeinsam mit den entsprechenden Programmen für Apple-Computer unsere Vorstellung davon, was elektronische Textverarbeitung bedeutet (vgl. Heilmann 192f.).

Die wissenschaftliche Auseinandersetzung mit den Veränderungen und Möglichkeiten, die das Schreiben am Computer mit sich bringt, setzt im angloamerikanischen Bereich bereits zu Beginn der 1980er Jahre ein (vgl. z.B. Nancarrow/ Ross/ Bridwell 1984; Daiute 1985). Die deutsche Wissenschaft und Didaktik reagiert dagegen eher zögerlich auf die neue Technik. Erst zu Beginn der 1990er Jahre gibt es erste Projekte etwa zum Einsatz des Computers zur Unterstützung des Schriftspracherwerbs (vgl. Hofmann/ Müsseler/ Adolphs 1993). In der Mitte des Jahrzehnts folgen Studien und Unterrichtsvorschläge auch zum Einsatz des Computers im Deutschunterricht an weiterführenden Schulen (vgl. Praxis Deutsch 1994; Blatt 1996).

4. Der Computer als Präsentationswerkzeug

Computer und die entsprechende Software haben in den letzten Jahrzehnten auch die Vorstellung davon verändert, was es heißt, einen Vortrag zu gestalten. Seit 1984 wurde unter dem Namen Presenter im Silicon Valley ein Programm entwickelt, mit dem sich Folien zur visuellen Unterstützung von Vorträgen gestalten lassen. Unter dem Namen PowerPoint kommt die Software 1987 zunächst für Macintosh-Computer auf den Markt. In der Folge werden die Rechte von der Firma Microsoft erworben und seit 1990 läuft PowerPoint auch auf Rechnern mit Windows-Betriebssystemen (vgl. Parker 2001).

Die starke Ausbreitung des Präsentationsprogramms wird dabei auch von einigen kulturkritischen Einwürfen begleitet, die u.a. beklagen, dass die Software einer Verkümmerung des Denkens in nach „Bullet Points“ geordneten Schlagzeilen Vorschub leiste. Dies ändert jedoch nichts daran, dass PowerPoint auch in Bildungsinstitutionen weite Verbreitung findet. Im Zusammenhang mit Präsentationsprüfungen ist der Umgang mit PowerPoint an der Schule heute de facto sogar zu einer abschlussnotenrelevanten Kompetenz geworden.

Seit Mitte der 2000er Jahren halten interaktive Whiteboards Einzug in die Klassenzimmer. Diese kombinieren die Funktion des Präsentierens mit der Möglichkeit der unmittelbaren Manipulation des Gezeigten auf der Projektionsfläche.

5. Der Computer als Spielgerät

Eine weitere Ausprägung digitaler Technik, die von pädagogischer Relevanz ist, stellen Computerspiele dar. Daher wird hier auch auf ihre historische Entwicklung ein kurzer Blick geworfen.

Die Verwendung von elektronischen Rechnern zu Zwecken des Spiels setzt bereits früh ein. Als erstes genuines Computerspiel gilt „Tennis for Two“, das 1958 an einem amerikanischen Forschungsinstitut durch die Verbindung eines Analogcomputers mit einem Oszilloskop realisiert wurde. In der zweidimensionalen Seitenansicht eines „Tennisplatzes“ auf dem Monitor des Oszilloskops muss ein Ball hin und her über das Netz geschlagen werden. Auch die Großrechner an Forschungseinrichtungen werden von Studierenden schnell zum Spielen „missbraucht“. So wird 1962 am Massachusetts Institute of Technology (MIT) das Spiel „Spacewar!“ programmiert. Dieses kann auch als erstes Computerspiel mit einem zumindest rudimentär narrativen Szenario gelten, das auf einer literarischen Vorlage, der Science Fiction Reihe „Lensmen" von Edward E. Smith, beruht (vgl. Beil 2013, 7).

Kommerzielle Verbreitung finden Computerspiele zuerst auf in Spielhallen aufgestellten Automaten, wie sie seit 1972 von der Firma Atari gebaut werden (vgl. Lippe, 54f.). Mit der Pong-Konsole von Atari halten Videospiele ab 1975 auch Einzug in private Haushalte. Auf diesen Geräten werden vor allem einfache Geschicklichkeitsspiele wie *Space Invaders* oder *Pac Man* geboten (vgl. Beil 2013, 9).

Spiele leisten der Verbreitung von Computern in privaten Haushalten entscheidenden Vorschub. Die Firma Commodore bringt in den frühen 1980er Jahren Heimcomputer auf den Markt, die ihren großen Erfolg vor allem der Eignung als Spielecomputer zu verdanken haben. Der Typ VC 20 wird der erste Computer, der mehr als eine Million Mal produziert wurde. Der C64 ist mit mehr als 30 Millionen verkauften Exemplaren der meistverkaufte Heimcomputer aller Zeiten (vgl. Lippe 2013, 51).

Mit der Verbreitung von Computern in privaten Haushalten differenziert sich in den 1980er Jahren auch das Spieleangebot aus. Es entstehen die heute noch gängigen Spielegenres wie Jump'n'Runs, Rollenspiele, Beat'em Ups, Rennspiele und Adventures. Letztere haben ihren Ursprung in Text-Adventures, in denen die Spielwelt und das Geschehen erzählerisch in Textform präsentiert werden und auf Text-Kommandos der Spielenden reagieren. Damit entsteht eine neue Form „hyperepischen" Erzählens, das multilineare Geschichten interaktiv erlebbar macht (vgl. Freyermuth 2015, 95).

Grafik-Adventure-Spiele erleben ihren Durchbruch erst in der Mitte der 1980er Jahre mit der entsprechenden Rechenleistung und Speicherkapazität der Hardware. Damit kommt es zu einer Ablösung in der Orientierung der Spieledesigner von der Literatur hin zum Film. Der Übergang von 2D- zu 3D-Grafiken kommt mit der Einführung der Sony Playstation 1994 und setzt sich auch auf dem PC durch. Mit 3D-Grafik und foto-realistischen Bildern haben Computerspiele von da an entscheidenden Anteil an der Schaffung einer neuen hyperrealistischen Form medialer Repräsentation (vgl. Freyermuth 2015, 95).

Eine neue Qualität sensomotorischer Involvierung in virtuelle Spielräume ist seit 2006 mit der Wii-Konsole von Nintendo gegeben, die durch Beschleunigungssensoren das Spielgeschehen direkt durch Körperbewegungen steuerbar macht.

Immer wieder gibt es Versuche, die Beliebtheit von Computerspielen auch für die Entwicklung spielerischer Lernsoftware zu nutzen, denen jedoch bis heute kein durchschlagender Erfolg vergönnt war. Ansätze, populäre Computerspiele selbst zum Gegenstand und Handlungsfeld von Deutschunterricht zu machen, gibt es seit den 1990er Jahren (vgl. Kepser 1999).

Literatur

Beil, Benjamin: Game Studies – eine Einführung. Berlin: LIT Verlag 2013.

Blatt, Inge: Schreibprozeß und Computer. Eine ethnographische Studie in zwei Klassen der gymnasialen Oberstufe. Neiried: ars una 1996.

Coy, Wolfgang: Automat – Werkzeug – Medium. In: Informatik Spektrum (1995), 1, 31-38.

Daiute, Colette: Writing and Computers. Reading, Mass.: Addison-Wesley 1985.

Frederking, Volker: Symmedialität – mediendidaktisches Theorem und Entwicklungsprinzip im E-Learning-Bereich. In: Kleber, Herbert (Hrsg.): Perspektiven der Medienpädagogik in Wissenschaft und Bildungspraxis. München: kopaed 2005, 187-203.

Freyermuth, Gundolf S.: Games, Game Design, Game Studies. Eine Einführung. Bielefeld: transcript 2015.

Heilmann, Till A.: Textverarbeitung. Eine Mediengeschichte des Computers als Schreibmaschine. Bielefeld: transcript 2012.

Hofmann, Werner; Müsseler, Jochen; Adolphs, Heike (Hrsg.): Computer und Schriftspracherwerb. Programmentwicklung, Anwendungen, Lernkonzepte. Opladen: Westdeutscher Verlag 1993.

Kepser, Matthis: Massenmedium Computer. Ein Handbuch für Theorie und Praxis des Deutschunterrichts. Bad Krotzingen: DPunkt 1999.

Lippe, Wolfram-M.: Die Geschichte der Rechenautomaten. Band. 3. Von der Entwicklung der Hardware bis zum WWW. Berlin, Heidelberg: Springer 2013.

Nancarrow, Paula Reed; Ross, Donald; Bridwell, Lillian: Word Processors and the Writing Process. An Annotated Bibliography. Westport, Connecticut: Greenwood Press 1984.

Naumann, Friedrich: Vom Abakus zum Internet. Die Geschichte der Informatik. Darmstadt: Primus 2001.

Parker, Ian: Absolute Powerpoint. Can a Software Package Edit our Thoughts? In: The New Yorker. 28. Mai 2001. URL: http://www.newyorker.com/magazine/2001/05/28/absolute-powerpoint (letzter Zugriff: 07.06.2016).

Praxis Deutsch: Computer und Deutschunterricht, 128 (1994).

Schulen ans Netz: Mission erfüllt – Schulen ans Netz stellt Ende 2012 seine Arbeit ein. Pressemeldung vom 13.12.2012. URL: http://bildungsklick.de/pm/86276/mission-erfuellt-schulen-ans-netz-stellt-ende-2012-seine-arbeit-ein/ (letzter Zugriff: 07.06.2016).

VOLKER FREDERKING, CHRISTIAN ALBRECHT

Digitale Medien

Theoretische Grundlagen und Begriffsklärungen

Digitale Medien im Deutschunterricht – das ist die Geschichte einer bislang noch nicht wirklich eingelösten didaktischen Option (vgl. Frederking/ Kepser/ Rath 2008). Wie empirische Erhebungen gezeigt haben, spielen sie im Deutschunterricht der Gegenwart immer noch eine eher untergeordnete Rolle (vgl. Frederking 2014b). Das mag auch mit Berührungsängsten und partieller Unkenntnis zusammenhängen. Die nachfolgenden Ausführungen verfolgen vor diesem Hintergrund das Ziel, das Feld der digitalen Medien im Hinblick auf einige theoretische Grundlagen und Schlüsselbegriffe zu beleuchten und dabei ihre Bedeutung für den Deutschunterricht ins Blickfeld treten zu lassen.

1. Analoge und digitale Medien

Versuche, den Unterschied zwischen ‚digital‘ und ‚analog‘ zu erläutern, gehen häufig von einer etymologisch wie medienhistorisch gleichermaßen spannenden Gegenüberstellung aus: dem Vergleich analoger und digitaler Uhren (vgl. Loleit 2004, 193f.): Denn während Analoguhren den Ablauf der Zeit vor allem durch Analogien verdeutlichen (das Fortschreiten verschiedener Zeiger im Sekunden-, Minuten- oder Stundentakt, das Wandern des Schattens der Sonnenuhr mit dem Stand der Sonne, das stetige Rieseln des Kornstroms durch die Lochblende der Sanduhr, der fallende Wasserpegel der Wasseruhr – all dies sind Versuche, zeitliche Verhältnisse zu konkretisieren), unterscheiden sich Digitaluhren von Räder- und Elementaruhren darin, dass die Uhrzeit über Ziffern und eben nicht über physikalische Größen wie sich drehende Uhrzeiger repräsentiert wird. Es sind aber gerade diese fehlenden Zeiger, die begriffsgeschichtlich aufschlussreich sind: Sowohl das Wort ‚Zeiger‘ als auch der Begriff ‚digital‘ gehen auf lat. ‚digitus’ = ‚Finger’ samt ihrem gemeinsamen Ursprung im indoeuropäischen *deik zurück (vgl. Walde 1906, 176; Kluge 1999, 181; Loleit 2004, 193). Neben der Bedeutung des lateinischen ‚digitus‘ als Maßeinheit (Fingerbreite bzw. Zoll) wurde es im Englischen in Form des Lehnworts ‚digit’ als Fachausdruck der Arithmetik für die Zahlen von eins bis neun übernommen und im Verb ‚to digitize’ = ‚etwas mit den Fingern zeigen oder zählen’ abgeleitet (vgl. Loleit 2004, 195ff.). „Dies ist insofern für den modernen Begriff ‚digital’ interessant, weil dieser u.a. die ziffernmäßige Darstellung der Werte von Rechenoperationen bezeichnet.“ (ebd., 202)

Landläufig wird der Umbruch von den analogen zu den digitalen Medien häufig als „welthistorische Zäsur“ (Schröter 2004, 8) aufgefasst, auch wenn dabei nicht deutlich wird, auf welches Ereignis bzw. welchen Zeitpunkt sich diese Zäsur bezieht – die Spannbreite reicht von der Einführung arabischer Zahlenzeichen (vgl. Haugeland 2004, 33) über Gottfried Wilhelm Leibniz' Überlegungen zu einem binären Zahlenkalkül (vgl. Werber 2004, 85ff.) bis hin zur Erfindung des digitalen Computers im 20. Jahrhunderts (vgl. Schröter 2004, 8). Bewusst spricht Schröter von einem Umbruch (und nicht von einem Bruch), da „die Unterscheidung analog/ digital wohl niemals eine Frage reiner Sukzession, aber auch nie nur eine Frage von Opposition oder Kontinuum war" (Schröter 2004, 29). Medienumbrüche sind demnach „keine absoluten Einschnitte und Risse, sondern Umordnungen komplexer Konstellationen." (ebd.)

In den deutschen Sprachgebrauch ist das Adjektiv ‚digital' in zwei Schritten übernommen worden: Während es zum einen als Lehnwort in der Bedeutung ‚mit Hilfe des Fingers' aus der lateinischen Ableitung ‚digitalis' vor allem für medizinisch-anatomische Zusammenhänge apokopiert wurde, gilt ‚digital' im medialen Kontext seit Mitte des 20. Jahrhunderts vor allem als Anglizismus zum engl. ‚digital', das über die englische Fachsprache der Elektronik ins Deutsche übernommen worden ist und als „Informationen, Daten und Impulse mittels einer Zahlenfolge übertragend und in wahrnehmbarer Form [...] darstellend" (Carstensen 2001, 359) verstanden wird. Obwohl Digitalität nicht auf die diskreten Zustände 0 und 1 beschränkt ist, hat sich dieses Binärprinzip mittlerweile etabliert. Damit einher ging auch eine mal euphorische, mal kulturpessimistische Konnotation der daraus resultierenden Dichotomie: Analoges entsprach der Realität und der unmittelbaren Primärerfahrung, Digitales der Virtualität, der Welt der Sekundärerfahrungen, der Hyperrealität oder der Irrealität (vgl. Schröter 2004, 16).

In der Wissenschaft, nicht zuletzt in der Deutschdidaktik, hat sich indes eine interessante Bedeutungsverschiebung vollzogen. Anstelle der sprachlichen Verwendung des Adjektivs ‚digital' als Terminus technicus der Elektronik wird es im wissenschaftssprachlichen Gebrauch häufiger in medientheoretische Zusammenhänge eingebettet und als „das Ergebnis der Digitalisierung bezeichnet und nicht mehr nur [als] deren Grundlage: In gebräuchlichen Kombinationen wie digital print, digital sound, digital image, digital television ist digital Kurzwort für ‚digitalisiert' oder ‚digital generiert'." (Loleit 2004, 210) Zudem taucht das Adjektiv im deutschdidaktischen Kontext vorrangig im Zusammenhang mit unterschiedlichen, der Digitalisierung unterworfenen Medien auf. Diese zeichnen sich nach Haugeland (2004) in erster Linie durch die drei Eigenschaften Kopierbarkeit, Komplexität und Medienunabhängigkeit aus: Technisch reproduzierbar sind Kopien fehlerlos und ohne Qualitätsverluste herstellbar, da „bei digitalen der Messwert gespeichert wird und nicht wie bei den analogen während der Reproduktion noch einmal gemessen werden muss." (Böhnke 2004, 172)

Zweitens tendieren digitale Medien zu Komplexität, da sich – ähnlich dem Luhmann'schen Verhältnis von Medium und Form (vgl. Luhmann 1997, 165ff.) – die unterschiedlichen Komponenten eines digitalen Mediums komplexe Beziehungen eingehen können. Drittens lassen sich die zu transportierenden Informationen in verschiedenen Medien inhaltlich bzw. strukturell identisch abbilden: „So könnten die Sonette kursiv gesetzt, in Stein gemeißelt, in Blindenschrift geprägt oder per Morsezeichen übertragen werden – und nichts ginge verloren." (Haugeland 2004, 34) Im deutschdidaktischen Diskurs wird in der Regel ein engeres Verständnis von digitalen Medien gepflegt, als es Haugeland vertritt, da hier vor allem elektronische digitale Medien in den Blick genommen werden (vgl. Frederking/ Krommer/ Möbius 2014). Eine Gleichsetzung von elektronischen und digitalen Medien wäre irreführend, da elektronische Medien nicht automatisch digital sind (z.B. Schallplattenspieler) und digitale Medien nicht automatisch elektronisch (Haugeland fasst z.B. auch den Abakus, Alphabete, Notenschrift und manche biologischen Systeme als digitale Medien auf [vgl. Haugeland 2004, 33f.]). Streng genommen muss also von elektronischen digitalen Medien gesprochen werden, wenn man sich ausschließlich auf digitalisierte Quartärmedien, die zur Produktion, Rezeption und Distribution technische Geräte erfordern (vgl. Faulstich 2012, 11f.), beziehen will.

Derartige Medien sind ihrer Etymologie nach als Derivat des lateinischen ‚medius' = ‚in der Mitte von, vermittelnd' Vermittler bzw. vermittelnde Elemente (vgl. Kluge 1999, 549). Sie treten zwischen einen bzw. mehrere Sender und einen bzw. mehrere Empfänger, vermitteln zwischen Mensch und Welt und haben dabei großen Einfluss, wie wir einerseits kommunizieren und wie wir andererseits Wirklichkeit reproduzieren und erfahren. Deutlich wird die Rolle, die Medien bei der Konstruktion von Wirklichkeit und bei Kommunikationsprozessen spielen, im Medienkonzept Siegfried J. Schmidts. Sein multiperspektivisches Verständnis von Medien basiert auf der Grundidee, dass sich ein Medium als „Kompaktbegriff" (Schmidt 2008, 354) aus vier, sich in ihrem systemischen Zusammenwirken selbst organisierenden Komponenten konstituiert: Zunächst sind Medien zeichenfähige Kommunikationsinstrumente, die „zur gesellschaftlich relevanten Kopplung von Systemen im Sinne je systemspezifischer Sinnproduktion genutzt werden können." (ebd.) Diese Kommunikationsinstrumente sind durch anhaltende Mediatisierungsprozesse mehr und mehr an technische Geräte gebunden, die ihrerseits wieder Einfluss nehmen auf Produktions- und Rezeptionsprozesse. Dass sich derartige Medientechnologien entwickeln und gesellschaftlich etablieren, erfordert das Vorhandensein einer entsprechenden sozialsystemischen Institutionalisierung in Form von Verlagen, Fernsehanstalten, Online-Unternehmen, aber auch in Form von Schulen. Die kommunikationsinstrumentelle, medientechnologische und sozialsystemische Komponente prägen zuletzt „die Produktion, Distribution, Rezeption und Verarbeitung" (ebd., 355) konkreter Medienangebote in struktureller und inhaltlicher Sicht.

Im Kontext der Digitalmedien konstituieren sich diese vier Komponenten auf besondere Weise. Bereits 1968 prophezeiten Licklider und Taylor euphorisch eine kommunikative Revolution durch digitale Medien: „In a few years, men will be able to communicate more effectively through a machine than face to face." (Licklider/ Taylor 1968, 21) Heute erfolgt die digitale Kommunikation u.a. über Smartphones, Computer und das World Wide Web entweder als Individualkommunikation in Form von Chats, Videokonferenzen, IP-Telefonie, Instant-Messaging, Screen Sharing etc. zwischen personell definierten Sender(n) und Empfänger(n), oder es handelt sich um Formen der Massenkommunikation, also um „jene Form der Kommunikation, bei der Aussagen öffentlich (also ohne begrenzte und personell definierte Empfängerschaft) durch technische Verbreitungsmittel (Medien) indirekt (also bei räumlicher oder zeitlicher oder raumzeitlicher Distanz zwischen den Kommunikationspartnern) und einseitig (also ohne Rollenwechsel zwischen Aussagendem und Aufnehmenden) an ein disperses Publikum vermittelt werden." (Maletzke 1998, 46)

Insbesondere Kommunikationsprozesse innerhalb der Sozialen Medien bewegen sich im Zwischenraum der digitalen Individual- und Massenkommunikation: Kommunikationsinhalte richten sich entweder an ein eingegrenztes Publikum oder an die Öffentlichkeit im Netz und werden in der Regel dauerhaft archiviert (vgl. Wampfler 2014, 19f.). Die von Maletzke proklamierte Einseitigkeit der Kommunikation wird aufgebrochen, da veröffentlichte Aussagen häufig mittels verschiedener Suchfunktionen und -mechanismen auffindbar sind, grundsätzlich nahezu jederzeit von unterschiedlich vielen Rezipienten kommentiert und bewertet, von diesen aber auch geteilt und somit unabhängig vom ursprünglichen Produzenten einem größeren, unter Umständen nicht intendierten Empfängerkreis zugänglich gemacht werden können, der seinerseits erneut am Kommunikationsprozess teilnehmen kann. Zudem beeinflussen digitale Medien nicht nur kommunikative Akte, sondern auch Prozesse der Welt- und Wirklichkeitsaneignung. Der Vorwurf des „Verschwindens von Wirklichkeit" (Hentig 1984, 2002) aufgrund der zunehmenden Dominanz medial vermittelter Sekundärerfahrungen (scheinbar) auf Kosten unmittelbarer Primärerfahrungen scheint parallel mit der zunehmenden Bedeutung digitaler Medien an Nachdruck zu gewinnen. Allerdings sind es gerade die Medien, die uns Begegnungen mit Wirklichkeit ermöglichen: „Was wir über unsere Gesellschaft, ja über die Welt, in der wir leben, wissen, wissen wir durch die Massenmedien." (Luhmann 1995, 5) Wird ein neuer Papst gewählt, fahren wir in der Regel nicht zum Petersplatz, um uns vom weißen Rauch zu überzeugen, sondern wir neigen dazu, die Botschaft zu glauben, die Zeitung, Radio, Fernsehen, Internet etc. kommunizieren. Was nicht medial vermittelt wird, nehmen wir nur selten zur Kenntnis. Die Medialität bestimmt dabei maßgeblich, in welchem Verhältnis sich der Mensch zur Wirklichkeit befindet: „An die Stelle der oralen Kommunikation über Menschen in Wirklichkeit (Primärmedien) oder literale Kommunikation mit gedruckter Sprache über Wirklichkeit (Sekundärmedien) trat nun die elektronische Kommunikation mittels der Reproduktion von Wirklichkeit (Tertiärmedien), die Ende des Jahrhunderts münden sollte in die digitale Kommunikation mittels Simulation als Wirklichkeit (Quartärmedien)." (Faulstich 2012, 23)

Faulstich, dessen Definition digitaler Medien sich auf Computer und das World Wide Web beschränkt (vgl. ebd., 12), scheint hier jedoch dem Prinzip des digitalen Dualismus' zu unterliegen, der die digitale Welt als virtuell, die analoge dagegen als real versteht. Eine scharfe Grenzziehung zwischen Online- und Offlinezuständen entspricht jedoch kaum noch den vorherrschenden Zuständen einer medialisierten Welt. Die Entscheidung eines Smartphonebesitzers, offline zu gehen, ist eine deutlich bewusstere als online zu gehen, da jeder, der über ein solches Gerät verfügt, in der Regel automatisch mit dem Internet verbunden ist.Einst distinkte Online- und Offline-Bereiche haben sich mittlerweile verwoben, sodass von einem Realitäts-Virtualitäts-Kontinuum gesprochen wird, in dem sich eine vermischte Realität („Mixed Reality) zwischen den Polen der physischen Wirklichkeit („Real Environment") und der virtuellen Wirklichkeit („Virtual Environment") befindet, die sich wiederum durch computergestützte Erweiterung der Realitäts- bzw. Virtualitätswahrnehmung („Augmented Reality" und „Augmented Virtuality") konstituiert (vgl. Frederking/ Krommer 2014, 159ff.).

Digitale Medien schaffen auf diese Weise ein eigenes Wirklichkeitsmodell, das sich mit Schmidt als das „aus Handeln und Kommunizieren hervorgegangene und durch Praxis und Kommunikation systematisierte kollektive Wissen der Mitglieder einer Gemeinschaft" (Schmidt 2008, 357) verstehen lässt.

2. Digitale Medien im medientheoretischen Blick

Mit dem in den achtziger Jahren des letzten Jahrhunderts einsetzenden Siegeszug der elektronischen digitalen Medien waren grundlegende Veränderungen verbunden, wie im Schlussteil des letzten Kapitels deutlich geworden ist (vgl. dazu auch den Beitrag von Seidler in diesem Band). In medienkulturgeschichtlicher Perspektive lässt sich feststellen: Das von Marshall McLuhan (1962) verkündete ‚Ende der Gutenberg-Galaxis' nahm mit dem Anbruch der Turing-Galaxis (vgl. Bolz 1993) Kontur an. Hatte Gutenberg mit dem Buchdruck als High-Tech des 16. Jahrhunderts am Anbruch der Neuzeit eine medienkulturgeschichtliche Revolution eingeleitet, ist Alan Turing mit seinen Forschungsarbeiten zum Computer als Simulationsmedium (1937) – zusammen mit Konrad Zuse – spiritus rector jenes ‚medialen Paradigmenwechsels' (vgl. Flusser 1991), der spätestens seit den neunziger Jahren des letzten Jahrhunderts ins allgemeine Bewusstsein getreten ist. Mit den Signaturen des anbrechenden digitalen Zeitalters rückt nun zunehmend die Frage in den Fokus, wie die mit den neuen Digitalmedien – Computer, Internet, Smartphone, Tablet etc. – verbundenen Veränderungen begrifflich zu fassen sind. Vier in diesem Zusammenhang entstandene Bezeichnungen seien nachfolgend vorgestellt und erläutert: Multimedialität – Intermedialität – Medienkonvergenz – Symmedialität.

2.1 Multimedialität

1995 wurde der Begriff ‚Multimedia' – von lateinisch ‚multum' = ‚viel', ‚multi' = die Menge und ‚medium' = ‚Medium, Mittler' – von der Gesellschaft für deutsche Sprache zum ‚Wort des Jahres' gewählt. In der Presse jener Zeit war vom Anbruch des Multimedia-Zeitalters die Rede. In den Fokus rückte damit eine neue Qualität medial erzeugter Rezeptions- und Gestaltungsmöglichkeiten, die mit den neuen Digitalmedien verbunden waren. Die Medienwissenschaft dieser Jahre lieferte systematische theoretische Beschreibungsansätze. Auf Ludwig J. Issing und Paul Klimsa geht die Definition von Multimedia als „Sammelbegriff für solche hybriden Medien" zurück, „die auf der Übertragungstechnik, Displaytechnik, Mikroprozessortechnik und Speichertechnik basieren und dabei mehrere Mediendarstellungsformen (Text, Video, Audio usw.) verfügbar machen." (Issing/ Klimsa 1995, 1) Multimedialität meint mit anderen Worten die „Integration von digitalen Medien, wie beispielsweise Text, Pixelbilder, Grafik, Video oder Ton" auf der einen und „Interaktivität, Multitasking (gleichzeitige Ausführung mehrerer Prozesse) und Parallelität (bezogen auf die parallele Medienpräsentation)" (ebd,, 3f.) auf der anderen Seite.

Im Urteil von Weidenmann (1995) lässt sich die Besonderheit von Multimedialität durch die Aspekte ‚Multicodierung' und ‚Multimodalität' noch präziser erfassen. Während sich Medien nach Weidenmann generell durch ihre Speicher- und Kommunikationsfunktion auszeichnen, ist Multimedialität durch die Kodierung von „Botschaften in verschiedenen Formaten bzw. Symbolsystemen" (Weidenmann 1995, 65) – Wort, Bild und Zahl – und durch die multiple Modalität, d.h. durch die Aktivierung unterschiedlicher „Sinnesorgane (auditiv, visuell usw.), mit denen die Rezipienten ein mediales Angebot wahrnehmen oder mit ihm interagieren" (ebd. 66), gekennzeichnet. Multimedia besitzt mit anderen Worten besondere Qualitäten, die sich aus der Pluralisierung und Kombination symbolischer und ästhetischer Bereiche ergeben. Ganz ähnlich ist nach Hartmann von Multimedialität zu sprechen, „wenn unterschiedliche Sinne des Menschen gleichzeitig durch integrierte Medienanwendung“ (Hartmann 2008, 19) im Computer angesprochen werden.

Ein erweiterter Blick auf das Problemfeld zeigt sich bei Henning (2007), insofern hier „Menschen und ihre Wege, mit anderen Menschen und ihrer Umwelt zu kommunizieren“ (Henning 2007, 19) zum Ausgangs- und Bezugspunkt von Multimedia gemacht werden. Dabei versteht Henning mit Bezug auf Bushs 1945 erschienenen „visionären Artikel“ ‚As We May Think' das „Internet als eine Erweiterung des menschlichen Geistes“ (ebd., 21). Das „Zusammenwachsen eines reinen Datennetzes (d.h. des Internets bis 1990) mit Rundfunk, Fernsehen und Telefonnetzen“ stellt in seiner Sicht den Kern einer neuen Technik dar, die „aufgrund der Einbeziehung menschlicher Aspekte und der starken Vernetzung nichtlinear und komplex“ (ebd., 21) strukturiert ist.

Trotz dieser vertiefenden Beschreibungsversuche hat sich ‚Multimedia' im wissenschaftlichen Diskurs um digitale Medien allerdings nur eingeschränkt durchsetzen können. Der Begriff wird immer noch zur Bezeichnung allgemeiner technischer Besonderheiten digitaler Medien verwendet, medientheoretisch wird er aber zumeist mit anderen Begriffen kombiniert oder ist durch diese ersetzt worden. Auch mediendidaktisch lässt sich Ähnliches beobachten: Eine deutschdidaktische Multimedia-Didaktik gibt es nicht, wohl aber Ansätze zur Integration digitaler Medien und ihrer multimedialen Qualität in den Deutschunterricht (vgl. z.B. Kepser 1999; Jonas/ Rose 2002; Frederking/ Krommer/ Möbius 2014).

2.2 Intermedialität

‚Intermedialität' – von lateinisch ‚inter' = ‚zwischen' und ‚medium' = ‚Medium, Mittler' – ist ein Begriff, der seit den neunziger Jahren des letzten Jahrhunderts Einzug in den medientheoretischen und mediendidaktischen Diskurs vor allem im Bereich der Geistes- bzw. Kulturwissenschaften gefunden hat. Implizit rekurriert wird dabei auf den von Kristeva (1972), Stierle (1984) u.a. mit Blick auf printmediale Texte geprägten Begriff der ‚Intertextualität'. Kristeva hatte festgestellt: „Jeder Text baut sich als Mosaik von Zitaten auf, jeder Text ist Absorption und Transformation eines anderen Textes.“ (1972, 337) Der Begriff der Intermedialität erweitert das Spektrum der textuellen Bezüge (vgl. Prümm 1988; Rajewsky 2002, 25; Pethes 2002; Berndt/ Tonger-Erk 2013). Werden piktorale, auditive und audiovisuelle mediale Formen, d.h. Bild, Hörspiel oder Film, ebenfalls als Texte verstanden, lässt sich Intermedialität als medial erweiterte Form der Intertextualität begreifen. Das „Mosaik von Zitaten“ tritt nun in medialer Konturierung ins Blickfeld. In einem medialen Text wird ein anderer medialer Text zitiert, z.B. wenn ein Film auf einen literarischen Text oder ein Hörspiel Bezug nimmt. Entsprechend stellt Irene Rajewsky fest, dass ein intermedialer Bezug gegeben ist, wenn „mindestens zwei konventionell als distinkt wahrgenommene Medien“ (Rajewsky 2002, 13) miteinander nicht nur technisch, sondern auch inhaltlich verknüpft werden. In diesem Sinne sind alle semantisch grundierten medialen Verbindungen von literalsprachlichen, piktoralen, auditiven, audiovisuellen und hypertextuellen Medien intermedial. Intermedialität tritt mithin z.B. beim Medienwechsel in Literatur-Verfilmungen oder bei Anspielungen in einem Medium auf ein anderes Medium in Erscheinung (vgl. Heibach 2002, 182-207; Simanowski 2002, 15-17; 2005, 163; Paesch/ Schröter 2007).

Allerdings werden mit diesen Erläuterungen nicht nur die Besonderheiten des Intermedialitätsbegriffs erkennbar, sondern auch dessen medientheoretische Grenzen. Denn es sind primär Differenzphänomene, die hier begrifflich abgebildet werden, die Gesamtheit der Spezifika der digitalen Medien aber werden damit nicht erfasst. Dieser Sachverhalt erklärt sich nicht zuletzt aus dem Umstand, dass der Intermedialitätsbegriff vor allem in den Literatur- und Kulturwissenschaften reüssieren konnte (vgl. Rajewsky 2002; Robert 2014; Dörr/ Kurwinkel 2014). Ein umfassendes medientheoretisches Verständnis digitaler Medien wird weder angestrebt noch erreicht. Überdies bleibt der Fokus zumeist auf die Rezeption intermedialer Formen beschränkt, Produktionsprozesse finden hingegen nur vereinzelt Berücksichtigung. Damit aber bleibt die mediendidaktische Reichweite des Intermedialitätskonzepts begrenzt, so reflektiert und fachlich klug die Ansätze und Konzepte zu einer intermedialen Deutschdidaktik auch sind (vgl. Bönnighausen 2006 und 2013; Bönnighausen/ Rösch 2004).

2.3 Medienkonvergenz

‚Medienkonvergenz' – von lateinisch ‚medium' = ‚Medium, Mittler' und ‚convernire' = ‚zusammenkommen' – ist ein Begriff, der vor allem in kommunikationswissenschaftlichen und publizistischen Diskursen verbreitet ist (vgl. z.B. Weichselbaumer 2013). Theoriegeschichtliche Wurzeln finden sich u.a. bei de Sola Pool, der feststellte:

> „A process called the "convergence of modes" is blurring the lines between media, even between point-to-point communications, such as the post, telephone, and telegraph, and mass communications, such as the press, radio, and television. A single physical means – be it wires, cables or airwaves – may carry services that in the past were provided in separate ways. Conversely, a service that was provided in the past by any one medium – be it broadcasting, the press, or telephony – can now be provided in several different physical ways. So the one-to-one relationship that used to exist between a medium and its use is eroding. That is what is meant by the convergence of modes." (Pool 1984, 23)

Damit hebt Pool vor allem auf die technologischen Implikationen der Medienkonvergenz ab, d.h. die Tendenz elektronischer Medien zur Verschmelzung bislang separater medialer Optionen. Zurecht erkennt Pool darin die Signaturen einer technischen Revolution, die in ihren Folgen nur mit der Erfindung des Buchdrucks verglichen werden kann (vgl. ebd., 24) und in den digitalen Medien ihren vorläufigen Kulminationspunkt gefunden hat. Hier geht der Konvergenz-Begriff in fruchtbarer Weise über den Intermedialitätsbegriff hinaus. Hatte dieser nur Differenzen in den Blick genommen, werden im Begriff der Medienkonvergenz die für die digitalen Medien typischen Ansätze zur Verbindung einzelner Formen in adäquater Weise erfasst.

Allerdings besteht nun die Gefahr, dass im Konvergenzaxiom das Gegenteil, die Divergenz und Differenz, nur noch in Ansätzen erfasst wird, trotz der Ergänzungen, die Jenkins (2006b), ein aktuell sehr einflussreicher Vertreter der Theorie der Medienkonvergenz, in dieser Hinsicht vorgenommen hat. Denn wenn auf einer Internetseite – beispielsweise im Netzauftritt einer Tageszeitung – Text, Bild, Ton und Film präsentiert und rezipiert werden können, dann lässt sich dieser Sachverhalt sicherlich unter dem Begriff der Medienkonvergenz subsumieren. Es bleiben allerdings gleichwohl divergente mediale Formen, die in einem Bezug stehen, der vor allem semantisch bzw. semiotisch strukturiert ist. Trotz der

Tendenz zur medialen Konvergenz bleiben mithin mediale Divergenzen bestehen, die sich auf der Ebene von Semiotik und Wahrnehmung, Zeichen und Ästhetik, Codifizierung und Modalität zeigen.

Aus diesem Grunde liefert der Medienkonvergenzbegriff für eine Didaktik der neuen Digitalmedien zwar wichtige Anregungen (vgl. Marci-Boehnke 2013), ohne allerdings die Besonderheiten der mit ihnen verbundenen Produktions- und Rezeptionsmöglichkeiten in ihrer Gesamtheit wirklich zu erfassen. Hinzu kommen normative Implikationen, die didaktisch nicht ganz unproblematisch sind. Zutreffend hat Pool auf weitreichende politische Konsequenzen der den elektronischen Medien inhärenten Tendenz zur Medienkonvergenz hingewiesen. Diese führt nach Pool (vgl. Pool 1984, 5) nämlich zur Dezentralisierung von Kommunikation und Information und stärkt auf diese Weise Demokratisierung und Individualisierung, weil zentrale Kontrolle erschwert wird. Dies ist aber nur die ‚halbe' Wahrheit. Dass Medienkonvergenz auch janusköpfig sein kann, hat Jenkins ungewollt ins Blickfeld gehoben, als er feststellte: „convergence occurs within the brains of individual consumers and through their social interactions with others." (Jenkins 2006a, 9) Damit hat er Vorteile der digitalen Revolution zutreffend benannt, ungewollt aber auch problematische Aspekte mit angesprochen. Der drohende Verlust der Privatheit in sozialen Netzwerken oder Flashmob-Phänomene sind Begleiterscheinungen einer „Convergence Culture" – wie Jenkins seine viel rezipierte Studie überschrieben hat –, die mittlerweile als Schattenseite von Medienkonvergenz in Erscheinung treten. Wenn aber in einem Medienbegriff die normative Ebene einbezogen werden soll, wie dies beim Medienkonvergenzbegriff der Fall ist, dann kann dies nicht nur in affirmativer Weise geschehen. Auch medienkritische Aspekte müssen dann integriert werden. Wie sonst sollen neben den vielen Chancen und Vorteilen digitaler Medien auch deren Gefahren, wie sie z.B. in Social Media mitunter in Erscheinung treten, im Deutschunterricht behandelt werden?

2.4 Symmedialität

‚Symmedialität' – von lateinisch ‚syn/sym' = ‚zusammen' und ‚medium' = ‚Medium, Mittler' – lässt sich in gewisser Hinsicht als eine Verschmelzung der beiden Blickrichtungen verstehen, die Intermedialität und Medienkonvergenz bestimmen. Denn Symmedialität verbindet den divergenten mit dem konvergenten Blick auf die Besonderheiten digitaler Medien. Diese werden einerseits als Medien der Integration verstanden, als Symmedien (vgl. Frederking 2014a, 6), in denen alle vormals separat auftretenden medialen Optionen – Text, Bild, Ton, Film etc. – zusammengeführt werden und in einen medialen Bezug miteinander treten können. Dies unterscheidet den Begriff der Symmedialität von dem der Intermedialität – und verbindet ihn mit dem der Medienkonvergenz. Dass andererseits zugleich die semantische, semiotische und ästhetische Spezifik der einzelnen medialen Formen und ihre Differenzen erfasst wird, hat das Theorem der Symmedialität mit dem der Intermedialität gemeinsam – und unterscheidet es vom Begriff der Medienkonvergenz. Auch zum Multimedia-Begriff ergeben sich Gemeinsamkeiten und Unterschiede. Wie bei Multimedia wird mit ‚Symmedia' (Berghoff 1998, 283) die Pluralität medialer Formen betont. An die Stelle des quantifizierend gefassten Nebeneinanders, wie es der Multimedia-Begriff impliziert, tritt hier allerdings das Zusammenspiel der medialen Formen im digitalen Symmedium.

Dabei ist die Reichweite des Symmedialitätsbegriffs nicht auf die digitalen Medien beschränkt (vgl. Frederking 2006 und 2014a). Schon die Verbindung von Stimme, Mimik und Gestik und memoriertem Text in Homers Epen oder in einer politischen Rede im Römischen Senat stellen einen symmedialen Verbund dar. In der Terminologie von Pross (1972) handelt es sich um primäre Medien, insofern weder zur Rezeption noch zur Produktion technische Hilfsmittel erforderlich sind. Auch bei der Verbindung von Bild und geschriebenem Text in antiken und mittelalterlichen Schriften bzw. Büchern treten Formen nicht-technischer Symmedialität in Erscheinung (vgl. Frederking 2014a). In der Perspektive des Einteilungsschemas von Pross werden dabei allerdings nicht primäre, sondern sekundäre mediale Formen miteinander verbunden, insofern bei der Entstehung technische Hilfsmittel – Schreib- und Gestaltungswerkzeuge – zum Einsatz gelangen, nicht aber im Prozess der Rezeption. Anders verhält es sich bei den elektronisch erzeugten Formen von Symmedialität. Ein gutes Beispiel sind die audiovisuellen Medien Film, Fernsehen, Video etc. Hier bilden jeweils die auditive und die visuelle Ebene einen symmedialen Verbund, der bei der Herstellung wie bei der Rezeption technische Hilfsmittel voraussetzt – das typische Merkmal tertiärer Medien nach Pross. Auch die digitalen Medien lassen sich dieser Kategorie in gewisser Weise zuordnen. Allerdings hat Faulstich (2012, 23) vorgeschlagen, für diese einen vierten Typus zu etablieren, die quartären Medien, weil diese in der Regel durch Interaktivität gekennzeichnet seien. Für diesen Vorschlag spricht überdies, dass jeder Rezipient in den neuen digitalen Medien potenziell auch selbst zum Produzenten von digital vermittelten Inhalten werden kann. In jedem Fall handelt es sich bei Computer, Internet, Tablet, Smartphone etc. um Symmedien in höchster technischer Potenz, weil in ihnen alle medialen Formen auf einer Ebene gemeinsam rezipiert und produziert bzw. präsentiert werden können (vgl. Frederking 2014a).

Das Prinzip der Symmedialität findet in den digitalen Medien mithin nicht seinen einzigen, aber seinen konsequentesten Ausdruck. Dies gilt auch für zwei Begleitphänomene von Symmedialität – Emergenz und Synästhetik.

Allen oben genannten Beispielen symmedialer Verbünde ist gemeinsam, dass das Zusammenspiel der einzelnen medialen Formen ein „Emergenz-Phänomen" (Frederking 2013, 549) darstellt, d.h. das entstehende symmediale Ganze ist mehr als die Summe seiner Teile. So besteht ein Film aus auditiven und visuellen Zeichen, ihre Verschmelzung zur Audiovisualität lässt aber qualitativ etwas Neues entstehen. Auch eine Internetseite, die Text(e), Bild(er), Tondokument(e) und/oder Film(e) enthält, ist mehr als die Summe der auf ihr angebotenen medialen Einzelteile.

Mit der Emergenz sind zumeist spezifische synästhetische Qualitäten verbunden. Der analoge Film wie die digitalen Symmedien zeigen die Tendenz zur Verbindung bzw. zum Verschmelzen der Ebenen sinnlicher Wahrnehmung. Dieses Phänomen lässt sich unter dem Begriff der ‚Synästhetik' subsumieren. Damit wird die in einem Medium bzw. einem symmedialen Verbund „angelegte und beim Rezipienten intendierte Aktivierung verschiedener Wahrnehmungskanäle im Prozess der Rezeption respektive der Produktion" (Frederking 2014a, 14) bezeichnet. Diese Tendenz zeigt sich bei den neuen digitalen Medien in ihrer komplexesten und ausgeprägtesten Form. In diesem Sinne ist von dem „Weg zu einem synästhetischen und multimedialen Kommunikationskonzept" (Giesecke 2002, 317) die

Rede, von „synästhetischer Multimedialität“ (Heibach 2000, 258), von der „Verschmelzung verschiedener ästhetischer Ausdrucksformen“ (Simanowski 2002, 155) oder von der „Synästhtik digitaler Medien“ (Frederking 2014a, 31).

Die deutschdidaktischen Implikationen digitaler Symmedialität sind verschiedentlich beschrieben und erläutert worden (vgl. Frederking 2008, 2013 und 2014a; Frederking/ Krommer/ Maiwald 2012; Frederking/ Römhild 2012; Krommer 2013; Krommer/ Dreier 2013). Das Konzept des symmedialen Deutschunterrichts sollte allerdings nicht in der Weise missverstanden werden, dass es sich nur auf die digitalen Symmedien bezieht. Prinzipiell sind alle Medien – nicht-technische und technische, analoge und digitale – potenzieller Gegenstand eines Sprach- und Literaturunterrichts mit symmedialer Ausrichtung. Dabei ist nicht jeder Deutschunterricht symmedial, in dem mehrere Medien zum Einsatz gelangen. Vielmehr müssen die Lehr- und Lernprozesse medienreflexiv begleitet sein (Frederking 2013, 550f.). Aus diesem Grund gehört zur Nutzung digitaler Medien in einem symmedialen Ansatz immer auch deren Reflexion.

3. Digitale Kompetenz und digitale Bildung

Spätestens seit Wermkes Schrift „Integrierte Medienerziehung im Fachunterricht. Schwerpunkt: Deutsch“ (1997) ist die Frage nach der Einbeziehung technischer bzw. digitaler Medien in den Deutschunterricht in den Fokus fachspezifischer mediendidaktischer Diskussionen gerückt. Aktuell werden diese im Horizont des Kompetenz- und des Bildungsbegriffs geführt. Beide Diskurse seien nachfolgend im Grundansatz dargestellt und erläutert.

3.1 Digitale Kompetenz

Baacke hat in den neunziger Jahren des letzten Jahrhunderts Medienkompetenz als medienpädagogischen Begriff etabliert (1996; 1999) und ihm mit der Unterscheidung der vier Teilaspekte *Medienkunde, Medienkritik, Mediennutzung* und *Mediengestaltung* eine für lange Zeit maßgebliche Prägung gegeben. Im deutschdidaktischen Diskurs hat der Medienkompetenz-Begriff durch Groeben eine sehr kluge Ausdifferenzierung erhalten, die einerseits einer „empirischen Operationalisierbarkeit“ (Groeben 2002, 162) den Weg bereiten soll und andererseits für den Deutschunterricht Handlungs- und Zielperspektiven benennt.

Sieben Teildimensionen werden von Groeben unterschieden und erläutert (ebd., 165ff.):

1. „Medienwissen/ Medialitätsbewusstsein“ (ebd., 166) als Kompetenz zur Unterscheidung zwischen Fiktionalität und Realität.
2. Die Kompetenz zur Ausbildung ‚medienspezifischer Rezeptionsmuster’ (ebd., 168), um der Verschiedenartigkeit medialer Anforderungen zu entsprechen.
3. „Medienbezogene Genussfähigkeit“ (ebd., 170) als Kompetenz, mediale Angebote ästhetisch bzw. emotional als bereichernd wahrnehmen und verarbeiten zu können.
4. „Medienbezogene Kritikfähigkeit“ (ebd., 172) als Kompetenz zur reflektierten, manipulationsresistenten Analyse von Medien und ihrer Nutzung.

5. Die Fähigkeit zur „Selektion/ Kombination von Mediennutzung“ (ebd., 175) als Kompetenz zum Umgang mit medialer Diversität.
6. Die Kompetenz zur Ausbildung ‚(produktiver) Partizipationsmuster’ (ebd., 176) als Grundlage für die fruchtbare Weiterverarbeitung medialer Angebote.
7. Die Kompetenz zur ‚Anschlusskommunikation’ (ebd., 178) als Grundlage für die reflexive Verarbeitung eigener Erfahrungen mit Medien.

Obschon diese Teildimensionen allgemein für den kompetenten Umgang mit Medien formuliert wurden und teilweise eine Präzisierung in fachspezifischer Hinsicht wünschenswert gewesen wäre (vgl. dazu Frederking/ Krommer 2014, 152), werden mit ihnen Ansatzpunkte und Zielperspektiven für eine Nutzung digitaler Medien im kompetenzorientierten Deutschunterricht erkennbar. Tatsächlich konkretisieren Medialitätsbewusstsein, Rezeptionsfähigkeit, Genussfähigkeit, Kritikfähigkeit, Selektions- bzw. Kombinationsfähigkeit, Partizipationsmuster und die Fähigkeit zur Anschlusskommunikation im Zusammenhang mit digitalen Medien, was international unter ICT literacy (vgl. OECD 2013, 124; Zylka 2015, 149-160) firmiert und deutschdidaktisch als fachspezifische digitale Kompetenz bezeichnet werden kann. Ihre Ausbildung ist eine zentrale Aufgabe des Deutschunterrichts und entsprechend ein zentraler Bestandteil der Mediendidaktik Deutsch (vgl. Frederking/ Krommer/ Maiwald 2012, 89ff.). Unter Einbeziehung von Aspekten, die Weinert (2001, 27f.) in den Diskurs um Kompetenzen eingeführt hat, ergibt sich die folgende Definition: Mit der im Fach Deutsch zu vermittelnden bzw. zu erwerbenden digitalen Kompetenz wird die kognitive Fähigkeit und Fertigkeit zum fachspezifischen Umgang mit digitalen Medien und den damit verbundenen Möglichkeiten der produktiven und rezeptiven Nutzung im Sinne der sieben von Groeben skizzierten Teildimensionen verstanden. Dies schließt die Fähigkeit zur Bewältigung theoretischer und praktischer Problemstellungen im Zusammenhang mit digitalen Medien ebenso mit ein wie die motivationale, volitionale und soziale Bereitschaft und Fähigkeit, digitale Medien zielführend in den Lernfeldern des Faches Deutsch zu nutzen (vgl. auch Frederking/ Krommer/ Maiwald 2012, 89; Frederking/ Schmitt/ Krommer 2014, 192ff.).

3.2 Digitale Bildung

In den letzten Jahren ist an die Seite des Kompetenzbegriffs zunehmend der Begriff der Bildung getreten. Spätestens seit der KMK-Erklärung „Medienbildung in der Schule“ vom 8. März 2012 (vgl. KMK 2012b) hat dieser auch die Diskurse um digitale Medien erreicht. Damit gehen spezifische theoretische Positionierungen einher. Während Tulodziecki beispielsweise vorschlägt, den Begriff der Medienbildung als „Prozessbegriff“ zu verwenden und den der Medienkompetenz als „Zielbegriff“ (Tulodziecki 2011, 33), verstehen Jörissen und Marotzki Medienbildung als Zielkategorie, dem sie in Anlehnung an die vier Kantischen Grundfragen „Was kann ich wissen? Was soll ich tun? Was darf ich hoffen? Was ist der Mensch?“ (Kant 1800/ 1964, 448) vier „reflexive Orientierungsoptionen“ zur Beschreibung „strukturaler Medienbildung“ zuordnen (Jörissen/ Marotzki 2009, 30f.).

Diese und andere Bestimmungen (vgl. z.B. Moser/ Grell/ Niesyto 2011) verdeutlichen, dass hier aus ganz unterschiedlichen Bezugssystemen heraus versucht wird, den Begriff der Medienbildung für den medienpädagogischen Diskurs zur Anwendung zu bringen. Deutschdidaktisch lassen sich ganz ähnliche Differenzen feststellen. So gibt es Positionen, die ähnlich wie Tulodziecki Medienbildung als Prozess- und Medienkompetenz als Zielkategorie ansehen (vgl. Rath/ Marci-Boehnke 2011), während in anderen Ansätzen (vgl. Frederking/ Krommer 2014) analog zu Jörissen und Marotzki Bildung als übergeordnete Zielperspektive und Kompetenz als deren operationalisierbarer Teil verstanden wird. Allerdings wird der Begriff der Medienbildung dabei durch den der medialen Bildung ersetzt (vgl. Frederking/ Krommer 2014). Denn innerhalb der Deutschdidaktik ist es eigentlich Tradition, Bildung durch Attribute zu spezifizieren, d.h. von sprachlicher Bildung (vgl. Ivo 1994) und literarischer Bildung (Rösch/ Bachor 2010) zu sprechen. Mediale Bildung folgt diesem Muster – ebenso die auf Computer, Internet, Tablet oder Smartphone bezogene digitale Bildung. Während digitale Kompetenz ausschließlich auf operationalisierbare Fähigkeiten und Fertigkeiten ausgerichtet ist, schließt digitale Bildung diese Kompetenzfacetten ein, ist aber auf eine übergeordnete Zielperspektive bezogen: die kognitive und emotionale personale Verarbeitung von digital vermittelten kulturellen Inhalten und Wissensbausteinen. Digitale Bildung meint mithin Bewusstseinsphänomene, Geisteshaltungen, Einstellungen im Zusammenhang mit digitalen Medien, die allesamt nicht operationalisierbar sind. In diesem Sinne ist digitale Kompetenz Teil digitaler Bildung. Diese lässt sich über die sieben von Groeben skizzierten Teildimensionen hinaus mit Bezug auf die Bildungsstandards im Fach Deutsch auf zumindest drei weitere übergeordnete Zielsetzungen beziehen (vgl. Frederking/ Krommer 2014):

1. Digitale Bildung hat medienkulturgeschichtliches Wissen und Bewusstsein über digitale Medien zum Ziel, um Schüler für die mediale Spezifik digital vermittelter „kultureller, sprachlicher, literarischer und medialer Vielfalt“ (KMK 2003, 6) zu sensibilisieren. Eine Internetseite ist aufgrund ihrer symmedialen, synästhtischen und emergenten Qualität eben nicht nur eine mediale Form mit bestimmten Inhalten, sondern ein medienhistorisch, medientheoretisch wie kulturgeschichtlich zu verstehendes Phänomen, das Teil einer umfassenderen Medienkulturgeschichte ist (vgl. Raible 2006; Frederking/ Krommer/ Maiwald 2012, 40ff.).

2. Digitale Bildung hat einen medientheoretisch und medienästhetisch fundierten Horizont im Hinblick auf die Rezeptions- und Gestaltungsmöglichkeiten digitaler Medien zum Ziel. Denn die Ausbildung „eines Orientierungs- und Handlungswissens in Sprache, Literatur und Medien“ (KMK 2003, 6) ist im digitalen Zeitalter ohne das Wissen um die Besonderheiten digitaler medialer Formen nicht möglich. Dabei spielen die symmedialen, synästhetischen und emergenten Qualitäten des Computers als „Symmedium“, das alle medialen Optionen in sich vereint, eine zentrale Rolle (vgl. Frederking 2006, 2013).

3. Digitale Bildung zielt auf ein medienreflexives, die Chancen und Risiken digitaler Medien er- und umfassendes Selbst- und Weltverhältnis. Dies bedeutet, die Auswirkungen der Digitalisierung aller Lebensbereiche in Bezug auf die eigene Person, aber auch im Hinblick auf die eigene Beziehung zur Welt zu verstehen – das ist die Bewusstseinsebene digitaler Bildung. Gleichzeitig geht es darum, die daraus resultie-

renden Erkenntnisse, Gefühle, Einstellungen etc. im eigenen Denken und Handeln konstruktiv verarbeiten zu können – das ist die Kompetenzebene im Rahmen digitaler Bildung. Wenn also in den Bildungsstandards von der Fähigkeit die Rede ist, „in kritischer Distanz zwischen Lebenswirklichkeit und den in Literatur und Medien dargestellten virtuellen Welten“ (KMK 2003, 6) unterscheiden zu können, so ist damit eine Facette digitaler Kompetenz skizziert. Digitale Bildung tritt aber erst in Erscheinung, wenn einerseits die kommunikativen und interaktiven Chancen sozialer Netzwerke und andererseits Gefahren wie Cybermobbing oder der drohende Verlust der Privatheit in ihrer Bedeutung für das eigene Selbst- und Weltverhältnis reflektiert und erkannt werden.

4. Optionen digitaler Bildungsmedien im Deutschunterricht

Die Optionen, die der Einsatz digitaler Medien im Deutschunterricht eröffnet, erstrecken sich auf ein großes Spektrum der Lern-, Kompetenz- und Bildungsbereiche des Deutschunterrichts. Ungeachtet dessen, dass digitale Medien wie Computer, Internet, Tablet, Smartphone etc. mehrere der folgenden Optionen in sich vereinen, ist es sinnvoll, die verschiedenen Funktionalitäten digitaler Bildungsmedien hinsichtlich ihrer didaktisch-methodischen Fokussierungen getrennt voneinander zu beschreiben.

4.1 Option 1: Schreib- und Produktionsmedium

Im Januar 2015 überraschte ‚Spiegel-Online' mit der Nachricht, dass der „Pisa-Sieger Finnland“ (Himmelrath 2015) das Schreiben per Hand abschaffen wolle; eine Falschmeldung (Finnland stellte die gebundene Schreibschrift, nicht die Handschrift zur Disposition), die trotz nachträglicher Korrektur durch das Nachrichtenportal für ein massives, nicht nur virtuelles Echo sorgte. Auch im deutschdidaktischen Diskurs ist diese Frage erneut debattiert worden, zuletzt ausführlich in der Zeitschrift ‚Didaktik Deutsch' (vgl. Weinhold/ Pieper/ Pohl/ Zabka 2015). Die Mehrzahl der dort veröffentlichten Diskussionsbeiträge sieht eine Abschaffung der Handschrift, wie etwa in Teilen der USA und Kanadas und in manchen niederländischen Schulen zugunsten des Tippens am Computer bereits geschehen (vgl. Barkow 2015, 11), kritisch: Argumentiert wird vor allem aus neurologischer und feinmotorischer (vgl. Barkow 2015, 11; Ossner 2015, 15f.), kognitiver (Sturm 2015, 8; Ossner 2015, 16) sowie ästhetischer und kultureller Perspektive (vgl. Ossner 2015, 16). Obwohl es keinem der Autoren um ein ‚Entweder-Oder', sondern um ein medienspezifisches und situationsangemessenes ‚Sowohl-als-auch' geht, spielen die Potenziale des Computers und des Internets als Schreibmedium in ihrer Argumentation eine insgesamt eher untergeordnete Rolle. Frahm und Blatt beleuchten das Schreiben mit dem Computer vor allem im Licht eigener empirischer Studien zur Rechtschreibleistung und sehen den Computer in diesem Zusammenhang vor allem als ideales Testinstrument „für die Integration formativer Assessments in den Rechtschreibunterricht“ (Frahm/ Blatt 2015, 5). Über derartige computerbasierte Testungen und deren schnelle und effiziente Auswertungen erhielten die Schüler Auskunft über den individuellen Lernfortschritt. Die Ergebnisse wiederum seien „Grundlage für passgenaue Förderpläne“ (ebd.). Sturm und Ossner stellen vor allem die Praktikabilität computerbasierten Schreibens zur Bewältigung von Schreibaufgaben in den

Vordergrund (vgl. Sturm 2015, 8; Ossner 2015, 16). Aspekte des Schreibprozesses und letztlich der Schreib- und Gestaltungskompetenz werden nur von Kepser dezidiert und überzeugend in den Blick genommen (vgl. Kepser 2015, 19ff.).

Tatsächlich sind die Schreibmöglichkeiten und der Aufbau von Schreibkompetenz (vgl. Becker-Mrotzek/ Behrens 2014) in den Digitalmedien Computer und Internet ebenso vielfältig wie umfassend (vgl. Frederking 2014a, 33f.): Computergestützte Textproduktionen folgen einem eigenen Schreibprozess, der sich deutlich vom handschriftlichen Verfassen von Texten unterscheidet, da digitale Textverarbeitungsprogramme eine – im Kleist'schen Sinne – allmähliche Verfertigung der Gedanken beim Schreiben ermöglichen. Die Phasen der Planung und Erstellung von Texten fallen hier tendenziell zusammen (vgl. Kepser 2015, 20), während Revisionen und Überarbeitungen den Schreibprozess begleitend jederzeit unkompliziert und ordentlich vorgenommen werden können, was nicht nur lernschwächeren Schülern bzw. Lerngruppen und Schülern mit diskontinuierlicheren Arbeitsweisen zugute kommt. Das schreibdidaktische Prinzip ‚Writing ist Re-Writing' erhält hier eine nahezu ideale Umsetzungsmöglichkeit. Zudem erleichtern Textverarbeitungsprogramme eine ansehnliche Formatierung und Gestaltung des Textes, die Integration von Abbildungen, Diagrammen und Hyperlinks und – etwa im Falle interaktiver PDFs – auch den Einbezug von Audio- und Videodateien sowie von Animationen.

Die produktive Option digitaler Medien erschöpft sich jedoch nicht mit dem Verfassen, Überarbeiten und Gestalten schriftlicher Texte. Durch den Einsatz beispielsweise von Tablets und Smartphones und mit der entsprechenden, auf vielen Geräten bereits vorinstallierten Software können Schüler problemlos auch auditive, audiovisuelle und hypermediale Texte erstellen, bearbeiten, präsentieren und reflektieren (vgl. hierzu den Beitrag von Herzig, Martin und Klar in diesem Band).

4.2 Option 2: Lese-, Rezeptions- und Informationsmedium

Es ist die Ironie des Schicksals: Will man sich über die 21. Auflage der Brockhaus-Enzyklopädie informieren, erledigt man dies schnell und erfolgreich im Internet bei Wikipedia, in genau dem Medium also, das nicht unschuldig ist an dem analogen Verschwinden der einst so berühmten wie erfolgreichen Buchreihe. Nach 200 Jahren beendete der Bertelsmann Verlag den Vertrieb und verlautbarte: „Ab sofort gibt es den Brockhaus nur noch gebraucht – oder eben digital."

Diese Entwicklung zeigt, dass Computer und Internet mit der Suchfunktion und den nahezu unendlichen Recherchemöglichkeiten mittlerweile dem Buch als Informationsmedium zumindest in der Effizienz und der Quantität der Suchergebnisse für einen ersten thematischen Zugriff überlegen sind. Sowohl im privaten wie auch im beruflichen und inzwischen zunehmend auch im schulischen Kontext erfolgt das informatorische Lesen heute weitgehend unter Einbeziehung des Internets (vgl. Frederking 2014b).

Das auf Genuss ausgerichtete literarische Lesen dagegen schien lange Zeit konkurrenzlos mit und in analogen Printmedien zu erfolgen, E-Books fristeten – zumindest in Deutschland – bislang eher ein Nischendasein. Die Prognosen für elektronisches Lesen literarischer Texte stehen jedoch gut, glaubt man einer Studie von Pricewaterhouse-Coopers (vgl.

Hermann/ Lulei 2013): Durch die seit 2012 zunehmende Etablierung von elektronischen Lesegeräten publizieren ca. 80% der großen Verlage Neuerscheinungen auch in digitaler Form. Bis 2017 wird im Bereich der Belletristik zudem ein jährlicher Anstieg des Umsatzes im E-Book-Sektor von 43% auf insgesamt 850 Millionen Euro erwartet (vgl. ebd., 14). Diese sich anbahnende grundlegende Veränderung literarischer Lesegewohnheiten scheint in jenen paradigmatischen Wandlungsprozess eingebunden zu sein, der die meisten anderen Nutzungsoptionen der digitalen Symmedien längst erfasst hat. Durch den Einbezug digitaler Medien erhält der Leser die Möglichkeit, seine solitären Lesegewohnheiten durch interaktive und kommunikative Blickwinkel zu ergänzen: Individuell bedeutsame Textstellen können hervorgehoben, durch hypertextuelle Verlinkungen nachgeschlagen und durch Zusatzinformationen ergänzt werden. Im Sinne des ‚Social Readings' können literarische Texte kommentiert und in Verknüpfung mit entsprechenden Online-Portalen mit anderen Lesern diskutiert werden (vgl. hierzu den Beitrag von Brendel-Perpina im Praxisband dieser Reihe). Der Leser kann sich zudem eine große Auswahl an Büchern schnell, einfach und häufig auch preiswerter als die Druckversion zulegen und seine erworbene, mitunter umfangreiche Bibliothek ohne Schwierigkeiten auf nur einem Gerät speichern, transportieren und jederzeit abrufen (vgl. hierzu den Beitrag von Fahrer im Praxisband dieser Reihe).

So ist es aus diesem Grunde folgerichtig, dass mittlerweile auch Schulbuchverlage beginnen, Schulbücher digital anzubieten. Soll allerdings das Lesen von und das Arbeiten mit solchen Lernmitteln zu symmedialem und synästhetischem Lernen führen, müssen diese Bemühungen deutlich über eine bloße Virtualisierung und Digitalisierung analoger Schulbücher hinausgehen. Der besondere Mehrwert digitaler Schulbücher besteht vielmehr darin, neben digitalisierten Texten auch korrespondierende Bilder, Hörtexte, Animationen, Filme und hypermediale Verknüpfungen einbinden zu können, die den Schülern symmediale und synästhetische Rezeptionsprozesse ermöglichen. Darüber hinaus bieten digitale Schulbücher den Lernenden idealerweise die Möglichkeit, sich interaktiv und handelnd-produktiv mit den jeweiligen Themen und Lernbereichen auseinanderzusetzen. Hierfür ist es erforderlich, kompetenzorientierte Aufgaben und Arbeitsanregungen zu integrieren, die sich nach unterschiedlichen Anforderungsniveaus differenzieren lassen, die Interaktion mit anderen ermöglichen, die lernbereichsübergreifend, weitgehend induktiv sowie emotional, personal und kognitiv aktivierend konzipiert sind und individuelles und entdeckendes Lernen fördern.

4.3 Option 3: Präsentations- bzw. Visualisierungsmedium

Während Schülervorträge, -referate und -reden früher tendenziell monomedial gestaltet waren, zeichnen sich computer- und beamergestützte Präsentationen heute vor allem durch ein besonderes Maß an Performanz, Visualisierung, Intermedialität, Technizität und Serialität aus (vgl. Schnettler/ Knoblauch/ Pötzsch 2007). Digitale Medien versetzen die Schüler in die Lage, ihre Präsentationen durch die medialen Optionen beispielsweise von Laptops und Tablets in Kombination mit einer entsprechenden Präsentationssoftware wie PowerPoint, Keynote, PowerPointPlex, Prezi etc. aufzubereiten, interaktiv zu realisieren und derart den Zuhörern resp. Zuschauern symmediale und synästhetische Rezeptionserlebnisse zu ermöglichen. Automatisch jedoch führt die Ergänzung mündlicher Wissensvermittlung durch visualisierte Schrift (Zitate, Thesen etc.) und Bild-, Ton- sowie Filmdokumente zu keiner qualitativen Verbesserung der Präsentationen (vgl. Kepser 2006). Die systematische Entwicklung einer fachspezifischen Didaktik und Methodik der Präsentationsmedien steht allerdings bislang noch aus.

4.4 Option 4: Kommunikations- bzw. Kooperationsmedium

In ihrer Funktion als Kommunikations- und Kooperationsmedium erweitern Computer und Internet den Deutschunterricht erheblich: E-Mails, Chats, soziale Medien, Kurznachrichtendienste, Videokonferenzen etc. ermöglichen Schülern eine räumlich und mitunter auch zeitlich unabhängige Kontaktaufnahme mit potenziell beliebig vielen Interaktionspartnern in schriftlicher (meist oraliteraler), auditiver oder audiovisueller Form (vgl. hierzu die Artikel von Schieder, Beißwenger und Wampfler im Praxisband dieser Reihe). Die daraus häufig resultierenden authentischen Gesprächs- und Schreibanlässe bieten für den Deutschunterricht vielfältige Ansatzpunkte, etwa für interkulturelle Fragestellungen (vgl. z.B. Frederking et al. 1998), schulübergreifende Kooperationen bis hin zum interregionalen und internationalen Austausch mit unterschiedlichen Institutionen und Kommunikationsempfängern. Auch das Spiel mit fiktionalen Identitäten und Instanzen (vgl. Krommer 2002) kann durch digitale Kommunikationsmedien realisiert werden.

Kooperationsplattformen wie LoNet2, BSCW, Mebis und Moodle sowie Filehosting-Dienste wie GoogleDrive ermöglichen Lehrenden und Lernenden, Texte, Tabellen, Präsentationen, Grafiken, Umfragen etc. online zu erstellen und mit anderen zu teilen. In kooperativen Schreibprojekten und Schreibkonferenzen lassen sich Dokumente gemeinsam bearbeiten und kommentieren. Zudem kann die Entstehung eines Textes im Überarbeitungsverlauf nachvollzogen werden, was Lehrenden und Lernenden die Gelegenheit bietet, individuelle Schreibprozesse gemeinsam zu reflektieren. Nicht nur im Sinne einer prozessorientierten Schreibdidaktik stellt die Visualisierung solcher Entwicklungsschritte ein sinnvolles Vorgehen dar (vgl. Möbius/ Ulrich/ Wieland 2013; Krommer 2013; Krommer/ Dreier 2013; Frederking/ Schmitt/ Krommer 2014).

Soziale Netzwerke wie Facebook, Google+ oder das für den schulischen Einsatz entwickelte Edmodo ermöglichen ferner das Spiel mit Identitäten, etwa wenn Schüler im Literaturunterricht lektürebegleitend Profile zu literarischen Figuren erstellen, die anschließend kommunikativ und kooperierend in Beziehung zueinander treten (vgl. Dreier 2012; Halbmeier 2014; Krommer 2014).

4.5 Option 5: Analyse- und Interpretationsmedium

Digitale Medien wie Computer und das World Wide Web ermöglichen besondere Erschließungs- und Vermittlungsmöglichkeiten, weil sich auf einer Ebene zwei grundlegend verschiedene Operationen miteinander verbinden lassen: die Rezeption eines medialen Textes und seiner interpretierenden Transformation (vgl. Kreuzer 1993) in ein anderes Medium. Insbesondere im Zusammenhang mit Vertonungen und audiovisuellen Adaptionen, aber auch bei Medien ohne literarischen Prätext enthält diese digitale Option einen besonderen Mehrwert: Zum einen können Schüler durch den Einsatz von Computern und Tablets auditive oder audiovisuelle Texte individuell zur Verfügung gestellt werden; mit der gleichen

Selbstverständlichkeit, mit der jeder Schüler im Literaturunterricht über einen eigenen literarischen Text verfügt, muss auch die intermediale Lektüre als individueller Lesestoff vorliegen, damit an die Stelle kollektiver Hörerlebnisse bzw. Filmvorführungen individuelle Rezeptionsprozesse treten können (vgl. Albrecht/ Frederking 2015, 25f.). Zum anderen ermöglichen digitale Medien den Schülern, über Anwendungen wie das ‚SymBoard' oder die App ‚Explain Everything'[1] Analyse- und Interpretationsergebnisse ähnlich einer Notiz am Seitenrand eines gedruckten Textes neben den rezipierten auditiven oder audiovisuellen Text zu notieren bzw. sogar vollständige Erschließungen durchzuführen. Über Screenshots lassen sich überdies Deutungen etwa von Filmen stützen (vgl. Albrecht 2014, 286f.).

4.6 Option 6: Kunst- und Gestaltungsmedium

Die Idee, digitale Medien als Kunst- und Gestaltungsmedium einzusetzen, wurde schon 1967 von Noll formuliert (vgl. Noll 1967). Doch obwohl heute auch in der deutschdidaktischen Fachliteratur und in den Bildungsstandards künstlerische Gestaltungen als Kompetenzanforderungen immer wieder genannt werden (vgl. Spinner 2001; Zabka 2013; KMK 2003, 11-14; KMK 2012a, 21), liegen bislang nur wenige didaktische Modellierungen dazu vor (vgl. Berghoff/ Frederking 2002). Das vielfältige symmediale und synästhetische Potenzial digitaler Medien kann in den einfachsten Umsetzungsformen deutlich werden, indem digitalisierte Texte entsprechend der eigenen Lesart durch Variationen der Schriftart, -größe und -farbe gestaltet und durch farbliche Markierungen und Bilder ergänzt werden. Weiterhin denkbar sind Text-Bild-Ton-Film-Collagen, die zur Illustration individueller Deutungsansätze ebenso dienen können wie zur abschließenden Reflexion am Ende einer Unterrichtssequenz.

4.7 Option 7: Lehr- und Lernmedium

Neben den bislang vorgestellten Funktionen und Anwendungsbereichen digitaler Medien, die in der Mehrzahl nicht eigens für den schulischen Kontext entwickelt worden sind, gibt es etliche Lehr-Lern-Umgebungen, die dezidiert auf die Unterstützung von Lehr- und Lern-Prozessen abzielen. Neben CD-ROMs wie ‚Texte, Themen und Strukturen' (vgl. Eilert/ Fenske/ Grunow 2004) und ‚Literatur des 20. Jahrhunderts' (vgl. Bekes/ Frederking 2010), die als interaktives und kreatives Lernmedium für den Deutschunterricht in der Oberstufe konzipiert sind, richten sich die symmedialen Erfahrungs- und Handlungsräume von Online-Angeboten wie der App ‚Knard' (vgl. Minnameier 2015)[2] oder der vom Institut für interkulturelle Kommunikation in Zürich entwickelte Bildungssoftware ‚Multidingsda'[3] (vgl. Nodari/ Wittwer 2010) mit ihren verknüpften literalen, piktoralen, auditiven und audiovisuellen

1 ‚Explain Everything' ist eine ursprünglich für die Arbeit mit Tablets entwickelte, vielseitige interaktive Whiteboard- und Screencast-App. Das ‚SymBoard' ist ein symmedialer Analyse- und Gestaltungsraum für medial gestützte Lerneinheiten. Beide Anwendungen ermöglichen dem Nutzer, unterschiedliche Medienformate wie Text-, Bild-, Ton- und Film-Dateien auf einer Handlungsebene zu arrangieren, mit ihnen zu arbeiten und Ergebnisse dieses Prozesses zu präsentieren.

2 Bei der App ‚Knard' handelt es sich um ein interaktives Bilderbuch, das sich durch das Zusammenspiel von Musik, Sprache, Bildern und einfachen Interaktionen auszeichnet.

3 ‚Multidingsda' ist ein Lernprogramm für den Aufbau und die Festigung des Grundwortschatzes im DaZ-Unterricht.

Texturen speziell an Schüler der Grundschule. Das Internet-Portal ‚Orthografietrainer.net' bietet interaktive Lehr- und Lernarrangements zur Rechtschreibung und zur Grammatik an. Die Website ‚Sofatutor.com' geht darüber hinaus auch auf literarische Themen ein und bietet Lernenden der Klassen 1 bis 13 neben Lernvideos Übungseinheiten zur Unterstützung des Selbstlernprozesses, einen Hausaufgabenchat und individuelle Online-Nachhilfe.

Literatur

Albrecht, Christian; Frederking, Volker: Der Film im Deutschunterricht. Grundlagen, Rahmenbedingungen, Konzeptionen. In: ide. Informationen zur Deutschdidaktik. Zeitschrift für den Deutschunterricht in Wissenschaft und Schule (2015), 39, 1, 20-38.

Albrecht, Christian: Lyrikverfilmungen im Literaturunterricht. In: Frederking, Volker; Krommer, Axel (Hrsg.): Aktuelle Fragen der Deutschdidaktik. Band 3. Baltmannsweiler: Schneider Verlag Hohengehren 2014, 267-290. (= Taschenbuch des Deutschunterrichts)

Baacke, Dieter: „Medienkompetenz als Netzwerk. Reichweite und Fokussierung eines Begriffes, der Konjunktur hat". In: medien praktisch (1996), 20, 2, 4-10.

Baacke, Dieter: Medienkompetenz als zentrales Operationsfeld von Projekten. In: Baacke, Dieter; Kornblum, Susanne; Lauffer, Jürgen; Mikos, Lothar; Thiele, Günter A. (Hrsg.): Handbuch Medien: Medienkompetenz; Modelle und Projekte. Bonn: Bundeszentrale für politische Bildung 1999, 31-35.

Barkow, Ingrid: Von Hand schreiben lernen ja – Ausgangsschrift nein. In: Didaktik Deutsch (2015), 20, 39, 11-14.

Becker-Mrotzek, Michael; Behrens, Ulrike: Schreiben. In: Behrens, Ulrike; Bremerich-Vos, Albert; Krelle, Michael; Böhme, Katrin; Hunger, Susanne (Hrsg.): Bildungsstandards Deutsch: konkret. Berlin: Cornelsen 2014, 46-85.

Bekes, Peter; Frederking, Volker: Literatur des 20. Jahrhunderts. CD-ROM. Hannover: Schroedel 2010.

Berghoff, Matthias; Frederking, Volker: Multimediale Erfahrungs- und Handlungsräume – neue Möglichkeiten für den Einsatz des Computers im Deutschunterricht. In: Kugler, Hartmut (Hrsg.): www.germanistik2001.de. Vorträge des Erlanger Germanistentags 2001. Band 2. Bielefeld: Aisthesis Verlag 2002, 807-816.

Berghoff, Matthias: „Wenn ich die Lehrer für eine Sache nicht kriege, kann ich Schule nicht ändern ...". Pädagogisch sinnvolle Nutzung der Neuen Medien setzt Schulentwicklung voraus. In: Frederking, Volker (Hrsg.): Verbessern heißt verändern. Neue Wege, Inhalte und Ziele der Ausbildung von Deutschlehrer(innen in Studium und Referendariat. Baltmannsweiler: Schneider Verlag Hohengehren 1998, 279-301.

Berndt, Frauke; Tonger-Erk, Lily: Intertextualität: Eine Einführung (Grundlagen der Germanistik). Berlin: Erich Schmidt Verlag 2013.

Böhnke, Alexander: Digital/ Analog – typologisch. In: Schröter, Jens; Böhnke, Alexander (Hrsg.): Analog/ Digital – Opposition oder Kontinuum? Zur Theorie und Geschichte einer Unterscheidung. Bielefeld: transcript 2004, 169-190.

Bolz, Norbert: Am Ende der Gutenberg-Galaxis. Die neuen Kommunikationsverhältnisse. München: Wilhelm Fink Verlag 1993.

Bönnighausen, Marion: An den Schnittstellen der Künste. Vorschläge für einen intermedialen Deutschunterricht. In: Frederking, Volker (Hrsg.): Filmdidaktik – Filmästhetik. Jahrbuch Medien im Deutschunterricht 2005. Band 4. München: kopaed 2006, 191-203.

Bönnighausen, Marion: Intermedialer Literaturunterricht. In: Frederking, Volker; Krommer, Axel; Meier, Christel: Literatur- und Mediendidaktik. Baltmannsweiler: Schneider Verlag Hohengehren 2013, 523-534 (= Taschenbuch des Deutschunterrichts 2).

Bönnighausen, Marion; Rösch, Heidi (Hrsg.): Intermedialität im Deutschunterricht. Baltmannsweiler: Schneider Verlag Hohengehren 2004.

Carstensen, Broder: Anglizismen-Wörterbuch. Der Einfluß des Englischen auf den deutschen Wortschatz nach 1945. Band 1. Berlin, New York: de Gruyter 2001.

Dörr, Volker; Kurwinkel, Tobias (Hrsg.): Intertextualität, Intermedialität, Transmedialität: Zur Beziehung zwischen Literatur und anderen Medien. Würzburg: Königshausen und Neumann 2014.

Dreier, Ricarda: „Prinz Friedrich von Homburg zu Deinen Freunden hinzufügen?“ Das etwas andere Unterrichtsprojekt zu Kleists Prinz Friedrich von Homburg. In: kjl&m (2012), 64, 2, 90-92.

Eilert, Klaus; Fenske, Ute;Grunow, Cordula: Texte-Themen-Strukturen-Interaktiv (CD-Rom): Fachdidaktische Konzeption. Berlin 2004.

Faulstich, Werner: Die Mediengeschichte des 20. Jahrhunderts. München: Wilhelm Fink 2012.

Flusser, Vilém: Paradigmenwechsel. In: Flusser, Vilém: Medienkultur. Hrsg. von Stefan Bollmann. Frankfurt/ Main: Fischer (1991) 2002, 190-201.

Frahm, Sarah; Blatt, Inge: Gibt es überhaupt einen Unterschied zwischen Hand- und Computerschreiben? In: Didaktik Deutsch (2015), 20, 39, 3-6.

Frederking, Volker: Symmedialität und Synästhetik. Begriffliche Schneisen im medialen Paradigmenwechsel und ihre filmdidaktischen Implikationen am Beispiel von Erich Kästners „Emil und die Detektive“. In: Frederking, Volker (Hrsg.): Filmdidaktik – Filmästhetik. Jahrbuch Medien im Deutschunterricht 2005. München: kopaed 2006, 204-229.

Frederking, Volker: Lyrikunterricht symmedial und digital. (Syn)Ästhetische Bildung mit ‚neuen Medien’ am Beispiel von Goethes Ballade ‚Der Zauberlehrling’. In: Frederking, Volker; Kepser, Matthis; Rath, Matthias (Hrsg.): LOG IN! Kreativer Deutschunterricht und Neue Medien. Festschrift für Hartmut Jonas. München: kopaed 2008, 157-184.

Frederking, Volker: Symmedialer Literaturunterricht. In: Frederking, Volker; Krommer, Axel; Meier, Christel (Hrsg.): Literatur- und Mediendidaktik. Baltmannsweiler: Schneider Verlag Hohengehren 2013, 535-566 (=Taschenbuch des Deutschunterrichts 2).

Frederking, Volker: Symmedialität und Synästhetik. Die digitale Revolution im medientheoretischen, medienkulturgeschichtlichen und mediendidaktischen Blick. In: Frederking, Volker; Krommer, Axel; Möbius, Thomas (Hrsg.): Digitale Medien im Deutschunterricht. Baltmannsweiler: Schneider Verlag Hohengehren 2014, 3-49 (= DTP 8) (zitiert als 2014a).

Frederking, Volker: Mediale Leerstellen. Empirische Befunde zum Einsatz analoger und digitaler Medien im Deutschunterricht. In: Frederking, Volker; Krommer, Axel; Möbius, Thomas (Hrsg.): Digitale Medien im Deutschunterricht. Baltmannsweiler: Schneider Verlag Hohengehren 2014, 359-379 (= DTP 8) (zitiert als 2014b).

Frederking, Volker; Berghoff, Matthias; Jünger, Werner; Steinig, Wolfgang: Produktiv-kreative Verfahren im Internet. Ein interkulturelles Projekt und seine deutschdidaktischen Implikationen. In: ide. Zeitschrift für den Deutschunterricht in Wissenschaft und Schule. Informationen zur Deutschdidaktik (1998), 22, 2, 129-143.

Frederking, Volker; Kepser, Matthis; Rath, Matthias (Hrsg.): LOG IN! Kreativer Deutschunterricht und Neue Medien. Festschrift für Hartmut Jonas. München: kopaed 2008.

Frederking, Volker; Krommer, Axel: Deutschunterricht und mediale Bildung im Zeichen der Digitalisierung. In: Frederking, Volker; Krommer, Axel; Möbius, Thomas (Hrsg.): Digitale Medien im Deutschunterricht. Baltmannsweiler: Schneider Verlag Hohengehren 2014, 150-182 (= DTP 8).

Frederking, Volker; Krommer, Axel; Maiwald, Klaus: Mediendidaktik Deutsch. Eine Einführung. (2., neu bearbeitete und erweiterte Auflage) Berlin: Erich Schmidt Verlag 2012.

Frederking, Volker; Krommer, Axel; Möbius, Thomas (Hrsg.): Digitale Medien im Deutschunterricht. Baltmannsweiler: Schneider Verlag Hohengehren 2014.

Frederking, Volker; Römhild, Tanja: Symmediale Texte: Symmediales literarisches Lernen. In: Pompe, Anja (Hrsg.): Literarisches Lernen im Anfangsunterricht: Theoretische Reflexionen – Empirische Befunde – Unterrichtspraktische Entwürfe. Baltmannsweiler: Schneider Verlag Hohengehren 2012, 73-86.

Frederking, Volker; Schmitt, Armin; Krommer, Axel: Mit Medien umgehen. In: Behrens, Ulrike, Bremerich-Vos, Albert; Krelle, Michael; Böhme, Katrin; Hunger, Susanne (Hrsg.): Bildungsstandards Deutsch: konkret. Berlin: Cornelsen 2014, 192-214.

Giesecke, Michael: Von den Mythen der Buchkultur zu den Visionen der Informationsgesellschaft. Trendforschungen zur kulturellen Medienökologie. Frankfurt/ Main: Suhrkamp 2002.

Groeben, Norbert: Dimensionen der Medienkompetenz: Deskriptive und normative Aspekte. In: Groeben, Norbert; Hurrelmann, Bettina (Hrsg.): Medienkompetenz – Voraussetzungen, Dimensionen, Funktionen. Weinheim, München: Juventa 2002, 160-200.

Halbmeier, Daniel: „Neue Nachricht von Emilia Galotti" – Soziale Netzwerke im Dramenunterricht. In: Frederking, Volker; Krommer, Axel; Möbius, Thomas (Hrsg.): Digitale Medien im Deutschunterricht. Baltmannsweiler: Schneider Verlag Hohengehren 2014, 532-548 (= DTP 8).

Hartmann, Frank: Multimedia. München: UTB 2008.

Haugeland, John: Analog und analog. In: Schröter, Jens; Böhnke, Alexander (Hrsg.): Analog/ Digital – Opposition oder Kontinuum? Zur Theorie und Geschichte einer Unterscheidung. Bielefeld: transcript 2004, 33-48.

Heibach, Christiane: Literatur im Internet. Theorie und Praxis einer kooperativen Ästhetik. Berlin: 2000. Online-Quelle: http://www.netzliteratur.net/heibach/heibach_diss.pdf (letzter Zugriff: 06.06.2016).

Heibach, Christiane: Schreiben im World Wide Web – eine neue literarische Praxis. In: Münker, Stefan; Roesler, Alexander (Hrsg.): Praxis Internet. Kulturtechniken der vernetzten Welt. Frankfurt/ Main: Suhrkamp 2002, 182-207.

Henning, Peter A.: Taschenbuch Multimedia. 4. Auflage. Leipzig: Fachbuchverlag 2007.

Hentig, Hartmut von: Das allmähliche Verschwinden der Wirklichkeit. München: Carl Hanser Verlag 1984.

Hentig, Hartmut von: Der technischen Zivilisation gewachsen bleiben. Nachdenken über die Neuen Medien und das gar nicht mehr allmähliche Verschwinden der Wirklichkeit. Weinheim: Beltz 2002.

Hermann, Anastasia; Lulei, Kristin: Media Trend Outlook. E-Books im Aufwind (2013), https://www.pwc.de/de/technologiemedien-und-telekommunikation/assets/whitepaper-ebooks.pdf (letzter Zugriff: 06.06.2016).

Himmelrath, Armin: Finnland schafft die Schreibschrift ab (2015), http://www.spiegel.de/schulspiegel/ausland/schule-pisa-sieger-finnland-will-handschrift-abschaffen-a-1012000.html (letzter Zugriff: 06.06.2016).

http://orthografietrainer.net (letzter Zugriff: 06.06.2016).

http://www.sofatutor.com (letzter Zugriff: 06.06.2016).

Issing, Ludwig J.; Klimsa, Paul: Multimedia – Eine Chance für Information und Lernen. In: Issing, Ludwig J.; Klimsa, Paul (Hrsg.): Information und Lernen mit Multimedia. Weinheim: Beltz 1995, 1-4.

Ivo, Hubert: Muttersprache, Identität, Nation. Sprachliche Bildung im Spannungsfeld zwischen einheimisch und fremd. Wiesbaden: VS Verlag für Sozialwissenschaften 1994.

Jenkins, Henry: Convergence Culture: Where Old and New Media Collide. New York: New York University Press 2006 (zitiert: 2006a).

Jenkins, Henry: Convergence and Divergence: Two Parts of the Same Process 2006 (zitiert: 2006b): Online-Quelle: http://henryjenkins.org/2006/06/convergence_and_divergence_two.html#sthash.50KeQGm7.dpuf (letzter Zugriff: 06.06.2016).

Jonas, Hartmut; Rose, Kurt: Computerunterstützter Deutschunterricht. Frankfurt/ Main; Berlin, Bern, Peter Lang 2002.

Jörissen, Benjamin; Marotzki, Winfried: Medienbildung – Eine Einführung. Theorien – Methoden – Analysen. Bad Heilbrunn: Julius Klinkhardt 2009.

Kant, Immanuel: Begriff von der Philosophie überhaupt. (1800) In: Kant, Immanuel: Werke VI, Logik. Ein Handbuch zu Vorlesungen. Frankfurt/ Main: Suhrkamp Theorie – Werkausgabe 1964, 447/448.

Kepser, Matthis: Massenmedium Computer. Ein Handbuch für den Deutschunterricht. Bad Krozingen: d-punkt 1999.

Kepser, Matthis: Rhetorik des Effekts: Sprachbewusster Umgang mit MS-PowerPoint im Deutschunterricht. In: Marci-Boehncke, Gudrun; Rath, Matthias (Hrsg.): BildTextZeichen lesen: Intermedialität im didaktischen Diskurs. München: kopaed 2006, 55-65.

Kepser, Matthis: Für das Leben, nicht für die Schule sollen sie schreiben! In: Didaktik Deutsch (2015), 20, 39, 19-22.

Kluge, Friedrich: Etymologisches Wörterbuch der deutschen Sprache. Berlin, New York: de Gruyter 1999.

KMK (Kultusministerkonferenz): Beschlüsse der Kultusministerkonferenz. Bildungsstandards im Fach Deutsch für den Mittleren Schulabschluss. Beschluss vom 4.12.2003. München: Luchterhand 2003.

KMK (Kultusministerkonferenz): Beschlüsse der Kultusministerkonferenz. Bildungsstandards im Fach Deutsch für die Allgemeine Hochschulreife. 2012a (Beschluss der Kultusministerkonferenz vom 18.10.2012). http://www.kmk.org/fileadmin/veroeffentlichungen_beschluesse/2012/2012_10_18-Bildungsstandards-Deutsch-Abi.pdf (letzter Zugriff: 06.06.2016).

KMK (Kultusministerkonferenz): Beschlüsse der Kultusministerkonferenz. „Medienbildung in der Schule". 2012b (Beschluss der Kultusministerkonferenz vom 18.10.2012). http://www.kmk.org/fileadmin/veroeffentlichungen_beschluesse/2012/2012_03_08_Medienbildung.pdf (letzter Zugriff: 06.06.2016).

Kreuzer, Helmut: Arten der Literaturadaption. In: Gast, Wolfgang (Hrsg.): Literaturverfilmungen. Bamberg: C.C. Buchners 1993, 27-31.

Kristeva, Julia: Bachtin, das Wort, der Dialog und der Roman. In: Ihwe, Jens (Hrsg.): Literaturwissenschaft und Linguistik. Ergebnisse und Perspektiven. Bd. 3: Zur linguistischen Basis der Literaturwissenschaft II. Frankfurt/ Main: Athenäum 1972, 345-375.

Krommer, Axel; Dreier, Ricarda: Medienkompetenz im symmedialen Deutschunterricht. In: Frederking, Volker; Krommer, Axel; Meier, Christel (Hrsg.): Literatur- und Mediendidaktik. Baltmannsweiler: Schneider Verlag Hohengehren 2013, 695-715 (=Taschenbuch des Deutschunterrichts 2).

Krommer, Axel: Chatten mit dem lyrischen Ich. Ein literatur- und mediendidaktisches Experiment. In: Wermke, Jutta (Hrsg.): Literatur und Medien. Jahrbuch Medien im Deutschunterricht. München: kopaed 2002, 87-103.

Krommer, Axel: Didaktik und Ästhetik neuer Medien. Lesen und Verstehen symmedialer Texte. In: Frederking, Volker; Krommer, Axel; Meier, Christel (Hrsg.): Literatur- und Mediendidaktik. Baltmannsweiler: Schneider Verlag Hohengehren 2013, 243-278 (= Taschenbuch des Deutschunterrichts 2).

Krommer, Axel: Digitale Informations-, Kommunikations- und Kooperationsmedien im Deutschunterricht. In: Frederking, Volker; Krommer, Axel; Möbius, Thomas (Hrsg.): Digitale Medien im Deutschunterricht. Baltmannsweiler: Schneider Verlag Hohengehren 2014, 290-312 (= DTP 8).

Licklider, Joseph Carl Robnett / Taylor, Robert: The Computer as a Communication Device (1968), http://www.utexas.edu/lbj/archive/news/images/file/20_20_03_licklider-taylor-1.pdf (letzter Zugriff: 06.06.2016).

Loleit, Simone: „The Mere Digital Process of Turning over Leaves". Zur Wort- und Begriffsgeschichte von „digital". In: Schröter, Jens; Böhnke, Alexander (Hrsg.): Analog/ Digital – Opposition oder Kontinuum? Zur Theorie und Geschichte einer Unterscheidung. Bielefeld: transcript 2004, 193-213.

Luhmann, Niklas: Die Realität der Massenmedien. Wiesbaden: Springer 1995.

Luhmann, Niklas: Die Gesellschaft der Gesellschaft. Frankfurt/ Main: Suhrkamp 1997.

Maletzke, Gerhard: Kommunikationswissenschaft im Überblick. Grundlagen, Probleme, Perspektiven. Opladen, Wiesbaden: Westdeutscher Verlag 1998.

Marci-Boehncke, Gudrun: Medienverbund und Medienpraxis im Deutschunterricht. In: Frederking, Volker; Krommer, Axel; Meier, Christel (Hrsg.): Literatur- und Mediendidaktik. Baltmannsweiler: Schneider Verlag Hohengehren 2013, 501-522 (= Taschenbuch des Deutschunterrichts 2).

McLuhan, Marshall: Die Gutenberg-Galaxis. Das Ende des Buchzeitalters. Übersetzt von Max Nänny. Düsseldorf; Wien: Econ (1962) 1968.

Minnameier, Christoph: Knard (2015), https://itunes.apple.com/de/app/knard/id810369535?l=de (letzter Zugriff: 19.07.2016)

Möbius, Thomas; Ulrich, Stefan; Wieland, Regina: Virtuelle Lernumgebungen im Literaturunterricht. In: Frederking, Volker; Krommer, Axel; Meier, Christel (Hrsg.): Literatur- und Mediendidaktik. Baltmannsweiler: Schneider Verlag Hohengehren 2013, 593-617 (=Taschenbuch des Deutschunterrichts).

Moser, Heinz; Grell, Petra; Niesyto, Horst (Hrsg.): Medienbildung und Medienkompetenz. Beiträge zu Schlüsselbegriffen der Medienpädagogik. München: kopaed 2011.

Nodari, Claudia; Wittwer, Sabina: Multidingsda. Lehrmittelverlag des Kantons Zürich (2010), http://www.profax.de/index.php?p=102 (letzter Zugriff: 06.06.2016).

Noll, Michael A.: The digital computer as a creative medium. In: IEEE Spectrum (1967), 4, 10, 89-95.

OECD (Hrsg): PISA 2012. Assessment and Analytical Framework: Mathematics, Reading, Science, Problem Solving and Financial Literacy, OECD Publishing. http://dx.doi.org/10.1787/9789264190511-en (letzter Zugriff: 06.06.2016).

Ossner, Jakob: Das Neueste ist manchmal der Feind des Besseren. In: Didaktik Deutsch (2015), 20, 39, 15-18.

Paesch, Joachim; Schröter, Jens (Hrsg.): Intermedialität – Analog/ Digital: Theorien, Methoden, Analysen. München: Wilhelm Fink 2007.

Pethes, Nicolas: Intermedialitätsphilologie? Lichtenbergs Textmodell und der implizite Mediendiskurs der Literatur. In: Deutsche Vierteljahrsschrift für Literaturwissenschaft und Geistesgeschichte (DVjs) (2002) 76, 1, 86-104.

Pool, Ithiel de Sola: Technologies of Freedom. Cambridge: Belknap Press 1984.

Pross, Harry: Medienforschung. Film – Funk – Presse – Fernsehen. Darmstadt: Carl Habel Verlagsbuchhandlung 1972.

Prümm, Karl: Intermedialität und Multimedialität. Eine Skizze medienwissenschaftlicher Forschungsfelder. In: Bohn, Rainer; Müller, Eggo; Ruppert, Rainer (Hrsg.): Ansichten einer künftigen Medienwissenschaft. Berlin: sigma 1988.

Raible, Wolfgang: Medien. Kulturgeschichte. Mediatisierung als Grundlage unserer kulturellen Entwicklung. Heidelberg: Winter 2006.

Rajewsky, Irina O.: Intermedialität. Tübingen, Basel: A. Francke 2002.

Rath, Matthias; Marci-Boehncke, Gudrun: Medienbildung konvergent: Was die Deutschdidaktik mit Medienpädagogik und Medien- und Kommunikationswissenschaft verbindet. In: Marci-Boehncke, Gudrun; Rath, Matthias (Hrsg.): Medienkonvergenz im Deutschunterricht. Jahrbuch Medien im Deutschunterricht 2010. München: kopaed 2011, 21-37.

Robert, Jörg: Einführung in die Intermedialität. Darmstadt: Wissenschaftliche Buchgesellschaft 2014.

Rösch, Heidi; Bachor, Nicole: Literarische Bildung im kompetenzorientierten Deutschunterricht. Freiburg/ Breisgau: Fillibach 2010.

Schmidt, Siegfried J.: Medienkulturwissenschaft. In: Nünning, Ansgar; Nünning, Vera (Hrsg.): Einführung in die Kulturwissenschaften. Theoretische Grundlagen – Ansätze – Perspektiven. Stuttgart, Weimar: Metzler 2008, 351-371.

Schnettler, Bernt; Knoblauch, Hubert; Pötzsch, Frederik S.: Die Powerpoint-Präsentation. Zur Performanz technisierter mündlicher Gattungen in der Wissensgesellschaft. In: Schnettler, Bernt; Knoblauch, Hubert (Hrsg.): Powerpoint-Präsentationen. Neue Formen der gesellschaftlichen Kommunikation von Wissen. Konstanz: UVK Verlagsgesellschaft mbH 2007, 9-34.

Schröter, Jens: Analog/ Digital – Opposition oder Kontinuum? In: Schröter, Jens; Böhnke, Alexander (Hrsg.): Analog/ Digital – Opposition oder Kontinuum? Zur Theorie und Geschichte einer Unterscheidung. Bielefeld: transcript 2004, 7-30.

Simanowski, Roberto: Interfictions. Vom Schreiben im Netz. Frankfurt/ Main: Suhrkamp 2002.

Spinner, Kaspar H.: Kreativer Deutschunterricht. Identität – Imagination – Kognition. Seelze: Kallmeyersche Verlagsbuchhandlung 2001.

Stierle, Karlheinz: Werk und Intertextualität. In: Stierle, Karlheinz; Warning, Rainer (Hrsg.): Das Gespräch (Poetik und Hermeneutik XI), München: Wilhelm Fink 1984, 139-150.

Sturm, Afra: Handschrift-Förderung im Kontext profilierter Schreibaufgaben. In: Didaktik Deutsch (2015), 20, 39, 7-10.

Tulodziecki, Gerhard: Zur Entstehung und Entwicklung zentraler Begriffe bei der pädagogischen Auseinandersetzung mit Medien. In: Moser, Heinz; Grell, Petra; Niesyto, Horst (Hrsg.): Medienbildung und Medienkompetenz. Beiträge zu Schlüsselbegriffen der Medienpädagogik. München: kopaed 2011, 11-39.

Turing, Alan: ‚On Computable Numbers, with an application to the Entscheidungsproblem'. Proceedings of the London Mathematical Society, ser. 2. vol. 42, pp 230-265 (1936/7); corrections, Ibid, (1937), vol 43, 544-546.

Walde, Alois: Lateinisches etymologisches Wörterbuch. Heidelberg: Carl Winter's Universitätsbuchhandlung 1906.

Wampfler, Philippe: Generation »Social Media«. Wie digitale Kommunikation Leben, Beziehungen und Lernen Jugendlicher verändert. Göttingen: Vandenhoeck & Ruprecht 2014.

Weichselbaumer, Susanne: Medienkonvergenz im globalen Zeitalter: Konzepte von „Aktualität(en)" im inter-medienkulturellen Vergleich. Books on Demand 2013.

Weidenmann, Bernd: Multicodierung und Multimodalität im Lernprozess. In: Issing, Ludwig J.; Klimsà, Paul (Hrsg.): Information und Lernen mit Multimedia. Weinheim: Psychologie-Verlagsunion 1995, 45-62.

Weinert, Franz E.: Vergleichende Leistungsmessung in Schulen – eine umstrittene Selbstverständlichkeit. In: Weinert, Franz E. (Hrsg.): Leistungsmessungen in Schulen. Weinheim: Beltz Verlag 2001, 17-23.

Weinhold, Swantje; Pieper, Irene; Pohl, Thorsten; Zabka, Thomas (Hrsg.): Didaktik Deutsch. Halbjahresschrift für die Didaktik der deutschen Sprache und Literatur (2015), 20, 39.

Werber, Niels: Vom Unterlaufen der Sinne. Digitalisierung als Codierung. In: Schröter, Jens; Böhnke, Alexander (Hrsg.): Analog/ Digital – Opposition oder Kontinuum? Zur Theorie und Geschichte einer Unterscheidung. Bielefeld: transcript 2004, 81-96.

Wermke, Jutta: Integrierte Medienerziehung im Fachunterricht. Schwerpunkt: Deutsch. München: kopaed 1997.

Zabka, Thomas: Ästhetische Bildung. In: Frederking, Volker; Krommer, Axel; Meier, Christel (Hrsg.): Literatur- und Mediendidaktik. Baltmannsweiler: Schneider Verlag Hohengehren 2013, 471-487 (=Taschenbuch des Deutschunterrichts 2).

Zylka, Johannes; Christoph, Gabriela; Kroehne; Ulf; Hartig, Johannes; Goldhammer, Frank: Moving beyond cognitive elements of ICT literacy: First evidence on the structure of ICT engagement. Computers in Human Behavior (2015), 53, 149-160.

EVA SCHRENKER

Digitale Medien und (Deutsch-)Unterricht empirisch beleuchtet

Überblick über die wichtigsten Termini sowie den aktuellen Forschungsstand aus deutschdidaktischer Perspektive

1. Einleitung

Seit Wermkes Werk *Integrierte Medienerziehung* im Fach Deutsch (1997) bildet die Mediendidaktik den dritten Pfeiler unserer Wissenschaft neben literaturdidaktischen und sprachdidaktischen Fragestellungen (vgl. Frederking 2003, 154). Obwohl Medien bsp. in Form von Büchern seit jeher selbstverständlicher Teil der Deutschdidaktik sind, dauerte die explizite Berücksichtigung mediendidaktischer Fragestellungen im Rahmen einer dritten Säule verhältnismäßig lange. Gleiches gilt für Auseinandersetzung mit auditiven, audio-visuellen und digitalen Medien, die aus Angst, das Leitmedium „Buch" könnte dadurch verdrängt werden, lange Zeit zu wenig Berücksichtigung fanden. Obwohl bereits in den 1970er Jahren durch Denk erste vorsichtige Schritte zu einem medienintegrativen Deutschunterricht unternommen wurden, der Medien sowohl reflexiv-rezeptiv als kreativ-produktiv einsetzt (vgl. Denk 1977, 14-19), gelang eine echte Integration erst mit dem Postulat seitens der Bundes-Länder-Kommission für Bildungsplanung und Forschungsförderung, „medienpädagogische Konzepte in spiralcurriculare Fachlehrpläne insbesondere für das Fach Deutsch" (Albrecht 2014, 134) einzupflegen. Die nachfolgenden Ausführungen geben den aktuellen Forschungsstand im Hinblick auf digitale Medien wieder. Zu diesem Zweck erfolgt zunächst eine knappe Zusammenfassung medienbezogener Termini und deren Verständnis aus deutschdidaktischer Perspektive. Der Begriff „Medienkompetenz" umfasst unter Bezugnahme auf Nachbardisziplinen ein eigenes Kapitel. Anhand der mediendidaktischen Konzeptionen werden daraufhin die wissenschaftlichen Entwicklungen komprimiert und in chronologischer Reihenfolge dargelegt. Das Kapitel schließt mit einer Übersicht über fachspezifische empirische Untersuchungen im Bereich *Digitale Medien*, um davon ausgehend Forschungsdesiderate zu formulieren.

2. Bestimmung medienbezogener Begriffe aus deutschdidaktischer Sicht

Medienkunde, Medienbildung, Medienerziehung oder Medienkompetenz – all das sind Begrifflichkeiten, die im Zusammenhang mit Medien und Unterricht immer wieder fallen. Da unterschiedliche Fachdisziplinen diese Termini verwenden, existieren von einander abweichende Definitionen und daraus resultierenden Konzepte. Auch in welchem Verhältnis die Medienpädagogik, die Medienerziehung sowie die Medienkompetenz stehen, lässt sich nicht allgemeingültig konstatieren, sondern ist abhängig von der jeweiligen wissenschaftlicher Fachrichtung.

Um innerhalb dieses Bandes ein einheitliches Begriffsverständnis aus deutschdidaktischer Sicht zu gewährleisten, werden nachstehend die wesentlichen Termini kurz erläutert. Der Überblick über die Entwicklung des Medienkompetenzbegriffs erfolgt hingegen ausführlicher und stellt verstärkt auch Bezüge zu Nachbardisziplinen her (vgl. hierzu auch den Artikel von Frederking; Albrecht in diesem Band).

Medienpädagogik: Unter Medienpädagogik versteht man „die Behandlung pädagogischer Fragen theoretischer und praktischer Art, die sich im Zusammenhang mit Medien stellen" (Merkert 1997, 1057). Innerhalb der Disziplin gibt es unterschiedliche Positionen, was das konkrete Arbeitsfeld betrifft. Stellenweise wird Medienpädagogik synonym mit Medienerziehung gesehen (vgl. z.B. Kösel; Brunner 1970). Baacke hingegen fasst die Definition viel weiter und integriert alle Generation sowie Institutionen, sodass er nicht nur genuin pädagogische Belange berührt. Unter Medienpädagogik versteht er

> „[...] alle sozialpädagogischen, sozialpolitischen und sozialkulturellen Überlegungen und Maßnahmen sowie Angebote für Kinder, Jugendliche und Erwachsene, die ihre kulturellen Interessen und Entfaltungsmöglichkeiten, ihre persönlichen Wachstums- und Entwicklungschancen sowie ihre sozialen und politischen Ausdrucks- und Partizipationsmöglichkeiten betreffen, sei es als einzelne, als Gruppen oder als Organisationen und Institutionen." (Baacke 1997, 5)

Medienerziehung: Die Medienerziehung befasst sich mit „[...] Inhalten, Strukturen und Nutzungsmechanismen von Medienangeboten sowie Kommunikationsformen und deren Bedeutung für die die Erziehung bzw. für den zu erziehenden Menschen" (Frederking et al. 2012, 63). Es geht folglich um die schulische Thematisierung (analoger und digitaler) Medien zur Förderung eines verantwortungsbewussten und reflexiven Umgangs mit diesen. Aus deutschdidaktischer Sicht hat bereits Wermke (siehe auch 4.1) gefordert, dass Medienerziehung integrativ im jeweiligen Fach geschehen müsse, da jeder Bereich eigene Gegenstände, Ziele oder Methoden habe (vgl. Wermke 1997, 46). Ein übergreifendes Fach wie etwa „Medienkunde" wäre demnach nicht zielführend.

Medienbildung/mediale Bildung: Laut der Empfehlung „Medienbildung in der Schule" der Kultusministerkonferenz aus dem Jahre 2012 begreift sich Medienbildung als ein „[...] dauerhafter, pädagogisch strukturierter und begleiteter Prozess der konstruktiven und kritischen Auseinandersetzung mit der Medienwelt" (Medienbildung in der Schule 2012, 3) mit dem Ziel, Medienkompetenz zu erwerben und weiterzuentwickeln. Diese Ausrichtung sieht – ähnlich wie etwa Tulodziecki – Medienbildung als Prozessbegriff und Medienkompetenz als Ziel dessen (vgl. Frederking; Krommer 2014, 150). Aus fachspezifischer Sicht teilen Marci-Boehncke und Rath ebenfalls diese Auffassung (2011, 21ff.). Frederking und Krommer hingegen sehen – ähnlich wie auf medienpädagogischer Seite Jörissen und Marotzki (2009, 30f.) – die mediale Bildung[1] als „[...] übergeordnete Zielperspektive der Mediendidaktik Deutsch und Medienkompetenz als deren operationalisierbaren Teil" (Freder-

1 Frederking und Krommer sprechen aufgrund der Tatsache, dass zwar der Terminus „Literaturbildung" so nicht exisitert, wohl aber die Sprachbildung (allerdings mit einem anderen Verständnis), bewusst von medialer Bildung, um so – analog zu den Säulen der Deutschdidaktik – ein einheitliches Begriffsverständnis von literarischer, sprachlicher und medialer Bildung zu etablieren (vgl. Frederking; Krommer 2014, 157).

king; Krommer 2014, 157). Es geht somit nicht nur um die medienbezogenen Fähigkeiten und Fertigkeiten, sondern auch um emotionale, soziale, reflexive oder habituelle Aspekte im Umgang mit Medien, die empirisch nicht erfassbar sind (weitere Ausführungen sowie ein Transfer auf die digitale Bildung vgl. Frederking; Albrecht in diesem Band).

Mediendidaktik Deutsch: Die Mediendidaktik beschäftigt sich mit dem Einsatz von analogen und digitalen Medien zur Verbesserung von Lehr- und Lernprozessen (vgl. Tulodziecki 1989, 46). Innerhalb der Deutschdidaktik bildet sie neben der Sprach- und Literaturdidaktik einen eigenen Fachbereich, sodass „[...] ihr Gegenstands- und Fachbereich [...] sehr viel weiter zu fassen [ist]“ (Frederking et al. 2012, 75) als bei Tulodziecki. Mediendidaktik Deutsch befasst sich demnach sowohl mit Interessen des fachspezifischen Einsatzes von Medien als auch mit der Medienerziehung aus deutsch-didaktischer Perspektive (vgl. Frederking et al. 2012, 75).

Das Verhältnis der Medienpädagogik zu den übrigen Begriffen ist vielfach diskutiert. So sieht etwa Tulodziecki die Medienerziehung und Mediendidaktik als Teilbereiche der Medienpädagogik (vgl. 1997, 46). Es gibt jedoch ferner Ansätze, die die Mediendidaktik als relativ eigenständige Disziplin (bzw. auf dem Weg dorthin) neben der Medienpädagogik, Medienerziehung und Medienbildung betrachten (vgl. z.B. Kron; Sofos 2003, 51ff.). Für die Mediendidaktik Deutsch stellt die Medienpädagogik eine zentrale Bezugsdisziplin dar, da sie die mediengeprägte Lebenswelt und die medialen Praktiken der Heranwachsenden in den Blick nimmt, um davon ausgehend Rückschlüsse für das pädagogische Handeln zu ziehen (vgl. Frederking et al. 2012, 71ff.).

Im Folgenden soll nun die Entwicklung des Medienkompetenzbegriffs sowohl aus allgemein medienpädagogischer als auch fachspezifischer Perspektive aufgezeigt werden.

3. Der Medienkompetenzbegriff aus medienpädagogischer und mediendidaktischer Sicht

Der Versuch, Medienkompetenz in Form einer allgemeingültigen Definition zu fassen, macht wenig Sinn. Es geht vielmehr darum, ausgehend von der jeweiligen Disziplin bzw. dem jeweiligen Kontext spezifische Bestimmungsmomente zu generieren. Der Begriff der *Medienkompetenz* wurde bereits in den 1970er Jahren maßgeblich von Baacke geprägt. Als Vertreter der handlungsorientierten Medienpädagogik geht der Terminus für ihn nicht nur mit der kommunikativen Kompetenz, sondern ferner der Handlungskompetenz einher (vgl. Baacke 1997, 97f.). Medienkompetenz ist laut Baacke die Fähigkeit, „[...] in die Welt aktiv aneignender Weise *auch* alle Arten von Medien für das Kommunikations- und Handlungsrepertoire von Menschen einzusetzen.“ (Baacke 1996, 119; Hervorhebung im Original). Ziel ist es demnach, sich über Medien mitzuteilen, sich selbst auszudrücken, Medien souverän und gleichsam kreativ zu bedienen und schließlich diese (kritisch) zu reflektieren (vgl. Baacke 1997, 96ff.). Da es Baacke also nicht nur per se um den medialen Wissenserwerb geht, sondern vielmehr auch um den handlungsorientierten Umgang mit diesen, expliziert er vier medienpädagogisch ausgerichtete Dimensionen von Medienkompetenz, die vermittelnde (Medienkritik, Medienkunde) *und* handelnde (Mediennutzung, Mediengestaltung) Momente umfassen (vgl. Baacke 1997, 96ff.).

- *Medienkritik*: Das bereits erworbene Wissen sowie gemachte Erfahrungen damit sollen stets reflektiert und erweitert werden. Dies geschieht auf dreifache Weise: analytisch, reflexiv und ethisch im Sinne eines Betroffenseins, welches „[...] analytisches Denken und reflexiven Rückbezug als sozial verantwortet abstimmt und definiert." (Baacke 1997, 98)
- *Medienkunde*: Hier geht es um die Aneignung von Wissen über Medien und Mediensysteme, wobei dies sowohl informativ, also hinsichtlich reiner Wissensbestände, als auch instrumentell-qualifikatorisch, bezogen auf die souveräne Handhabung dieser, erfolgen kann.
- *Mediennutzung*: Die dritte Dimension bezieht sich zum einen auf die rezeptivanwendende Nutzung von Medien (z.B. Fernsehen, Radiohören), zum anderen auf den interaktiven-anbietenden Umgang mit diesen (z.B. Chatten).
- *Mediengestaltung*: Auch die Mediengestaltung ist schließlich zweifach ausgelegt – innovativ (im Sinne einer Weiterentwicklung, Veränderung) und kreativ (mit Blick auf die ästhetische Komponente).

Transferiert auf das Gegenstandsfeld Sprache und Literatur lassen sich Baackes Dimensionen wie folgt für den Deutschunterricht greifbar machen (vgl. Frederking et al. 2012, 90*):* So wäre Medienkritik die Fähigkeit, Medientexte z.B. in „qualitativ-ästhetischer" oder „technisch-moralischer" Betrachtungsweise einzuschätzen (vgl. ebd.). Erfolgen könnte dies etwa über die Analyse von Wikipediatexten. Ferner umfasst *Medienkunde* „die Fähigkeit zur reflexiven Durchdringung medienspezifischer Formen, Narrationsmuster, Strukturmerkmale, Personenkonfigurationen, Motive und Zeichen sowie der Produktions-, Rezeptions- und Distributionskontexte der einzelnen Medienformate." (Ebd.) Als Beispiel lässt sich hier die Analyse eines Blogbeitrags anführen. Bei der *Mediennutzung* geht es – ausgehend von bereits vorhandenem medialen Wissen – darum, Medientexte und -formate kompetent auszuwählen und mit ihnen produktiv sowie interaktiv umzugehen. Auch hier bietet sich das Heranziehen von Wikipediatexten an, die kontrastiv zu zitierfähigen Quellen erarbeitet werden. Die *Mediengestaltung* bezieht sich letztlich auf das eigenverantwortliche Produzieren sämtlicher medialer – ggf. miteinander kombinierter, Textformen – was sich im Deutschunterricht bsp. über die Führung eines digitalen Klassenblogs umsetzen lässt.

Groeben (2002) führt Baackes Leitgedanken einer kommunikativen und handlungsorientierten Kompetenz in seinen Ausführungen fort und unternimmt im Rahmen des DFG geförderten Programms *Lesesozialisation in der Mediengesellschaft* gemeinsam mit anderen Autoren den Versuch, den Begriff der Medienkompetenz aus literatur- und medienwissenschaftlicher Sicht möglichst exakt sowie interdisziplinär auszuarbeiten (vgl. hierzu auch Frederking; Albrecht in diesem Band). Ausgehend von einem „gesellschaftlich handlungsfähigen Subjekt" (Hurrelmann 2002, 111ff.) formuliert er sieben integrative Dimensionen des Medienkompetenzbegriffs (vgl. Groeben 2002, 166ff.): *Medienwissen* (z.B. über Funktionen, Rahmenbedingungen, Wirkungsweisen), *Medienbewusstsein* (Unterscheidung Medialität/ Realität bzw. Fiktionalität/Realität), *medienspezifische Rezeptionsmuster* (von technisch-instrumentellen bis hin zu komplexen kognitiven Fähigkeiten), *medienbezogene Genussfähigkeit* (unterhaltungsmotivierte Rezeptionsweise als motivational entscheidender Faktor für die kognitive Medienrezeption), *medienbezogene Kritikfähigkeit* (Bewertung und Analyse der Medien), *Selektion/ Kombination von Mediennutzung* (kompetente und zielorientierte Auswahl von Medien), *(produktive) Partizipationsmuster* (eigenes Produzieren von Medien) und *Anschlusskommunikation* (Kommunikation über und mithilfe von Medien). Groeben differenziert Baackes *Mediennutzung* noch einmal durch die Rezeption, die Selektion sowie die *Genussfähigkeit* aus. Mit Letztgenannter integriert er auch das natürliche Unterhaltungsbedürfnis der Menschen und setzt somit ein Zeichen weg von einer rein kritisch-analytisch bzw. kognitiven Rezeption. Die Teilkompetenzen *Produktive Partizipationsmuster* sowie *Anschlusskommunikation* können schließlich wiederum als Untergliederung von Baackes Mediengestaltung gesehen werden. Diese Differenzierung ist nicht zuletzt durch die Interaktivität der digitalen Medien potenziert.

Es kann kritisch angemerkt werden, dass sich die Teildimensionen Groebens auf unterschiedlichen Ebenen bewegen, da sie Prozess-, Gegenstands- und Fähigkeitsaspekte miteinander mischen (vgl. Frederking/ Krommer 2014, 152). Ferner liegt der Fokus eher auf allgemein-medienpädagogischen Fragestellungen. Die fachspezifische Sichtweise wird nur marginal behandelt; auch Impulse für die unterrichtliche Praxis wären wünschenswert gewesen (vgl. ebd.). Krommer gab zudem zu bedenken, dass Groebens Modell in Zeiten des Webs 2.0 hinkt, was er unter anderem mit Blick auf die Teildimension des Medialitätsbewusstseins im Sinne eines digitalen Dualismus'[2] anhand zahlreicher Beispiele aufschlüsselt (vgl. Krommer 2014a und b, 1ff.). In Anbetracht dessen legt Krommer nahe, das Konstrukt der Medienkompetenz zu überarbeiten und an die digitalen Gegebenheiten sowie Entwicklungen anzupassen (vgl. Krommer 2014a, 15). Nichtsdestotrotz zeigt Groeben mit seiner Ausdifferenzierung des Konstrukts die „dimensionale Binnenstruktur des Konzepts Medienkompetenz" (Groeben 2002, 165) auf und ist Wegbereiter für die empirische Forschung.

Ausgehend von Groebens Modell und mit Blick auf die Bildungsstandards formulieren Frederking und Albrecht schließlich folgende Definition von fachspezifischer Medienkompetenz bzw. digitaler Kompetenz (vgl. auch Frederking et al. 2012, 89; Frederking; Schmitt; Krommer 2014, 192ff.):

> „Mit der im Fach Deutsch zu vermittelnden bzw. zu erwerbenden digitalen Kompetenz wird die kognitive Fähigkeit und Fertigkeit zum fachspezifischen Umgang mit digitalen Medien und den damit verbundenen Möglichkeiten der produktiven und rezeptiven Nutzung im Sinne der sieben von Groeben skizzierten Teildimensionen verstanden. Dies schließt die Fähigkeit zur Bewältigung theoretischer und praktischer Problemstellungen im Zusammenhang mit digitalen Medien ebenso mit ein wie die motivationale, volitionale und soziale Bereitschaft und Fähigkeit, digitale Medien zielführend in den Lernfeldern des Faches Deutsch zu nutzen." (Frederking/ Albrecht 2016, 19)

Der Vollständigkeit halber soll hier noch auf die Arbeit von Isler, Philipp und Tilemann (2010) hingewiesen werden, die im Rahmen einer Expertise zum wissenschaftlichen Stand der Leseforschung und Medienpädagogik entstanden ist. Der Fokus lag hier allerdings auf der Konvergenz von Lese- und Medienkompetenz. Auf Basis von Gapskis Bestandsaufnahme zum Begriff der Medienkompetenz (2001) haben die Autoren die Teildimensionen

2 Der „Digitale Dualismus" beschreibt die Auffassung, dass die virtuelle und reale Welt als Gegensatz empfunden werden.

verschiedener Modelle (Baacke, Aufenanger, Tulodziecki und Groeben) einander gegenübergestellt und in eine eigens entworfene Ordnungsstruktur eingebettet (vgl. Abb. 1). Diese dient jedoch in erster Linie dazu, Gemeinsamkeiten und Unterschiede der beiden Bereiche *Leseforschung* und *Medienpädagogik* aufzuzeigen. Darüber hinaus bewegen sich die Dimensionen vielmehr auf medienpädagogischer als auf fachspezifischer Ebene.

Individuelle Dispositionen

Kognitive Merkmale
- Wissen über Medien(-systeme)
- Hintergrundwissen über (De-)Kodierungen und Zeichensysteme
- Medialitätsbewusstsein

Affektive Merkmale
- Individuelle Bewältigung von Medienwirkungen
- Medienbezogene Genussfähigkeit

Situatives Handeln

Praktisch-instrumentelles Handeln
- Instrumentell-qualifikatorische Kompetenz (Anwendung, Handhabung, Nutzung, Kombination und Selektion)

Kreativ-gestalterisches Handeln
- Eigenes Gestalten und Verbreiten von Medienbeiträgen
- Kreative, ästhetische Mediennutzung
- (Produktive) Partizipationsmuster

Reflexionen

Selbstreflexionen
- Reflexion der Beziehung des Subjekts zur medialen Umwelt
- Reflexion der eigenen Mediennutzung
- Medieneinflüsse erkennen und aufarbeiten
- Selektion/Kombination von Mediennutzung
- Anschlusskommunikationen

Soziale Reflexion
- Medienkritik (analytisch, reflexiv, ethisch) und medienbezogene Kritikfähigkeit
- Wertorientiertes, moralisches und sozial verantwortliches Handeln innerhalb eines überindividuellen, sozialen Referenzrahmens

Abb. 1: Ordnungsstruktur mit Dimensionen der Medienkompetenz (vgl. Isler/ Philipp/ Tilemann 2010)

Nachdem der Medienkompetenzbegriff aus Sicht verschiedener Strömungen der Medienpädagogik sowie der Mediendidaktik Deutsch dargelegt wurde, folgt nun eine Zusammenfassung der fachspezifischen Konzeptionen des medienintegrativen, computerunterstützten, intermedialen sowie symmedialen Deutschunterrichts.

4. Konzeptionen der Mediendidaktik

Digitale Medien nehmen in den letzten zwei Jahrzehnten mehr und mehr Einfluss auf unser alltägliches und berufliches Leben. Der sichere und kompetente Umgang damit ist – neben etwa dem Lesen und Schreiben – zu einer Schlüsselkompetenz geworden. Es ist demnach (u.a.) die Aufgabe der Schule, Kindern und Jugendlichen die nötigen medienbezogenen Kompetenzen zu vermitteln. Insbesondere dem Fach Deutsch wird hier eine führende Rolle zugewiesen. Wie in der Einleitung angeklungen, unternahm der Literaturdidaktiker Denk bereits in den 1970er Jahren erste Schritte in Richtung eines medienintegrativen Deutschunterrichts. Die erste mediendidaktische Konzeption ließ jedoch noch mehr als 20 Jahre auf sich warten. Nachstehend werden die vier fachspezifischen Konzeptionen (ihrer Aktualität nach) angeordnet kurz skizziert.

4.1 Medienintegrativer Deutschunterricht

Medienerziehung wurde aus Sicht der Medienpädagogik lange Zeit als Aufgabe aller Fächer angesehen. Die Aneignung medienbezogenen Wissens und/ oder Könnens sollte beispielsweise im Rahmen von interdisziplinären Projekten erfolgen. Selbst wenn ausdrückliches Interesse seitens der Lehrkräfte bestand, waren die konkreten Zuständigkeitsbereiche häufig unklar und die Vorhaben im Umgang mit Medien blieben aus (vgl. Albrecht 2014, 134f.). Wermke nahm sich dieser Problematik an und beleuchtete die Medienerziehung unter fachdidaktischen Bedingungen. „Deutschunterricht in einer Medienkultur muß *integrativer* Deutschunterricht sein [...], weil sein traditioneller Gegenstandsbereich – das Buch bzw. die Buchkultur – nur noch bedingt isoliert betrachtet werden kann." (Wermke 1997, 46) Wermke erkennt, dass die Printmedien keine alleinige Leitfunktion mehr inne haben, sondern aufgrund der vermehrten technischen Möglichkeiten Teil eines medialen Netzwerks, einer Medienkultur seien. Neben Büchern existieren darüber hinaus auditive, audiovisuelle und immer mehr interaktive Medien, welche nicht nur von der Buchkultur ausgehen, sondern sogar zusehends auf diese einwirken (vgl. ebd., 46). Das Fach Deutsch hat demnach die Aufgabe, auch die neueren Medien in *alle* (Kompetenz-)Bereiche zu integrieren (vgl. ebd., 47). So fungiert das Buch nicht mehr zwingend als Ausgangspunkt des Literaturunterrichts, sondern kann durchaus erst in einem zweiten Schritt mit einer Verfilmung verglichen werden. Möglich wäre etwa auch, ein Filmkonzept analog zur Klassenlektüre zu entwerfen (vgl. Frederking et al. 2012, 93). Die Einbeziehung neuerer Medien bedeutet jedoch nicht, dass das Buch prinzipiell abgedankt hat. Wermke betont vielmehr, dass nicht nur der Eigenwert und die Ästhetik der einzelnen medialen Varianten entscheidend sind, sondern ferner entsprechende intermediale Bezüge, die gezogen werden (vgl. Wermke 1997, 47). Diese Erweiterung des fachspezifischen Gegenstandsfeldes trägt schließlich ferner den veränderten Sozialisationsbedingungen der Schüler Rechnung: Medien *aller Art* nehmen verstärkt Einfluss auf die kindliche Entwicklung sowie Sozialisation und sind Teil ihrer Lebenswelt. Dementsprechend verändern sich auch die Rezeptionsbedingungen, sodass die Heranwachsenden vor Schuleintritt ihre ersten Erfahrungen mit Literatur häufig über das Fernsehen oder Hörspiele sammeln (vgl. ebd., 55ff.).

4.2 Computerunterstützer Deutschunterricht

Neben Kepser leisteten vor allem Jonas und Rose Pionierarbeit, was die Integration des Computers in den Deutschunterricht betrifft. Letztere sehen den PC nicht mehr nur als Schreib- oder Speichermedium (vgl. z.B. Wermke 1997), sondern zeigen erstmals konzeptionell auf, wie viel Potential – in Anbetracht der damaligen technischen Möglichkeiten – darüber hinaus für die anderen Bereiche des Deutschunterricht darin steckt. Ausgangspunkt der theoretischen Ausarbeitung ist die Frage, wie sich Lehr-Lern-Prozesse durch die zunehmende mediale Entwicklung wandeln und welche Konsequenzen die Fachdidaktik daraus ziehen müsse (vgl. Jonas; Rose 2002, 49ff.). In Anlehnung an die lerntheoretischen Perspektiven des Behaviorismus', Kognitivismus' und Konstruktivismus' fordern Jonas und Rose ein computerunterstütztes Lernen im Deutschunterricht, welches „[...] durch ein ausgewogenes Verhältnis von Instruieren und Konstruieren gekennzeichnet [ist]." (ebd., 76) Die Schüler beschäftigen sich dabei sowohl eigenaktiv als auch „[...] handlungsorientiert, kooperativ und kommunikativ" (ebd.) mit dem jeweiligen Lerngegenstand. Obwohl die behavioristischen Lehr-Lern-Settings sehr angeleitet sind, profitieren dennoch insbesondere schwächere Schüler von deren Einbeziehung. Gleichzeitig können stärkere Lernende eigenständig und individuell arbeiten, wodurch Gelegenheit zur Differenzierung geboten wird (ebd.). Der PC bildet dabei jedoch nicht das Zentrum der Lernumgebung, sondern lässt sich vielmehr im Rahmen eines selbstbestimmten Umgangs für den Sprach- und Literaturunterricht gewinnbringend instrumentalisieren (ebd., 77).

4.3 Intermedialer Deutschunterricht

Der Begriff der *Intermedialität* wurde bereits bei Wermke aus deutschdidaktischer Perspektive reflektiert und erörtert. Doch erst Bönnighausen und auch Rösch heben den Intermedialitätsaspekt auf eine konzeptionelle Ebene (vgl. hierzu auch Frederking/ Albrecht in diesem Band). Intermedialität meint das Aufeinanderbezogensein verschiedener Medien bzw. medialer Formen, wobei hier der Schwerpunkt auf der Differenz liegt (vgl. Bönnighausen 2013, 523 ff.). Bedingung ist somit das Vorhandensein von mindestens zwei sich unterscheidenden medialen Systemen, die jedoch nicht zwingend text-, bild- oder tongeprägt sein müssen (vgl. Frederking et al. 2012, 95). Gerade auch digitale Medien sind in diesem Zusammenhang vielversprechend. Gleichzeitig trägt ein intermedialer Deutschunterricht zur ästhetischen Bildung bei: „Es geht um Grenzüberschreitungen im Medienwechsel, um das ‚Dazwischen' zwischen den Künsten [und Medien]." (Bönnighausen/ Rösch 2004, 2) Der Transformationsprozess zwischen den Medien bzw. Kunstformen wird als eine Art „Schnittstelle" verstanden, die es ermöglicht, das Besondere des jeweiligen medialen Formats zu erkennen und zu schätzen (vgl. Bönnighausen 2013, 524). Der Deutschunterricht soll demnach – ausgehend von der mediengeprägten Lebenswelt der Schüler – (fachspezifische) „mediale Strategien und Praktiken" (ebd., 530) vermitteln, da es dort „letztlich auch immer um die Auseinandersetzung mit kultureller Selbstwahrnehmung geht." (Ebd.)

4.4 Symmedialer Deutschunterricht

Der auf Frederking zurückgehende symmediale Deutschunterricht gilt als aktuellstes medien- und genuin fachdidaktisches Konzept (vgl. hierzu auch Frederking/ Albrecht in diesem Band). Symmedial bzw. Symmedialität geht aus der Verbindung des griechischen Wortes ‚syn' bzw. ‚sym' = ‚zusammen, zugleich' sowie lateinisch ‚medium' = ‚Mittler' hervor und bezeichnet das sinnvolle Zusammenspiel analoger und digitaler Medien bzw. medialer Formen[3] (vgl. z.B. Frederking 2005; Frederking 2014 oder auch Frederking/ Albrecht in diesem Band). Als Beispiel gilt der Computer, welcher alle medialen Möglichkeiten (Text, Bild, Ton, Film etc.) in sich vereint (vgl. Frederking 2006, 210). Gleichzeitig betont Frederking jedoch, dass sein Theorem nicht nur digitale Medien betreffe, sondern auch Primär- (z.B. Stimme), Sekundär- (z.B. Zeitung) und Tertiärmedien (z.B. Fernsehgerät) berücksichtige (vgl. Frederking 2003, 37; Frederking 2014, 4). Text-Bild-Kombinationen, wie sie etwa in mittelalterlichen Texten zu finden sind, gelten ebenso wie Tonfilme als symmedial; denn hier beziehen sich ebenfalls zwei mediale Formen aufeinander (vgl. Frederking 2014, 15ff.). Dieses weite Begriffsverständnis von ‚Medien', welches auch die

3 Unter *Mediale Formen* werden in diesem Kontext sämtliche Umsetzungsmöglichkeiten sowie Verbindungen gefasst, die innerhalb der unterschiedlichen Medien entstehen können, z.B. piktoral, audiovisuell oder hypermedial (vgl. Frederking 2014, 4).

menschliche Stimme einschließt, ermöglicht laut Frederking ferner einen Ausweg aus dem Definitionsdilemma innerhalb der Fachdidaktik: Deutschunterricht wäre demnach seit jeher *medienintegrativ* angelegt, nicht erst im Zuge von auditiven, audio-visuellen oder digitalen Medien (vgl. Frederking 2003, 37). Der Terminus ‚Symmedialität' wird somit sowohl den traditionellen also auch den digitalen Medien und deren Integrationsmoment definitorisch sowie konzeptionell gerecht (vgl Frederking et al. 2012, 97). Für den Deutschunterricht ergibt sich daraus die Konsequenz, dass es eben nicht um das Nebeneinander verschiedener medialer Formen geht. Der „didaktische Mehrwert [liegt vielmehr im] spezifizierten Aufeinanderbezogensein ‚alter' wie ‚neuer' Medien im Unterrichtsprozess." (Frederking 2005, 192) Das Lehr-Lern-Arrangement kann dabei reflexiv-analytisch und kreativ-handelnd gestaltet sein und – alle Medien umfassend – den Kompetenzgewinn im Lese- und Schreibunterricht anregen (vgl. Frederking et al. 2012, 97). Schließlich lässt sich in Rezeptions- und Produktionsprozessen den Schülern ein Bewusstsein dafür vermitteln, über welche ästhetischen Besonderheiten – u.a. aufgrund der Stimulation unterschiedlicher Sinneskanäle – die Verschmelzung differenter medialer Formen verfügt (Frederking 2010, 525f.). Somit leistet ein symmedialer Deutschunterricht ferner einen Beitrag zur *synästhetischen Bildung* (Frederking 2010, 530; Frederking 2014, 11ff.).

5. Ergebnisse der empirischen Unterrichtsforschung

Obwohl der deutschsprachige Raum – etwa im Gegensatz zu den USA – lange Zeit nur punktuelles Forschungsinteresse an medienunterstützen Lehr-Lern-Szenarien hatte, gibt es mittlerweile zahlreiche empirische Studien, die sich damit befassen. Es liegt in der Natur der Sache, dass die Schwerpunkte dabei ganz vielfältig gewählt und abhängig von der jeweiligen Disziplin sind. Von Belang sind beispielsweise die mediale Infrastruktur an Schulen, die formelle und informelle Nutzung digitaler Medien sowie die Art und Weise dieser Verwendung, die Implementierung von Medienbildung im Lehramtsstudium oder auch die Wirksamkeit mediengestützter Unterrichtsprozesse. Bevor auf genuin fachspezifische empirische Untersuchungen eingegangen wird, folgt nun ein komprimierter Überblick über medien- und/ oder schulpädagogische sowie allgemein mediendidaktische Forschungsfragen.

5.1 Überblick über medien-/schulpädagogische bzw. allgemein mediendidaktische Forschungsfelder

Ausgangspunkt vieler medien- oder schulpädagogischer Untersuchungen ist zunächst die mediale Ausstattung an den Bildungseinrichtungen (vgl. z.B. Krützer/ Probst 2006; OECD 2011; D21 – Medienbildung an deutschen Schulen 2014). Seit den 1990er Jahren standen vorwiegend der Computer bzw. PC-Räume im Fokus. Inzwischen geht es um eine viel größere Bandbreite an Geräten wie Tablets, interaktive Whiteboards oder Smartphones (vgl. z.B. Cornelsen-Trendstudie 2015). Das zur Verfügung stehende mediale Inventar klärt jedoch (noch) nicht darüber auf, ob und inwiefern medienunterstütze Lehr-Lernprozesse auch tatsächlich initiiert werden. Insbesondere die KIM- und JIM-Studien des Medienpädagogischen Forschungsverbunds geben seit Jahren einen Einblick in die private und schulische Nutzung verschiedener Medien (vgl. hierzu die Ausführungen zur privaten Nutzung digitaler Medien von Knopf und Schrenker in diesem Band). Ein Vergleich der Verwendungsweisen liegt nahe und offenbart ein Missverhältnis, das sich seither nur geringfügig anpasst (vgl. z.B. KIM-Studie 2010, 2012, 2014; JIM-Studie 2010 bis 2015): Während (digitale) Medien mittlerweile einen festen Bestandteil des außerschulischen Handlungsfeld der Heranwachsenden bilden, ist die Schule noch weit davon entfernt. Zu ähnlichen Befunden kommen auch die PISA-Studien (vgl. z.B. PISA-Studie 2003, 2006, 2009, 2012). Dass der mediale Einsatz (i.S.v. „Lernwerkzeugen") im Unterricht lernförderlich ist, beweist mittlerweile eine Vielzahl an Studien (z.B. Hattie 2009). Neben der möglichen Steigerung von fachlichen Fähigkeiten und Fertigkeiten zeigen sich in vielen explorativen Studien ferner positive Effekte hinsichtlich der Schlüsselkompetenzen wie z.B. Teamfähigkeit oder Selbststeuerung (vgl. z.B. Koile; Singer 2008; Schulz-Zander 2005). Eine kürzlich veröffentlichte Expertise von Herzig im Auftrag der Bertelsmannstiftung (2014) widmet sich ebenfalls der Frage, wie wirksam digitale Medien im Unterricht seien. Herzig betont in seinen Ausführung, dass die Auseinandersetzung mit dieser Thematik nur kontextabhängig erfolgen könne, d.h. unter Berücksichtigung der Einflussfaktoren (z.B. Unterrichtsprozess, Schüler, Lehrer) und deren gegenseitiger Wechselwirkung (vgl. Herzig 2014, 9ff.). Gleichzeitig nimmt er Abstand von vermeintlich allgemeingültigen Aussagen darüber, ob z.B. ein bestimmtes Endgerät nun einen positiven Effekt auf das Unterrichtsgeschehen habe oder nicht (vgl. ebd., 11ff.). Schließlich handele es sich bei medienunterstützen Lehr-Lern-Szenarien um ein dynamisches, durch viele Faktoren bedingtes, interkausales Gefüge (vgl. ebd.). Vielmehr ist es erforderlich, konkrete Praxiskonzepte bzw. Unterrichtsszenarien zu entwerfen und zu erproben, um daraus Rückschlüsse etwa zu bestimmten Erfolgsfaktoren für den Einsatz digitaler Medien zu ziehen (vgl. ebd., 22).

5.2 Überblick über fachspezifische mediendidaktische Forschungsfelder

Das Fach Deutsch gilt (mittlerweile) häufig als Kernfach der Medienerziehung und wird in den Lehrplänen einiger Bundesländer (z.B. Baden-Württemberg) sogar entsprechend ausgewiesen. Das ist nicht ungewöhnlich, schließlich nutzt der Deutschunterricht die (digitalen) Medien nicht nur als Instrument, um Lehr-Lernprozesse zu unterstützen, sondern thematisiert und reflektiert die Medien auch als Lerngegenstand. Des Weiteren ist das Fach in seiner Tradition schon immer medial geprägt bzw. auf Medien angewiesen. Genuin deutschdidaktische Studien, welche sich digitaler Medien im Unterricht widmen, sind insbesondere für den Primarstufenbereich nur rar vorhanden. Nachstehend lassen sich deshalb überdies Verweise auf andere Schulstufen finden. Der Übersichtlichkeit halber werden die folgenden Studien anhand der Kompetenzbereiche geordnet.

5.2.1 Umgang mit Medien

Zu den eher allgemein ausgerichteten Studien lässt sich beispielhaft die Dissertation *Medienzentrierter Deutschunterricht in der Grundschule* von Vach (2005) zählen. Im Rahmen einer Longitudinalstudie erprobt und evaluiert sie die Vermittlung von Medienkompetenz [4] in einem medienzentrierten Deutschunterricht anhand vier aufeinander aufbauender Medienprojekte (zwei Hörprojekte, ein Bilder- und ein Multimediaprojekt) von der ersten bis zur vierten Klasse (vgl. Vach 2005, 115ff.). Als primäres Ergebnis der Untersuchung bilanziert

4 Medienkompetenz wird hier im Sinne von Groeben aufgefasst (vgl. Vach 2005, 47ff.).

Vach u.a., dass sich das Lesen, Schreiben und Sprechen als zentrale deutschdidaktische Bereiche in einen medienzentrierten Unterricht integrieren lassen und demnach den Postulaten der Bildungspläne gerecht werden können (vgl. ebd., 238f.). Möbius kritisiert jedoch, dass neben methodologischen Schwächen (bspw. aufgrund nicht entwickelter Messgrößen im Hinblick auf diverse Teilkompetenzen) zudem keine greifbaren neuen fachspezifischen Erkenntnisse zutage kommen (vgl. Möbius 2014, 346).

5.2.2 Lesen und Literatur

Das Feld *Lesen, Literatur und digitale Medien* weist im Gegensatz zu den anderen Kompetenzbereichen bereits relativ viele empirische Forschungen vor. Einige Untersuchungen sollen hier exemplarisch genannt werden.

Ergänzend zur Grundschulleseuntersuchung IGLU 2001 wurde mit 133 Viertklässlern eine explorativen Zusatzstudie zum Lesen am Computer durchgeführt (vgl. Blatt/ Voss 2004, 231f.)[5]. Ziel war es, Aufschlüsse darüber zu bekommen, ob es sich bei der Print- und der Hypertext-Lesekompetenz um die gleiche Kompetenz handele und in welchem Verhältnis sie zueinander stehen (vgl. ebd., 231f.). Darüber hinaus sollten Einflussfaktoren (z.B. Computererfahrungen, Navigations-, Orientierungs- und Lesestrategien oder Schriftkonzepte) der jeweiligen Leseform erkundet werden (vgl. ebd., 231f.; 241 ff.). Die Auswertung der Ergebnisse ergab u.a., dass für das Lesen von Hypertexten und von Printtexten zwar unterschiedliche Kompetenzen erforderlich seien, diese jedoch in einer hohen Relation zueinander stehen (vgl. Voss 2006, 151ff.). Darüber hinaus kann man davon ausgehen, dass starke Leser ihre Fähigkeiten auch auf das Lesen am PC transferieren können (vgl. ebd., 151ff.).

Zwei Studien (Rupp/ Heyer/ Bonholt 2004; Eggert/ Garbe 1995 und 2000) befassen sich mit der Frage, inwiefern sich der Medienwandel auf die literarische Rezeption von Jugendlichen auswirke. Rupp, Heyer und Bonholt beziehen sich konkret auf das Fach Deutsch, wobei die Verarbeitung von Texten und Filmen im Unterricht im Fokus steht (vgl. Rupp/ Heyer/ Bonholt 2004, 25). Darüber hinaus ist es von Interesse, ob bzw. wie private mediale Erfahrungen und Wissensbestände Einzug in das Unterrichtsgeschehen erhalten (vgl. ebd.). Die Untersuchung erfolgte mit 70 Gymnasiasten und Gesamtschülern über eine Spanne von sechs Jahren und mithilfe von Schülerbefragungen, Unterrichtsanalysen sowie Schülertexten (Gedichte und Fortsetzungen) und -kurzfilmen (vgl. ebd.). Dabei ermitteln die Wissenschaftler u.a., dass die Heranwachsenden den Medien auf ganz unterschiedliche Weise begegnen. Davon ausgehend konstituieren Rupp, Heyer und Bonholt vier verschiedene Mediennutzungstypen – abhängig davon, an welchen Medien sich die Jugendlichen in erster Linie orientieren (vgl. ebd., 203ff.). Als Konsequenz daraus postulieren sie – vor allem im Hinblick auf schwächere Schüler – das verstärkte Anknüpfen an den medialen Erfahrungen der Kinder im Rahmen des Deutschunterrichts (vgl. ebd., 194ff.). Damit einher gehen möglichst individualisierte Anregungen, die einen produktionsorientierten sowie kreativen Umgang mit Literatur fördern und gleichzeitig einen reflektierten, kritischen Konsum von Medien unterstützen (vgl. ebd., 217ff.).

5 2003 wurde eine Folgestudie durchgeführt, bei der es sich um eine zusätzliche Erhebung zur Grundschultestung KESS (Kompetenzen und Einstellungen von Schülerinnen und Schülern) handelt.

In ihrer Produkt- und Rezeptionsstudie „Kinder und narrative Bildschirmspiele“ untersucht Josting, wie Sechstklässler (Gymnasium) mit einer hypermedialen Detektivgeschichte umgehen (vgl. Josting 2004). Zunächst nimmt sie die mediale Orientierung der Lerner, also deren außerschulisches mediales Handlungsfeld, in den Blick, um davon ausgehend Aussagen darüber zu treffen, inwiefern sich diese Orientierung auf die Rezeption des detektivischen Textes auswirke. Es werden u.a. folgende Befunde ermittelt: Insgesamt gilt das Fernsehen als Leitmedium (vgl. hier auch die KIM-Studien 2010, 2012, 2014), wobei eine identifikatorische Rezeption mit sämtlichen medialen Formaten erreichbar sei (vgl. Josting 2004, 272ff.). Am einfachsten wäre das Nachempfinden der Gefühls- und Gedankenwelt jedoch mit dem Printmedium zu vermitteln (vgl. ebd., 274). Dieses Einfühlen findet hinsichtlich des Computerspiels bei zwei Drittel der Schüler statt. Die anderen Kinder sehen sich hingegen eher als Spielleiter (vgl. ebd.). Eine parasoziale Interaktion mit den Protagonisten ist schließlich am ehesten möglich, wenn dieser die Sympathien der Heranwachsenden erweckt, also Charakterzüge besitzt, die man an anderen schätzt bzw. über welche man selbst gerne verfügen würde (vgl. Josting 2004, 274; Möbius 2014, 352). Der Ausgangspunkt der Untersuchung, dass der Deutschunterricht zunehmend mehr mediale Formate integrieren solle, ist gleichzeitig auch die Forderung, die Josting auf Basis ihrer Ergebnisse, am Ende stellt. Denn nur so erfolge eine Anknüpfung an die kindliche Rezeption sowie deren Lebenswelt.

Erwähnenswert ist schließlich noch eine aktuelle empirische Studie von Boelmann zu den Potentialen der Vermittlung von literarischer Bildung und literarischer Kompetenz mit narrativen Computerspielen (2015). Die Untersuchung, an der 29 Schüler einer achten Gymnasialklasse beteiligt waren, will die Hypothese überprüfen, dass Heranwachsende mit narrativen PC-Spielen analog zur Auseinandersetzung mit Literatur literarische Kompetenzen erlangen können (vgl. Boelmann 2015, 185). Die Auswertung ergibt u.a., dass die narrativen Computerspiele für die Vermittlung von literarischer Kompetenz durchaus infrage kommen (vgl. ebd., 273ff.). Allerdings kann die Erhebung keine signifikanten Differenzen zwischen Print- und Symmedium feststellen, sodass die Schüler „an beiden Gegenständen, unabhängig ihrer Medialität, ihre literarischen Kompetenzen zum Einsatz bringen [konnten].“ (Ebd., 271)

5.2.3 Schreiben/ Orthographie

Inwiefern nimmt das Schreiben in den digitalen Medien Einfluss auf schulische Schreibleistungen? Dabei handelt es sich nicht nur um ein in der Öffentlichkeit viel diskutiertes Thema, die Frage ist – u.a. ausgehend von dieser gesellschaftlichen Präsenz – auch Gegenstand einer empirischen Studie von Dürscheid, Wagner und Brommer (vgl. vgl. Dürscheid/ Wagner/ Brommer 2010, 3ff.). Anhand eines Textbeschreibungsmodells werden Freizeittexte und schulische Schreibleistungen aller Schularten (Sekundarstufe) aus unterschiedlichen Produktions- und Kommunikationssituationen zunächst analysiert sowie kodiert und schließlich miteinander verglichen (vgl. ebd., 65ff.; 85ff.). Die Auswertung bringt hervor, dass das informelle digitale Verfassen von Texten keine Auswirkungen – weder im positiven noch im negativen Sinne – auf das Schreiben in der Schule hat (vgl. ebd., 261ff.). Das Abschlusskapitel legt ergänzend dar, auf welche Weise die Thematik „Schreibkompetenz und neue Medien“ zum reflexiven Unterrichtsgegenstand gemacht werden kann.

Unter der Projektleitung von Schneider wird im Rahmen einer Interventionsstudie der Fragestellung nachgegangen, wie sich die Schreibmotivation, Schreibgewohnheiten sowie Schreib- und Medienkompetenz von Kindern entwickeln, die selbst verfasste Texte auf einer webbasierten Plattform veröffentlichen dürfen (vgl. Schneider et al. 2012, 4; 15ff.). Auf der Seite *myMoment*[6] können Primarstufenschüler entweder in ihrer Freizeit oder durch initiierte Schreibanlässe im Unterricht eigene Beiträge zu individuell wählbaren Themen schreiben und diese jederzeit wieder überarbeiten. Gleichzeitig besteht die Möglichkeit, Geschichten anderer zu lesen oder zu hören, diese wiederum zu bewerten und schließlich überdies zu kommentieren (vgl. ebd., 7ff.). Die Ergebnisse zeigen, dass die interaktive Lernumgebung die Schreib- und Lesetätigkeit anregt sowie die Schreibkompetenz verbessert. Auch das Medienwissen wird gesteigert (vgl. ebd., 26ff.).

Abschließend soll anhand einer Erhebung noch kurz auf den Bereich der Orthographie hingewiesen werden: König untersucht das Rechtschreiblernprogramm *Alfons' Lernwelt. Kompakt Deutsch Klasse 4* (Schroedel 2000) – ein sogenanntes *Drill and Practice Program*[7]. Die Analyse zeigt, dass dieses Lernangebot in erster Linie Kindern mit geringen Rechtschreibfähigkeiten entgegenkommt (vgl. König 2004, 107), wobei Übungs- und Testprogramme dergestalt in der Regel keine Förderung von höheren Kompetenzen ermöglichen. Gleichzeitig wirkt sich die Software positiv auf die Lernmotivation aus (vgl. ebd.). Allerdings komme laut König *Alfons' Lernwelt. Kompakt Deutsch Klasse 4* aufgrund der komplexen Anwendungsstruktur nicht für ein selbstständiges Lernen infrage (vgl. ebd.). In diesem Kontext sei abschließend noch auf eine Dissertation von Köller (2012) verwiesen, die u.a. die Problematik der *Drill and Practice Programs* thematisiert: Köller entwarf ein jahrgangs- und altersunabhängiges Softwarekonzept, welches individualisierte Rechtschreibprozesse gemäß der gegenwärtigen wissenschaftlichen Förderdiagnostik anregt. Es handelt sich somit um ein Programm, welches für leistungsschwächere und -stärkere Schüler geeignet sein könnte.

5.2.4 Sprache untersuchen und Sprachreflexion

Während aus Sicht der Linguistik die webbasierte Sprache bzw. Kommunikation vielfach wissenschaftlich aufgearbeitet wurde (vgl. z.B. Schnitzer 2012; Storrer 2014), gibt es in der Deutschdidaktik, insbesondere für die Primarstufe, nur sehr wenige empirische Untersuchungen – wenngleich sich diesbezüglich inzwischen unzählige Unterrichtsanregungen sowie wissenschaftliche Beiträge finden lassen (vgl. z.B. Beißwenger 2002; Krommer 2005; König/ Bahlo 2014).

Eine bereits länger zurückliegende quantitative Studie von Kurzrock (2003)[8] analysiert via Fragebögen und Schülerinterviews die mediale Nutzung sowie Medienerfahrungen von 100 Achtklässlern (aller Schularten) und deren persönliche Theorien zu Mündlichkeit und Schriftlichkeit (vgl. Koch/ Oesterreicher 2001). Aus der Erhebung ging u.a. hervor, dass Mädchen mit Blick auf die mediale und konzeptionelle Ebene mehr (mitunter auch

6 www.mymoment.ch

7 Übungs- und Testprogramm

8 Die Daten, auf welche sich die Erhebung stützt, stammen bereits aus dem Jahr 1999.

differenziertere) Aussagen treffen können als Jungen, obwohl die Schülerinnen prinzipiell über geringere mediale Kenntnisse verfügen (vgl. Kurzrock 2003, 164ff.). Die ggf. fehlende Medienerfahrung bzw. das weniger ausgeprägte Medienwissen der Mädchen wirkt sich demnach nicht negativ auf ihre subjektiven Einschätzungen zur Mündlichkeit und Schriftlichkeit von Texten aus. Die weiblichen Probanden können ihr Defizit somit durch eine große Sprachreflexionskompetenz kompensieren (vgl. ebd.). Die Ergebnisse haben letztlich jedoch auch aufgezeigt, dass die Achtklässler stellenweise nur ein mangelndes Sprachbewusstsein besitzen und der Deutschunterricht digitale Texte insbesondere hinsichtlich des konzeptionellen Sprachgebrauchs zum Gegenstand machen müsse (vgl. Kurzrock 2003, 169; Möbius 2014, 351). Es wäre interessant zu wissen, inwieweit sich die Befunde bei einer wiederholten Erhebung verändern würden – schließlich sind digitale Medien inzwischen fest in den Alltag der Heranwachsenden integriert und die medialen Anregungen zur Sprachreflexion in den Bildungsplänen verankert (vgl. saarländischer Kernlehrplan 2009, 34).

Gegenwärtig führt Hodson eine Studie zur Wortschatzarbeit mit Tablets durch. Sie untersucht, inwiefern eine Wortschatzerweiterung durch die Nutzung von Wörterbuchdefinitionen beim Lesen an E-Books begünstigt wird (vgl. Hodson 2015, 27ff., sowie ihre Ausführungen im Praxisband dieser Reihe).

5.2.5 Sprechen und Zuhören

Auch im Kompetenzbereich *Sprechen und Zuhören* zeichnet sich ein ähnliches Bild wie im Abschnitt zuvor ab. Zwar gibt es sukzessive mehr Impulse für den Unterricht (vgl. z.B. Berkemeier 2016), empirische Erhebungen bleiben allerdings noch weitgehend aus. Eine nennenswerte Studie stammt von Föh, welche die mündliche Kommunikation und Kooperation zwischen Gymnasialschülern bei der Zusammenarbeit am PC im Rahmen des Deutschunterrichts untersucht (vgl. Föh 2005). Die Achtklässler haben die Aufgabe, am Computer in Partnerarbeit eine Ballade zu schreiben und zu gestalten. Im Fokus stehen hierbei weniger die Tätigkeiten am PC, sondern vielmehr die Interaktion zwischen den Lernenden und die damit verbundene Frage, inwiefern diese Kommunikationsprozesse den Erwerb mündlicher Kompetenzen begünstigen können (vgl. ebd, 254ff.). Föh bilanziert anhand der ausgewerteten Gesprächsprotokolle und Fragebögen, dass sich Heranwachsende während der Arbeit sehr eingehend sowie effektiv austauschen und die gemeinsame PC-Nutzung den Gesprächsverlauf strukturiere (vgl. ebd., 270). Die Ergebnisse sollen Basis für die Modellierung sprachdidaktischer Unterrichtskonzepte und -methoden sein, deren Einsatz die Vermittlung kommunikativer Fähigkeiten und Fertigkeiten mithilfe des PCs unterstützen könnten (vgl. ebd., 270).

5.3 Forschungsdesiderate

Selbst wenn die dargestellten Erhebungen mit Blick auf die Kompetenzbereiche des Deutschunterrichts nicht den Anspruch auf Vollständigkeit erheben, sind sie dennoch ein Hinweis darauf, wie marginal das weite Gebiet der digitalen Medien – in welcher Form auch immer – bisher aus deutschdidaktischer Sicht empirisch erforscht wurde. Zwar gibt es inzwischen eine kaum mehr überblickbare Anzahl an didaktischen Impulsen für den Unterricht, eine wissenschaftliche Aufarbeitung fehlt jedoch meist. Primär wäre es lohnend, Groebens Medienkompetenzbegriff, der in der Zeit des Webs 1.0 konzipiert wurde, zunächst auf seine Aktualität hin zu prüfen. Krommer und Frederking haben diesbezüglich bereits erste epistemologische Überlegungen, u.a. zum Medialitätsbewusstein, formuliert (vgl. z.B. Krommer 2014, 2ff.; Frederking/ Krommer 2014, 158ff.; siehe auch ihre Ausführungen in diesem Band). Darüber hinaus stehen empirische Erhebungen zu den einzelnen Teilkompetenzen noch aus. In Ansätzen ist dies – u.a. in Groebens und Hurrelmanns Veröffentlichung zur Medienkompetenz (vgl. z.B. Beiträge von Schreier/ Appel oder Schulte Berge/ Schoett/ Garbe 2002) – bereits erfolgt, wobei auch hier die Validierungsperspektiven einige Jahre zurückliegen: Die bereits erwähnte Dissertation von Vach versucht innerhalb der vier vorgestellten Medienprojekte stets Rückbezug auf die Teildimensionen (z.B. Genussfähigkeit, Medienwissen, Rezeptionsfähigkeit) zu nehmen. Ferner widmen sich Marci-Boehnecke und Matthias Rath (2004) im Rahmen einer Erweiterung zur JIM- und SHELL-Studie etwa der Medienkritik[9].

Mit Blick auf die Sprachbildung gilt es erneut[10] zu prüfen, wie sich die veränderten medialen Praktiken im privaten Handlungsfeld auf das schulische Lesen, Schreiben und Sprechen auswirken. In diesem Zusammenhang weist Möbius darauf hin, detaillierte Untersuchungen zum Einfluss der multimedialen Auseinandersetzung mit Texten (textbasiert, auditiv, audio-visuell, symmedial) auf die Entwicklung der Sprachbildung vorzunehmen (vgl. Möbius 2014, 354). Ferner stellt sich die Frage, auf welche Weise die vielschichtigen außerschulischen medialen Nutzungsweisen und -erfahrungen der Heranwachsenden gewinnbringend mit der sprachlichen und literarästhetischen Bildung in Verbindung gesetzt werden können. Eine weitere didaktische Herausforderung besteht schließlich darin, die Endgeräte in ihrer Funktion als „Lernwerkzeuge" in den Blick zu nehmen: Inwiefern können genuin deutschdidaktische Lehr-Lernprozesse durch digitale Medien unterstützt werden? An dieser Stelle sei erneut auf Herzig verwiesen, welcher betont, dass man nicht nur von einem bestimmten medialen Artefakt ausgehen dürfe, sondern das „Werkzeug" vielmehr in (s)einem Handlungszusammenhang sehen muss. Krommer stößt jedoch auch ein Umdenken an – weg von der weit verbreiteten Auffassung der *dienenden* Funktion der digitalen Medien im Rahmen der Lehr-Lernprozesse: Unterrichtsziele sollten nicht medienunabhängig bestimmt werden, denn der didaktische Mehrwert besteht „[...] gerade nicht (nur) darin, *altbekannte* [Hervorhebung im Original] Ziele schneller oder einfacher zu erreichen, sondern vielmehr darin, völlig neue Zieldimensionen erstmals zu eröffnen [...]." (Krommer 2015, 2)

9 Medienkritik wird hier jedoch i.S.v. Tulodziecki verstanden.

10 Die oben aufgeführte Studie von Rupp, Heyer und Bonholt (2004) widmete sich schon in Ansätzen dieser Thematik. Mittlerweile ist die Digitalisierung jedoch viel weiter fortgeschritten, sodass hier Aktualisierungsbedarf besteht.

Literatur

Albrecht, Christian: Fachspezifische mediendidaktische Konzeptionen. In: Frederking, Volker et al. (Hrsg.): Digitale Medien im Deutschunterricht. Baltmannsweiler: Schneider Verlag Hohengehren 2014, 134-149.

Baacke, Dieter: Medienpädagogik. Tübingen: Niemeyer 1997 (= Grundlagen der Medienkommunikation 1).

Baacke, Dieter: Medienkompetenz: Begrifflichkeit und sozialer Wandel. In: von Rein, Antje (Hrsg.): Medienkompetenz als Schlüsselbegriff. Bad Heilbrunn: Julius Klinkhardt 1996, 112-124.

Beißwenger, Michael: Das interaktive Lesespiel. Chat-Kommunikation als mediale Inszenierung. In: Beißwenger, Michael (Hrsg.): Chat-Kommunikation. Sprache, Interaktion, Sozialität & Identität in synchroner computervermittelter Kommunikation. Perspektiven auf ein interdisziplinäres Forschungsfeld. Studienausgabe in zwei Bänden. Bd. 1. Stuttgart: ibidem 2002, 79-138.

Berkemeier, Anne: Präsentieren multimedial. Gründe für die frühzeitige Entwicklung einer vielfältigen Nutzungskompetenz. In: Knopf Julia; Abraham, Ulf (Hrsg.): Deutsch digital. Bd. 2. Baltmannsweiler: Schneider Verlag Hohengehren 2016, 38-42 (= Schriftenreihe Deutschdidaktik in der Grundschule).

Blatt, Inge; Voss, Andreas: Lesen am Computer. Ergebnisse aus der Hamburger Pilot- und weiterführenden Studie LaC. In: Frederking, Volker; Jonas, Hartmut; Josting, Petra; Wermke, Jutta (Hrsg.): Medien: Kritik und Sprache. München: kopaed 2004, 231-247 (= Jahrbuch Medien im Deutschunterricht 2004).

Boelmann, Jan M.: Literarisches Verstehen mit narrativen Computerspielen. Eine empirische Studie zu den Potenzialen der Vermittlung von literarischer Bildung und literarischer Komptenz mit einem schüleraffinen Medium. München: kopaed 2015 (= Medien im Deutschunterricht – Beiträge zur Forschung 13).

Bönnighausen, Marion: Intermedialer Literaturunterricht. In: Frederking, Volker; Krommer, Axel; Meier, Christel (Hrsg.): Taschenbuch des Deutschunterrichts. Bd. 2. Literatur- und Mediendidaktik. Baltmannsweiler: Schneider Verlag Hohengehren 2013, 524-534.

Bönnighausen, Marion; Rösch, Heidi (Hrsg.): Intermedialität im Deutschunterricht. Baltmannsweiler: Schneider Verlag Hohengehren 2004 (= Diskussionsforum Deutsch 15).

Cornelsen Trendstudie. Medienausstattung und -nutzung an allgemeinbildenden Schulen in Deutschland. (2015). http://www.mynewsdesk.com/de/cornelsen/pressreleases/nachholbedarf-an-deutschen-schulen-cornelsen-studie-belegt-medienausstattung-weiter-mangelhaft-1165690 (letzter Zugriff: 02.08.2016).

Denk, Rudolf: Erziehung zum Umgang mit Medien. Freiburg, Basel, Wien: Herder 1977 (= Fachserie Deutschunterricht 9306).

Dürscheid, Christa; Wagner, Franc; Brommer, Sarah: Wie Jugendliche schreiben. Schreibkompetenz und neue Medien. Berlin: de Gruyter 2010 (= Linguistik – Impulse & Tendenzen 41).

Eggert, Hans; Garbe, Christine: Literarische Sozialisation. Stuttgart, Weinheim: Metzler 1995.

Eggert, Hans; Garbe, Christine: Veränderungen literarischer Intellektualität im Medienverbund. Weinheim, München: Juventa Verlag 2000.

Föh, Marie-Joan: Theoretische und empirische Untersuchung der mündlichen Kommunikation und Kooperation bei der gemeinsamen Arbeit am Computer im Deutschunterricht. In: Stückrath Jörn; Strobel Ricarda (Hrsg.): Deutschunterricht empirisch. Beiträge zur Überprüfbarkeit von Lenrfortschritten im Sprach-, Literatur- und Medienunterricht. Baltmannsweiler: Schneider Verlag Hohengehren 2005, 254-273.

Frederking, Volker: Auf neuen Wegen...? Deutschdidaktik und Deutschunterricht im Zeichen der Medialisierung – eine Bestandsaufnahme. In: Wermke, Jutta (Hrsg.): Literatur und Medien. München: kopaed 2003, 143-159 (= Jahrbuch Medien im Deutschunterricht 2002).

Frederking, Volker: Symmedialität – mediendidaktische Theorem und Entwicklungsprinzip im E-Learning-Bereich. In: Kleber, Hubert (Hrsg.): Perspektiven der Medienpädagogik in Wissenschaft und Bildungspraxis. München: kopaed 2005, 187-203.

Frederking, Volker: Symmedialität und Synästhetik. Begriffliche Schneisen im medialen Paradigmenwechsel und ihre filmdidaktischen Implikationen am Beispiel von Erich Kästners „Emil und die Detektive“. In: Frederking, Volker (Hrsg.): Filmdidaktik – Filmästhetik. München: kopaed 2006, 204-229 (= Jahrbuch Medien im Deutschunterricht 2005).

Frederking, Volker; Krommer, Axel; Maiwald, Klaus: Mediendidaktik Deutsch. Eine Einführung. Berlin: Erich Schmidt Verlag 2008 (= Grundlagen der Germanistik 44).

Frederking, Volker; Krommer, Axel; Maiwald, Klaus: Mediendidaktik Deutsch. Eine Einführung. 2. Aufl. Berlin: Erich Schmidt Verlag 2012 (= Grundlagen der Germanistik 44).

Frederking, Volker: Symmedialität und Synästhetik. Die digitale Revolution im medientheoretische, medienkulturgeschichtlichen und mediendidaktischen Blick. In: Frederking, Volker; Krommer, Axel; Möbius, Thomas (Hrsg.): Digitale Medien im Deutschunterricht. Baltmannsweiler: Schneider Verlag Hohengehren 2014, 3-49 (= DTP 8).

Frederking, Volker; Krommer, Axel: Deutschunterricht und mediale Bildung im Zeichen der Digitalisierung. In: Frederking, Volker; Krommer, Axel; Möbius, Thomas (Hrsg.): Digitale Medien im Deutschunterricht. Baltmannsweiler: Schneider Verlag Hohengehren 2014, 150-182 (= DTP 8).

Frederking, Volker; Schmitt, Armin; Krommer, Axel: Mit Medien umgehen. In: Behrens, Ulrike; Bremerich-Vos, Albert; Krelle, Michael; Böhme, Katrin; Hunger, Susanne (Hrsg.): Bildungsstandards Deutsch: konkret. Berlin: Cornelsen 2014, 192-214.

Frederking, Volker; Albrecht, Christian: Digitale Medien. Theoretische Grundlagen und Begriffsklärungen. In: Knopf, Julia; Abraham, Ulf (Hrsg.): Deutsch digital. Bd.1. Baltmannsweiler: Schneider Verlag Hohengehren 2016, xx-xx (= Schriftenreihe Deutschdidaktik in der Grundschule).

Gapski, Harald: Medienkompetenz. Eine Bestandaufnahme und Vorüberlegung zu einem systemtheoretischen Rahmenkonzept. Wiesbaden: Westdeutscher Verlag 2001.

Groeben, Norbert; Hurrelmann, Bettina (Hrsg.): Medienkompetenz. Voraussetzungen, Dimensionen, Funktionen. Weinheim, München: Juventa Verlag 2002.

Groeben, Norbert: Dimensionen der Medienkompetenz. In: Groeben, Norbert; Hurrelmann, Bettina (Hrsg.): Medienkompetenz. Voraussetzungen, Dimensionen, Funktionen. Weinheim, München: Juventa Verlag 2002, 160-200.

Hattie, John A.C.: Visible Learning. A synthesis of over 800 meta-analyses relating to achievement. London: Routledge 2009.

Herzig, Bardo: Wie wirksam sind digitale Medien im Unterricht? Studie im Auftrag der Bertelsmannstiftung (2014). https://www.bertelsmann-stiftung.de/fileadmin/files/BSt/Publikationen/GrauePublikationen/Studie_IB_Wirksamkeit_digitale_Medien_im_Unterricht_2014.pdf (letzter Zugriff: 29.07.2016).

Hodson, Julia: Wortschatzerweiterung durch die Nutzung von Wörterbuchdefinitionen beim Lesen an elekt-ronischen Lesegeräten. In: Möbius, Thomas; Steinmetz, Michael; Lang, Verena (Hrsg.): Tablets im Deutschunterricht: Forschungsperspektiven – Unterrichtsmodelle. München: kopaed 2015, 27-37.

Hurrelmann, Bettina: Zur historischen und kulturellen Relativität des „gesellschaflithc handlungsfähigen Subjekts" als normative Rahmenidee für Medienkompetenz. In: Groeben, Norbert; Hurrelmann, Bettina (Hrsg.): Medienkompetenz. Voraussetzungen, Dimensionen, Funktionen. Weinheim, München: Juventa Verlag 2002, 111-128.

Initiative D21. Medienbildung an deutschen Schulen. Handlungsempfehlungen für die digitale Gesellschaft (2014). http://www.initiatived21.de/wp-content/uploads/2014/11/141106_Medienbildung_Onlinefassung_komprimiert.pdf (letzter Zugriff: 29.07.2016).

Isler, Dieter; Philipp, Maik; Tilemann, Friederike: Lese- und Medienkompetenz: Modelle, Sozialisation und Förderung. Düsseldorf: LfM 2010 (= LfM-Dokumentation Bd. 40).

Jonas, Hartmann; Rose, Kurt: Computerunterstützer Deutschunterricht. Frankfurt/ Main et al.: Peter Lang 2002 (= Beiträge zur Geschichte des Deutschunterrichts 48).

Jörissen, Benjamin; Marotzki, Winfried: Medienbildung – Eine Einführung. Theorien – Methoden – Analysen. Bad Heilbrunn: Julius Klinkhardt 2009.

Josting, Petra: Kinder und narrative Bildschirmspiele. Eine Produkt- und Rezeptionsstudie am Beispiel einer Detektivgeschichte auf CD-ROM. München: kopaed 2004.

Koch, Peter; Oesterreicher, Wulf: Gesprochene Sprache in der Romania. Französisch, Italienisch, Spanisch. 2. Aufl. Berlin, New York: de Gruyter 2001.

Koile, Kimberle; Singer, David: Assessing the impact of a Tablet-PC-based Classroom Interaction System. In: Reed, Robert H.; Berque, Dave A., Prey, Jane C. (Hrsg.): The Impact of Tanlet PCs and Penbased Technology on Education. West Lafayette: Purdue University Press 2008, 73-80.

Köller, Katharina: Individualisierung orthographischer Normerwerbsprozesse durch digital gestütze Rechtschreibstrategien – theoretische Grundlagen und exemplarische Konzeption einer Lernsoftware (2012). http://digital.ub.uni-paderborn.de/content/titleinfo/512057 (letzter Zugriff: 29.07.2016).

König, Susanne: Das Lernprogramm Alfons im Unterricht. Eine empirische Untersuchung in Klasse 4. In: Blatt, Inge; Hartmann, Wilfried (Hrsg.): Schriebprozesse im medialen Wandlel. Ein Studienbuch. Baltmannsweiler: Schneider Verlag Hohengehren 2004, 85-107.

König, Katharina; Bahlo, Nils: SMS, WhatsApp & Co. - Forschungsstand und Analyseperspektiven. In: König, Katharina; Bahlo, Nils (Hrsg.): SMS, WhatsApp & Co. Münster: Monsenstein und Vannerdat 2014, 1-16 (=Wissenschaftliche Schriften der WWU Münster, Reihe XII Bd.12).

Kösel, Edmund; Brunner, Reinhard: Medienpädagogik. In: Horney, Walter; Ruppert, Johann P.; Schultze Walter (Hrsg.): Pädagogisches Lexikon. Bd. 2. Gütersloh: Bertelsmann 1970, 354-356.

Krommer, Axel: SMS – Medientheoretische Analyse der deutschdidaktischen Potenziale einer neuen Kommunikationsform. In: Frederking, Volker; Josting, Petra (Hrsg.): Medienintegration und Medienverbund im Deutschunterricht 2005. Baltmannsweiler: Schneider Verlag Hohengehren, 226-242.

Krommer, Axel: Social Media, Medienkompetenz und mediale Bildung. Aktuelle fachspezifische Herausforderungen (2014 a). https://docs.google.com/document/d/1sHTg8RPKiWRXtia4MrSiGtEHc3qhIxIqN-P0UKX50D78/edit?pref=2&pli=1 (letzter Zugriff: 29.07.2016).

Krommer, Axel: Medienkompetenz und mediale Bildung im Zeitalter der Digitalisierung. Aktuelle Herausforderungen (2014 b). https://docs.google.com/document/d/1LU2xErmSJ9hw5Lp201tWqjSuFjD7Pv-0wkNSKL9ZfMuA/edit?pref=2&pli=1 (letzter Zugriff: 29.07.2016).

Krommer, Axel: Welchen Mehrwert haben digitale Medien für das schulische Lernen? (2015). https://docs.google.com/document/d/1W1nC2mkeu0Ce52L5yAZQwfl0Qh9MUF0DsiPA7fX3hrg/edit?pref=2&pli=1 (letzter Zugriff: 29.07.2016).

Kron, Friedrich W.; Sofos, Alivisos: Mediendidaktik. Neue Medien in Lehr- und Lernprozessen. München: Reinhardt 2003 (= UTB 2404).

Krützer, Beate; Probst, Heike: IT-Ausstattung der allgemeinbildenden und berufsbildenden Schulen in Deutschland. Bestandsaufnahme 2006 und Entwicklung von 2001 bis 2006. Hrsg. v. Bundesministerium für Bildung und Forschung. Bonn u. Berlin: Eigendruck (2006). https://www.bmbf.de/pub/it-ausstattung_der_schulen_2006.pdf (letzter Zugriff: 29.07.2016)

Kurzrock, Tanja: Neue Medien und Deutschunterricht. Eine empirische Studie zu Mündlichkeit und Schriftlichkeit. Tübingen: Niemeyer 2003 (= Germanistische Linguistik 239).

Marci-Boehncke, Gudrun; Rath, Matthias; Müller, Danja; Röcker, Timo:Jugendliche Medienkritik zwischen Empathie und Moral. In: Frederking, Volker; Jonas, Hartmut; Josting, Petra; Wermke, Jutta (Hrsg.): Medien: Kritik und Sprache. München: kopaed 2004, 217- 230 (= Jahrbuch Medien im Deutschunterricht 2004).

Merkert, Reinald: Medienpädagogik. In: Hierdeis, Helmwart; Hug, Theo (Hrsg.): Tatschendbuch der Pädagogik. Bd. 3. Gerontagogik – Organisation. 5. Aufl. Baltmannsweiler: Schneider Verlag Hohengehren 1997, 1057-1066.

Ministerium für Bildung, Frauen, Familie und Kultur: Kernlehrplan Deutsch Grundschule. Saarbrücken 2009.

Möbius, Thomas: Empirische Forschung zum Einsatz digitaler Medien im Deutschunterricht. In: Frederking, Volker; Krommer, Axel; Möbius, Thomas (Hrsg.): Digitale Medien im Deutschunterricht. Baltmannsweiler Schneider Verlag Hohengehren 2014, 337-358 (= DTP 8).

OECD. PISA-Studie. Technical Report (2009). http://www.keepeek.com/Digital-Asset-Management/oecd/education/pisa-2009-technical-report_9789264167872-en#page1 (letzter Zugriff: 29.07.2016).

OECD. PISA – Internationale Schulleistungsstudie (2012). https://www.oecd.org/berlin/themen/PISA-2012-Zusammenfassung.pdf (letzter Zugriff: 29.07.2016).

Rath, Matthias; Marci-Boehncke, Gudrun: Medienbildung konvergent: Was die Deutschdidaktik mit Medienpädagogik und Medien- und Kommunikationswissenschaft verbindet. In: Marci-Boehncke, Gudrun; Rath, Matthias (Hrsg.): Medienkonvergenz im Deutschunterricht. Jahrbuch Medien im Deutschunterricht 2010. München: kopaed 2011, 21-37.

Rupp, Gerhard; Heyer, Petra; Bonholt, Petra: Lesen und Medienkonsum. Wie Jugendliche den Deutschunterricht verarbeiten. Weinheim, München: Juventa Verlag 2004.

Schneider, Hansjakob; Wiesner, Esther; Lindauer, Thomas; Furger, Julienne: Kinder schreiben auf einer Internetplattform – Resultate aus der Interventionsstudie myMoment2.0. In: dieS-Online (2012). 2. Jg, 1-37.

Schnitzer, Caroline: Linguistische Aspekte der Kommunikation in den neueren elektronischen Medien. SMS – E-Mail – Facebook 2012. München: Grin Verlag.

Schreier, Margit; Appel, Markus: Realitäts-Fiktions-Unterscheidung als Aspekt einer kritisch-konstruktiven Mediennutzungskompetenz. In: Groeben, Norbert; Hurrelmann, Bettina (Hrsg.): Medienkompetenz. Voraussetzungen, Dimensionen, Funktionen. Weinheim, München: Juventa Verlag 2002, 231-254.

Schulte Berger, Gerlind; Schoett, Silja; Garbe, Christine: Medienkompetenz und gesellschaftliche Handlungsfähigkeit von Jugendlichen im Lichte biographischer Forschung. Zwei medienbiographische Fallstudien zum Zusammenhang von familialer Gewalterfahrung und der Rezeption von Gewalt im Fernsehen. In: Groeben, Norbert; Hurrelmann, Bettina (Hrsg.): Medienkompetenz. Voraussetzungen, Dimensionen, Funktionen. Weinheim, München: Juventa Verlag 2002, 255-268.

Schulz-Zander, Renate: Innovativer Unterricht mit Informationstechnologien. Ergebnisse der SITES M2. In: Holtappels, Heinz G.; Höhmann, Katrin (Hrsg.): Schulentwicklung und Schulwirksamkeit. Systemsteuerung, Bildungschancen und Entwicklung der Schule. Weinheim, Basel: Juventa Verlag 2005, 264-276.

Schwier, Burkhard: Lernen mit digitalen Medien an Förderschulen. Inhaltsanalytische und explorative Untersuchung zu Förderschulen mit dem Schwerpunkt „Lernen". Berlin: Logos 2008.

Sekretariat der Ständigen Konferenz der Kultusminister der Länder in der Bundesrepublik Deutschland (Hrsg.): Beschlüsse der Kultusministerkonferenz. Bildungsstandards im Fach Deutsch für den Primarbereich. Beschluss vom 15.10.2004. München: Wolters Kluwer 2005.

Storrer, Angelika: Sprachverfall durch internetbasierte Kommunikation? Linguistische Erklärungsansätze – empirische Befunde. In: Plewina, Albrecht; Witt, Andreas (Hrsg.): Sprachverfall? Dynamik – Wandel – Variation 2014. Berlin, Boston: de Gruyter 2014, 171-196 (= Jahrbuch des Instituts für Deutsche Sprache 2013).

Tulodziecki, Gerhard: Medien in Erziehung und Bildung. 3. Aufl. Bad Heilbrunn: Julius Klinkhardt 1989/1997.

Tulodziecki, Gerhard: Medienkompetenz als Ziel schulischer Medienpädagogik. In: Arbeit und Lernen, 7 (1998), 13-17.

Vach, Karin: Medienzentrierter Deutschunterricht in der Grundschule: Konzeptualisierung, unterrichtliche Erprobung und Evaluation. Berlin: Frank&Timm 2005.

Voss, Andreas; Bos, Wilfried: Print- und Hypertextkompetenzen im Vergleich. Eine Untersuchung von Leistungsdaten aus der Internationalen Grundschul-Lese-Untersuchung (IGLU) und der Ergänzungsstudie Lesen am Computer (LaC). Münster et al.: Waxmann 2006.

Wermke, Jutta: Integrierte Medienerziehung im Fachunterricht. Schwerpunkt: Deutsch. München: kopaed 1997.

https://www.kmk.org/fileadmin/Dateien/veroeffentlichungen_beschluesse/2012/2012_03_08_Medienbildung.pdf (letzter Zugriff: 29.07.2016).

Abbildungen

Abb. 1: Ordnungsstruktur mit Dimensionen der Medienkompetenz. In: Isler, Dieter; Philipp, Maik; Tilemann, Friederike: Lese- und Medienkompetenz: Modelle, Sozialisation und Förderung. Düsseldorf: LfM 2010 (= LfM-Dokumentation Bd. 40). 40.

JULIA KNOPF, EVA SCHRENKER

Schulische Nutzung digitaler Medien

Zum aktuellen Stand der Digitalisierung im Deutschunterricht

1. Medienkompetenz ist nicht gleich Medienkompetenz

Obwohl Kinder und Jugendliche sich fast täglich in ihrer Freizeit mit digitalen Medien beschäftigen und viele entsprechende Endgeräte besitzen (vgl. dazu den Beitrag von Knopf und Schrenker in diesem Band), schöpfen die Bildungsinstitutionen die technischen Fähigkeiten ihrer Schüler noch zu wenig aus. Gleichzeitig fehlt es vielen Heranwachsenden an Selbstreflexion hinsichtlich ihres individuellen Handelns im digitalen Raum, aber auch an Kompetenzen, um gefährliche Inhalte zu erkennen oder die eigene Privatsphäre zu wahren. Die Schulen sollten somit einerseits das vorhandene Potential der Lernenden ausschöpfen, andererseits die Kinder und Jugendlichen auf die rasante Digitalisierung der Alltagswelt vorbereiten.

Um einen Einblick in die Entwicklungen des schulischen Handlungsfeldes zu erhalten, beleuchtet der folgende Abschnitt zunächst die Infrastruktur der Institutionen, blickt auf die Nutzungsart sowie die Nutzungsfrequenz digitaler Medien und thematisiert ferner die Ausbildung sowie die Einstellung der Lehrkräfte zu digitalen Medien. Dem Umstand geschuldet, dass für den Primarstufenbereich gegenwärtig sehr wenige empirische Studien vorliegen, werden im folgenden Beitrag auch Bezüge zu anderen Schularten aufgezeigt.

2. Zahlen und Fakten zur Infrastruktur und Verwendung digitaler Medien in der Schule

2.1 Die IT-Ausstattung an deutschen Schulen

Die Voraussetzung für einen gewinnbringenden Einsatz digitaler Medien im Unterricht ist eine entsprechende technische Ausstattung. Ein Blick auf die tatsächliche Situation an deutschen Schulen zeigt allerdings erhebliche Unterschiede: Während eine Bildungsinstitution bereits über Tabletklassen oder interaktive Whiteboards verfügt, stößt man in anderen Schulen auf längst veraltete Computerräume und sucht verzweifelt nach einem Internetzugang bzw. WLAN. Im Folgenden soll ein systematischer Überblick über den aktuellen Stand gegeben werden. Wie bereits in der Einleitung angeklungen, gibt es zum jetzigen Zeitpunkt nur wenig zuverlässige Daten über das tatsächliche mediale Inventar an Grundschulen. Um evidenzbasiert forschen, entsprechende Software entwickeln und vor allem auch Lehrerfortbildungen (siehe auch 2.3) durchführen zu können, müssen diese zentralen Daten dringend erhoben werden.

Laut der International Computer and Information Literacy Study (ICILS) 2013 – einer Befragung von 60.000 Achtklässlern in 21 Ländern – liegt das Schüler-Computer-Verhältnis bei Jugendlichen bei 11.5 zu 1 (vgl. ICILS 2013, Berichtband, 160f.). Im internationalen Vergleich befindet sich Deutschland somit im mittleren Bereich (vgl. ebd.). Inwiefern sich dieser Wert erhöht hat, ist leider nicht bekannt. Deutlich schlechter fällt das Ergebnis jedoch bei der Verfügbarkeit von Tablets aus. Gerade mal 6,5% der deutschen Achtklässler haben innerhalb des Unterrichts Zugang zu den Endgeräten (vgl. ebd., 162). Bei australischen Schülern liegt der Wert hingegen bei 63,6 % (vgl. ebd.).

Auch das Tochterunternehmen des Digitalverbandes Deutschland BITKOM e.V. Bitkom Research GmbH hat sich 2014 gemeinsam mit dem Meinungsforschungsinstitut Aris der medialen Infrastruktur in Bildungseinrichtungen gewidmet und 512 Sekundarstufenschüler und Lehrkräfte zur IT-Ausstattung befragt.[1] So beurteilen 54% der Jugendlichen das technisch-digitale Inventar an der Schule als „mittelmäßig oder sogar schlecht“ (vgl. BITKOM. Digitale Schule – vernetztes Lernen 2015, 10). Infolgedessen bringt jeder dritte Lernende seinen eigenen Laptop in den Unterricht mit und 19% der Lernenden haben ein Tablet zur Hand. Schließlich wünschen sich drei Viertel der befragten Jugendlichen mehr und hochwertigere digitale Lernmaterialien in der Schule und 71% würden die Anschaffung eigener Endgeräte für jeden einzelnen begrüßen (vgl. ebd., 11f.). Obwohl die Ausstattung aus Lernersicht noch sehr dürftig zu sein scheint, legt die Studie zudem offen, dass jede Institution im Sekundarstufenbereich inzwischen über einen Internetzugang verfügt, 46% sogar in allen Räumen (vgl. ebd., 8). Auch gerätetechnisch ist das zur Verfügung stehende Inventar zumindest zufriedenstellend: Fast alle Bildungseinrichtungen sind im Besitz von stationären PCs (99%), Notebooks (89%) und Beamern (98%). Mehr als die Hälfte (62%) der Schulen hat ein oder mehr interaktive Whiteboard(s). Lediglich die Anzahl der gegenwärtig vorhandenen Tablets (18%) und Smartphones (7%) ist noch überschaubar (vgl. ebd., 7).

Die Untersuchung Medienbildung an deutschen Schulen (2014) – angeregt durch den gemeinnützigen Verein Initiative 21 in Kooperation mit atene Kom, Google Deutschland und Texas Instruments – beleuchtet unter verschiedenen Gesichtspunkten die gegenwärtige mediale Ausbildungssituation an deutschen Schulen.[2] Innerhalb der Rubrik Infrastruktur geht es explizit um die mediale Ausstattung (vgl. D21. Medienbildung an deutschen Schulen 2014, 25). Laut einer Lehrerbefragung (n=507) herrscht besonders in der Primarstufe noch technischer Nachholbedarf (vgl. ebd.). Lediglich jede fünfte Schule verfügt über WLAN, an den Gymnasien sind es im Vergleich dazu bereits über die Hälfte. Interaktive Whiteboards besitzen nur 15% der Grundschulen und Ausleihmöglichkeiten für Endgeräte stehen lediglich 3% zur Verfügung (vgl. ebd.). Allerdings gibt es zur selben Fragestellung positivere Zahlen: So geben in einer Repräsentativbefragung zur IT-Ausstattung an Schulen und deren Nutzung (2014) – ausgehend vom Meinungsforschungsinstitut forsa GmbH im Auftrag des VBE Verband Bildung und Erziehung e.V. – die interviewten Lehrkräfte (n=751) an, dass 72% aller Bildungsinstitutionen und im Speziellen 59% im Primarstufenbereich einen schnellen Internetzugang besitzen würden (vgl. VBE. IT-Ausstattung an Schulen, 3). Gleichzeitig führt die Studie an, das in 6% der Grundschulen bereits vereinzelte Klassen-

1 Vgl. https://www.bitkom.org/Presse/Presseinformation/Pressemitteilung_1386.html.

2 Vgl. http://www.initiatived21.de/ueber/.

sätze an Tablets oder Smartphones vorhanden seien (vgl. ebd., 8). Im nationalen Gesamtvergleich mit allen Schularten liegt der Wert bei 11% (vgl. ebd.). Demnach ist nicht nur die medienbezogene Ausstattung in der Primarstufe, sondern auch in der Sekundarstufe I und II durchaus verbesserungswürdig.

Inwiefern die Varianzen innerhalb der verschieden Studien zu bewerten sind, ist fraglich und hängt darüber hinaus eng mit der jeweiligen Fragestellung bzw. Schwerpunktsetzung zusammen. Es lässt sich jedoch prinzipiell beobachten, dass sich die mediale Infrastruktur in den letzten Jahren stetig verbessert. Insbesondere im Grundschulbereich zeichnet sich jedoch Aufstockungsbedarf ab. Infolgedessen ist es Aufgabe der Länder und Schulträger, sich um eine standardisierte und flächendeckende IT-Ausstattung zu bemühen, um für alle Kinder und Jugendlichen eine gleiche mediale Ausgangssituation zu schaffen und somit die Prämisse der Chancengleichheit zu wahren.

2.2 Der Einsatz digitaler Medien im allgemeinen Unterricht sowie im Fach Deutsch im Speziellen

Heranwachsende müssen nicht nur im Rahmen ihrer schulischen Ausbildung umfassend auf die Herausforderungen der medial geprägten Gesellschaft vorbereitet werden; die digitalen Medien eröffnen den Lehrkräften auch zahlreiche Möglichkeiten, innovative Lehr-Lernszenarien zu gestalten. Inwiefern die Bildungsinstitutionen dieses Potential derzeit ausschöpfen, soll nachstehend anhand ausgewählter empirischer Erhebungen erörtert werden:

Laut DIVSI-U9-Studie finden Computer- und Internettätigkeiten in der Primarstufe nur sehr punktuell statt (vgl. DIVSI-U9-Studie 2015, 83f.). Gerade einmal ein Fünftel der Sechs- bis Achtjährigen greift in der Schule regelmäßig auf den PC zu (vgl. ebd.). In der dritten Klasse steigt der Wert im Durchschnitt auf 33% an (vgl. ebd.).

In der aktuellen KIM-Studie gab knapp ein Drittel der Kinder (n=360) an, den Computer/ Laptop zumindest selten im Unterricht zu nutzen (vgl. KIM-Studie 2014, 40f.). Allerdings trifft dies vorwiegend auf die Lernenden ab zehn Jahren zu (vgl. ebd.). Im Wesentlichen erfolgt der Gebrauch der Endgeräte in speziellen Fächern, die den Umgang mit dem PC und dessen Anwendungen (z.B. Textverarbeitungsprogrammen) schulen (vgl. ebd.). Der Prozentsatz liegt hier bei 77% (vgl. ebd.).

Ein ähnliches Bild zeichnet sich auch bei den Ergebnissen der bereits oben genannten BITKOM-Studie ab: Die Frage, welche Geräte und Medien täglich im Unterricht zum Einsatz kommen, wird von 86% der befragten Lehrkräfte (n=502) mit Fotokopien beantwortet (vgl. BITKOM. Digitale Schule – vernetztes Lernen 2015, 26). Interaktive Whiteboards sind jedoch mit 52% auf dem Vormarsch (vgl. ebd.). Interessant wäre an dieser Stelle ein Vergleich mit der aktuellen Verwendung von herkömmlichen Tafeln gewesen. Ferner kommen Laptops mit 48% auf einen ähnlichen Wert (vgl. ebd.).

Bezeichnend ist das Ergebnis zur Häufigkeit der Computernutzung im internationalen Vergleich im Rahmen der ebenfalls schon erwähnten ICILS 2013: Deutschland bildet hier mit einem wöchentlichen PC-Einsatz von 34,4% das Schlusslicht (vgl. ICILS 2013, Berichtband, 204f.).

Inwiefern Computer- und Internetaktivitäten im Deutschunterricht und in der Primarstufe im Speziellen stattfinden, ist noch unzureichend erfasst. Eine Forsa-Umfrage zum Thema Computereinsatz in der Schule (2007), die auch explizit Bezug auf die einzelnen Fächer nimmt, liegt schon viele Jahre zurück und kann heute nicht mehr als repräsentative Studie herangezogen werden.[3] Bei den damals rund 1000 befragten Schülern zwischen 14 und 20 Jahren gaben 79% an, dass sie nur sehr selten im Unterrichtsgeschehen mit den Endgeräten arbeiten (vgl. IT-Fitness. Computereinsatz in der Schule 2007, 2). Ebenso beschäftigt sich die aktuelle KIM-Studie – wie oben bereits angedeutet – zu Teilen mit der konkreten Nutzung digitaler Medien im Fachunterricht. Dabei wird der Computer/ Laptop und/ oder das Internet bei 42% im Deutschunterricht zumindest selten eingebracht (vgl. KIM-Studie 2014, 40f.). Im Vergleich dazu liegt der Mathematikunterricht bei 37% und der Sprachunterricht bei 26% (vgl. ebd. 40f.).

Der Frage, wofür die Endgeräte und das Internet im Rahmen der Lehr-Lernszenarien verwendet werden, hat sich unter anderem die DIVIS-U9-, die BITKOM- sowie die JIM-Studie gewidmet. Während die ersten beiden Untersuchungen vorwiegend das *Was* beleuchten, betrachtet die JIM-Studie die Häufigkeit. Die Primarstufenkinder (n=198) nennen etwa die Informations- und Bildersuche, die Anwendung von Lernprogrammen und Spielen, das Schreiben in Textverarbeitungsprogrammen oder auch das Schauen von Filmen oder Videos (vgl. DIVSI-U9-Studie 2015, 84f.). Kreative Aktivitäten wie das Malen oder das selbstständige Erstellen von Fotocollagen oder Videos finden nur sehr selten oder gar nicht statt (vgl. ebd.). Die Lehrkräfte und Schüler der Sekundarstufe geben ähnliche Tätigkeiten an (vgl. BITKOM. Digitale Schule – vernetztes Lernen 2015, 28ff.). Allerdings fällt auf, dass die digitalen Medien weniger zum selbstgesteuerten Lernen ausgeschöpft (bspw. Erstellen von Videos, erste Programmierungsversuche), sondern vielmehr auf instrumentalisierte Weise in das übliche Unterrichtsgeschehen integriert werden (z.B. Informationssuche, Präsentation). Die JIM-Studie stellt bei der Frage nach der Nutzungsfrequenz bspw. das Recherchieren im Internet, das Verfassen von Texten am PC, das Erstellen von Präsentationen oder den Gebrauch verschiedener Lernprogramme zur Auswahl (vgl. JIM-Studie 2014, 32f.). Dabei wird ersichtlich, dass sämtliche Tätigkeiten nur selten oder sogar gar nicht zum Einsatz kommen (vgl. ebd.). Lediglich für das Entwerfen von Vortragsfolien verwenden knapp die Hälfte der Jugendlichen einmal pro Monat den Computer und/ oder das Internet im Unterrichtsgeschehen (vgl. ebd.).

Doch aus welchen Gründen werden die vielseitig einsetzbaren (digitalen) Medien kaum in den Unterrichtsalltag integriert? Neben fehlender Ausstattung (siehe Punkt 2.1) und der unflexiblen Handhabung bzw. Organisation im Falle von festinstallierten Computerräumen lassen sich die nicht vorhandenen oder wenig konkreten Verankerungen in den Lehrplänen anführen. Medienerziehung umfasst kein eigenes Fach, sondern soll integrativ in allen Fächern erfolgen (KMK 2004, 7). Die Ausbildung findet auf diese Weise zwar domänenspezifisch statt, also mit Blick auf die entsprechenden Ziele und zu vermittelnden Kompetenzen der einzelnen Unterrichtsfächer; gleichzeitig fühlt sich jedoch keine Fachrichtung faktisch dafür verantwortlich. Kompetenzorientierte, fachspezifische Unterrichtsbeispiele, die in den Schulen erprobt wurden, fehlen. Hinzu kommt, dass viele Lehrkräfte, die z.B. gar nicht

3 Vgl. https://www.it-bildungsnetz.de/it-fitness/IT-Fitness-Studien/computereinsatz_schulen.html.

mit digitalen Medien aufgewachsen sind und auch in ihrer Ausbildung keine entsprechenden Kurse belegten, mit den eher allgemeinen Formulierungen in den Bildungsstandards und in den Lehrplänen überfordert sind. Neben Bildungsstandards für den Medienbereich fehlen schließlich noch immer fundierte didaktische Konzepte, die den Lehrenden einen Orientierungsrahmen sowie eine fassbare und leicht umsetzbare Unterstützung zur Verfügung stellen (vgl. hierzu auch die Ausführungen von Schrenker in diesem Band).

In einem nächsten Abschnitt werden deshalb die Lehrkräfte genauer in den Blick genommen: Inwiefern ist die Vermittlung medienbezogener Kompetenzen im Studium verankert? Gibt es ausreichend Fort- und Weiterbildungsangebote? Darf prinzipiell von einer Skepsis gegenüber digitalen Medien im Unterrichtsgeschehen gesprochen werden?

2.3 Die Einstellung von Lehrkräften zu digitalen Medien

Die Integration digitaler Medien in den Deutschunterricht ist aus der Perspektive wenig medienaffiner Lehrpersonen oftmals primär mit zusätzlichem Aufwand verbunden. Doch sind diese Bedenken wirklich so verbreitet? Nein! So geben bspw. im Rahmen der BITKOM-Studie Digitale Schule – vernetztes Lernen 73% der befragten Lehrkräfte an, dass sie prinzipiell eine positive Einstellung zu digitalen Medien hätten (vgl. BITKOM. Digitale Schule – vernetztes Lernen 2015, 13ff.). 17% der Befragten bezeichnen sich selbst sogar als „Technik-Fan“ (vgl. ebd., 15), weitere zwei Drittel erachten die Verwendung der digitalen Medien innerhalb des Unterrichts als sinnvoll. Im Vergleich zur Vorgängerstudie aus dem Jahr 2012 ist dieser Wert von 13% auf 66% gestiegen (vgl. ebd., 16). Als Gründe gegen den Medieneinsatz nennen die Lehrpersonen neben dem bereits angedeuteten Zeit- und Vorbereitungsaufwand (9%) die mögliche Ablenkung der Schüler bzw. Nutzung für persönliche Zwecke (19%), die Vernachlässigung traditioneller Arbeitsweisen (19%) oder aber die Angst vor auftretenden technischen Schwierigkeiten (17%), was mit fehlendem Professionswissen einhergeht (vgl. VBE. IT-Ausstattung an Schulen, 15). 3% befürchten sogar, dass die Lernenden über eine größere Technikkompetenz als sie selbst verfügen könnten (vgl. ebd.). Um den Contraargumenten entgegenzuwirken, müssen bereits während des Studiums und später via Lehrerfortbildungen verstärkt medienpädagogische Qualifikationen vermittelt werden. Hier sind die Universitäten gefragt, entsprechende Module in die Curricula zu implementieren, in denen nicht nur das technisch-instrumentelle Wissen über Medien und typische Rezeptionsweisen, sondern auch Kenntnisse über das Erreichen medienpädagogischer und fachdidaktischer Ziele ausgebildet werden. Vorgaben sind von der KMK in den allgemeinen Standards zur Lehrerbildung definiert: So stellt die Medienbildung, worunter der „Umgang mit Medien unter konzeptionellen, didaktischen und praktischen Aspekten“ (KMK 2004, 5) gefasst wird, eine Komponente der inhaltlichen Schwerpunkte dar. Die jeweiligen Kompetenzen sollen die Lehrpersonen im Rahmen von Universität, Vorbereitungsdienst und Schule erlangen (vgl. ebd., 6). Später heißt es, dass die Lehrkräfte „Konzepte der Medienpädagogik und -psychologie und Möglichkeiten und Grenzen eines anforderungs- und situationsgerechten Einsatzes von Medien im Unterricht [kennen]“ (ebd., 7) sollten. Diese Vorgaben beziehen sich vielmehr auf die instrumentalisierte Anwendung der Medien. Eine Medienbildung per se, die auch auf eine Entwicklung der Medienkompetenz abzielt, findet jedoch keine Beachtung. Innerhalb der Lehramtsstudiengänge ist die medienpädagogische Basisqualifikation häufig kein verpflichtendes Angebot. Lediglich vereinzelte Universitäten (z.B. die Universität des Saarlandes, die Johannes-Gutenberg-Universität Mainz[4] und die Universität Hamburg[5]) haben verbindliche Veranstaltungen implementiert. Allerdings bieten die Hochschulen (z.B. Universität Regensburg[6], Universität Flensburg[7]) zunehmend medienbezogene Zusatzqualifikationen an, die bspw. durch ein Erweiterungs- oder Zertifizierungsstudium erworben werden können. Die Installation derartiger Initiativen muss dringend verstärkt und flächendeckend erfolgen. Denn nur so besteht die Chance, alle zukünftigen Lehrkräfte angemessen auf den gewinnbringenden Einsatz der digitalen Medien im Unterrichtsgeschehen vorzubereiten und diese zu befähigen, ihren Schülern eine entsprechende Medienkompetenz zu vermitteln.

Vor allem mit Blick auf die älteren Lehrenden (50+), die während ihres Studiums keine medienpädagogische Profession erlangen konnten, sind Fort- und Weiterbildungsmaßnahmen auf diesem Themengebiet essenziell. Laut BITKOM-Studie 2015 haben 60% der Lehrkräfte in den letzten drei Jahren ein entsprechendes Angebot besucht (vgl. BITKOM. Digitale Schule – vernetztes Lernen 2015, 18). Einer forsa-Umfrage zufolge gaben gaben diejenigen Lehrpersonen (n=751), die digitale Medien oder Materialen (zumindest gelegentlich) einsetzen, hingegen zu einem Großteil (89%) an, dass sie sich die nötigen Kenntnisse eigeninitiativ im privaten Rahmen erarbeitet hätten (vgl. VBE. IT-Ausstattung an Schulen, 12). Alternativ wird sich mit 31% Hilfe bei medienaffinen Kollegen gesucht (vgl. ebd.). Lediglich jeder Dritte erlangte sein medienbezogenes Wissen über eine Fortbildung, wobei dies wiederum vorwiegend auf die unter 40-Jährigen zutrifft (vgl. ebd.). Mit Blick auf die Grundschullehrkräfte liegt der Wert allerdings etwas höher und zwar bei 40% (vgl. ebd.).

Die Ergebnisse zeigen, dass durchaus ein Bedürfnis nach mehr medialem Wissen und Kompetenzen bestehen könnte. Allerdings ist der Besuch von Fortbildungen innerhalb der einzelnen Bundesländer unterschiedlich organisiert: In manchen Bundesländern ist eine gewisse Zahl an Fortbildungen verpflichtend, allerdings ist das Angebot oft sehr eingeschränkt. Eine erste Analyse der Angebote zeigt, dass es nur wenige fachspezifische Fortbildungen zum Thema „Digitale Medien im Deutschunterricht“ gibt. In anderen Bundesländern werden Fortbildungen empfohlen, aber auch hier gibt es zu wenige Angebote, die die digitalen Kompetenzen der Lehrkräfte im Fach Deutsch schulen und die entsprechende fachspezifische Konzepte vermitteln. Auch die Heranwachsenden selbst fordern mehr Schulungsmaßnahmen für ihre Lehrer, um von einem sinnvollen und abwechslungsreichen Einsatz der digitalen Medien zu profitieren (vgl. BITKOM. Digitale Schule – vernetztes Lernen 2015, 35).

4 Vgl. z.B. http://www.hpl.uni-mainz.de/143.php.

5 Vgl. z.B. https://www.ew.uni-hamburg.de/einrichtungen/ew1/medienpaedagogik-aesthetische-bildung/medienpaedagogik.html.

6 Vgl. z.B. http://www.uni-regensburg.de/studium/studienangebot/studiengaenge-a-z/medienpaedagogik-grundschule/index.html.

7 Vgl. z.B. http://medienbildung-unifl.de/lehre/zertifikate/zusatzzertifikat-fur-lehramtsstudierende/.

3. Fazit

Ausgehend von den zuvor dargelegten und analysierten Studienergebnissen zur Infrastruktur und Verwendung digitaler Medien in der (Grund-)Schule sollen abschließend verschiedene Forderungen formuliert werden. Diese beziehen sich – dem thematischen Kontext geschuldet – in erster Linie auf eine Verbesserung der organisatorisch-strukturellen Situation, was als Voraussetzung für positive Effekte auf das technische Wissen, die individuellen Einstellungen und die didaktische Profession der Lehrkräfte gesehen werden kann:

- Schulartenübergreifende, systematische Bestandsaufnahmen zum medialen Inventar der Bildungsinstitutionen, zur Nutzungsfrequenz und -art,
- flächendeckende technische Ausstattung (WLAN, Tablets/ Laptops, Beamer, ggf. interaktives Whiteboard) aller Schularten,
- deutschlandweite obligatorische Implementierung medienbezogener Qualifikationen in der Lehrerausbildung und
- ein verstärktes Angebot an Fortbildungen zum Umgang und Einsatz digitaler Medien im Deutschunterricht.

Literatur

BITKOM. Digitale Schule – vernetztes Lernen (2015). Ergebnisse repräsentativer Schüler- und Lehrerbefragungen zum Einsatz digitaler Medien im Unterricht. https://www.bitkom.org/Publikationen/2015/Studien/Digitale-Schule-vernetztes-Lernen/BITKOM-Studie_Digitale_Schule_2015.pdf (letzter Zugriff 29.07.2016).

Bildungsstandards im Fach Deutsch für den Primarbereich. Beschluss vom 15.10.2004. Hrsg. vom Sekretariat der Ständigen Konferenz der Kultusminister der Länder in der Bundesrepublik Deutschland. München 2005.

Bos, Wilfried; Eickelmann Birgit et al. (Hrsg.): ICLS 2013. Computer- und informationsbezogene Kompetenzen von Schülerinnen und Schüler in der 8. Jahrgangsstufe im internationalen Vergleich. Münster u. New York: Waxmann 2014. Abgerufen unter: http://www.waxmann.com/fileadmin/media/zusatztexte/ICILS_2013_Berichtsband.pdf (letzter Zugriff: 29.07.2016).

Deutsches Institut für Vertrauen und Sicherheit im Internet (DIVSI 2014). DIVSI U9-Studie – Kinder in der digitalen Welt. https://www.divsi.de/publikationen/studien/divsi-u9-studie-kinder-der-digitalen-welt/ (letzter Zugriff: 29.07.2016).

ICILS (International Computer and Information Literacy Study). Presseinformation zur Studie und zu zent-rale Ergebnisse (2013). http://www.ifs.tu-dortmund.de/cms/Medienpool/Projekte/ICILS-2013/ICILS_2013_Presseinformation.pdf (letzter Zugriff 29.07.2016).

Informationen zur Lehrerausbildung an der Universität Hamburg. https://www.ew.uni-hamburg.de/einrichtungen/ew1/medienpaedagogik-aesthetische-bildung/medienpaedagogik.html (letzter Zugriff: 29.07.2016).

Informationen zur Lehrerausbildung an der Universität Mainz. http://www.hpl.uni-mainz.de/143.php (letz-ter Zugriff 29.07.2016).

Informationen zur Medienbildung an der Europa-Universität Flensburg. http://medienbildung-unifl.de/lehre/zertifikate/zusatzzertifikat-fur-lehramtsstudierende/ (letzter Zugriff: 29.07.2016).

Informationen zur Lehrerausbildung an der Universität Regensburg. http://www.uni-regensburg.de/studium/studienangebot/studiengaenge-a-z/medienpaedagogik-grundschule/index.html (letzter Zugriff: 29.07.2016).

Initiative D21. Medienbildung an deutschen Schulen. Handlungsempfehlungen für die digitale Gesellschaft (2014) http://www.initiatived21.de/wp-content/uploads/2014/11/141106_Medienbildung_Onlinefassung_komprimiert.pdf (letzter Zugriff: 29.07.2016).

IT-Fitness. Forsa-Umfrage. Computereinsatz im Unterricht (2007). http://download.microsoft.com/download/7/4/5/745f71ee-5683-4647-a2c2-6d04913454a2/Umfrage_unter_Schuelern.pdf (letzter Zugriff: 29.07.2016).

Medienpädagogischer Forschungsverbund Südwest (mpfs, 2014). JIM 2014 – Jugend, Information, (Multi-) Media. Basisstudie zum Medienumgang Zwölf- bis 19-Jähriger in Deutschland. http://www.mpfs.de/fileadmin/JIM-pdf14/JIM-Studie_2014.pdf (letzter Zugriff: 29.07.2016).

Medienpädagogischer Forschungsverbund Südwest (mpfs, 2014). KIM 2014 – Kinder + Medien, Computer + Internet. Basisstudie zum Medienumgang Sechs- bis 13-Jähriger in Deutschland. http://www.mpfs.de/fileadmin/KIM-pdf14/KIM14.pdf (letzter Zugriff: 29.07.2016).

MMB Learning Delphi 2014. Weiterbildung und digitales Lernen heute und in drei Jahren. Teil 2 (2014). http://www.mmb-institut.de/mmb-monitor/trendmonitor/MMB-Trendmonitor_2014_II.pdf (letzter Zu-griff: 29.07.2016).

OECD (Organisation for economic cooperation and development). PISA-Studie. Technical Report (2009). http://www.keepeek.com/Digital-Asset-Management/oecd/education/pisa-2009-technical-report_9789264167872-en#page1 (letzter Zugriff: 29.07.2016).

VBE (Verband Bildung und Erziehung). Forsa-Umfrage. IT-Ausstattung an Schulen (2014). http://www.vbe.de/index.php?eID=tx_nawsecuredl&u=0&g=0&t=1439546610&hash=f8e084e1a3ed2232c6e8e63a37b05c969999e1c6&file=fileadmin/vbe-pressedienste/Studien/IT_an_Schulen_-_Bericht_gesamt.pdf (letzter Zugriff: 29.07.2016).

JULIA KNOPF, EVA SCHRENKER

Private Nutzung digitaler Medien

Studien zur Mediennutzung durch Schüler

1. (K)ein Leben ohne Internet, Smartphone und Co.!?

Digitale Medien sind mittlerweile nicht nur ein fester und selbstverständlicher Bestandteil im alltäglichen Leben der Erwachsenen, sondern auch der jungen Generation. Noch bevor die Heranwachsenden überhaupt den Kindergarten besuchen, kommen sie bisweilen mit digitalen Endgeräten in Berührung (vgl. z.B. KIM-Studie 2014). Im folgenden Kapitel soll deshalb der Umgang mit analogen und digitalen Medien im außerschulischen Handlungsfeld anhand verschiedener Studien beleuchtet werden. Die theoretische Basis der empirischen Ergebnisse bildet zunächst ein Abriss über die kindliche Sozialisation sowie die Mediensozialisation im Speziellen; denn inzwischen herrscht ein breiter Konsens darüber, dass die Digitalisierung wie kaum eine andere gesellschaftliche Entwicklung das Aufwachsen der Kinder verändert. Um nachstehend ein genaues Begriffsverständnis zu gewährleisten, werden die Termini *Medien* bzw. *Medienkompetenz* unter besonderer Berücksichtigung der Digitalisierung näher beschrieben.

2. Digitale Medien im Kontext der kindlichen Sozialisation

2.1 Sozialisation – Mediensozialisation

Die Ausbildung von Medienkompetenz ist das Ergebnis eines Sozialisationsprozesses, welcher von unterschiedlichen Variablen beeinflusst wird. Allgemein versteht man unter Sozialisation einen *dialektischen Prozess*, innerhalb dessen sich das Individuum mit der es umgebenden Umwelt auseinandersetzt und sich dadurch zu einem gesellschaftlich handlungsfähigen Subjekt entwickelt (vgl. Hurrelmann 2006, 15f.). Dieser Prozess ist doppelperspektivisch motiviert: Zum einen vollzieht sich die individuelle Personwerdung bzw. Identitätsbildung in Abhängigkeit von sozialen und dinglich-materiellen Lebensbedingungen (vgl. ebd.) (*affirmative Funktion*). Zum anderen stellt die Gesellschaft ihrerseits Entwürfe in Form von Verhaltensweisen, Fähigkeiten und normativen Orientierungen bereit, die sich das Individuum aneignet und damit zur Stabilität dieser beiträgt (vgl. ebd.) (*emanzipatorische Funktion*). Der Einzelne besitzt in diesem interaktionistischen Geflecht die Fähigkeit, zwischen seinen internen und den gesellschaftlich vermittelten externen Strukturen eigenaktiv zu operieren. Ziel ist es letztlich, eine autonome und gefestigte Persönlichkeit zu entwickeln (vgl. Geulen/ Hurrelmann 1982, 51).

Geulen und Hurrelmann (ebd., 64ff.) haben diesbezüglich eine Struktur der Sozialisationsbedingungen konzipiert, welche aus vier Ebenen besteht. Diese Ebenen beeinflussen sich wechselseitig, sodass nicht von einem hierarchischen System per se ausgegangen werden darf:

	Ebene	*Komponenten (beispielhaft)*
(4)	Gesamtgesellschaft	ökonomische, soziale, politische, kulturelle Struktur
(3)	Institutionen	Betriebe, Massenmedien, Schulen, Universitäten, Militär, Kirchen
(2)	Interaktionen und Tätigkeiten	Eltern-Kind-Beziehung, schulischer Unterricht, Kommunikation zwischen Gleichaltrigen, Freunden, Verwandten
(1)	Subjekt	Erfahrungsmuster, Einstellungen, Wissen, emotionale Strukturen, kognitive Fähigkeiten

Abb. 1: Struktur der Sozialisationsbedingungen (zit. nach Niederbach/ Zimmermann 2011, 38)

Die Fähigkeiten und die Persönlichkeitsmerkmale des Subjekts auf der ersten Ebene (z.B. Erfahrungsmuster oder Einstellungen) entstehen – wie bereits angeklungen – im Rahmen von Interaktionen und Tätigkeiten mit seiner sozialen Umwelt. Hierzu gehören auf der zweiten Ebene insbesondere das familiäre und schulische Umfeld (primäre Sozialisation). Auf der dritten Ebene kommen dann unterschiedliche Institutionen hinzu, wobei hier zwischen sekundärer (z.B. Schule), tertiärer (z.B. Betrieb) und quartärer (z.B. Medien) Sozialisation differenziert wird (vgl. Niederbach/ Zimmermann 2011, 38ff.). Während bspw. die Schule die Sozialisation der Kinder und Jugendlichen als ihre zentrale Aufgabe sieht, rückt dies in einem Betrieb eher in den Hintergrund (vgl. ebd.). Es gibt also nicht „die" Gesellschaft, die auf das Individuum einwirkt: Vielmehr sind es Institutionen und die Interaktionen mit anderen Menschen, die als Vermittler zwischen dem Subjekt und der gesamten sozialen Umwelt mit all ihren Strukturen (vierte Ebene) fungieren (vgl. ebd., 37).

Die für den vorliegenden Kontext relevanten (digitalen) Medien lassen sich der dritten Ebene zuordnen. Auch sie sind nach Süss weniger als Sozialisationsinstanzen zu sehen wie Familie oder Schule, sondern vielmehr als ein *vermittelndes Element*, mit welchem die Heranwachsenden nicht nur konfrontiert werden, sondern sich ferner aktiv damit beschäftigen und es nutzen (vgl. Süss 2004, 65). Medien verfolgen somit nicht explizit die Intention der Sozialisation, sondern bewirken diese weitgehend nebenbei (vgl. ebd., 25). Sie sind damit – wie z.B. die Peer Group – sogenannte *Sozialisationsagenten* (vgl. ebd., 25f.).

Ähnlich dem Begriff der Sozialisation verhält es sich mit der Definition von Mediensozialisation. Aus Sicht aktueller sozialwissenschaftlicher Ansätze vollzieht sich Sozialisation in erster Linie mit Bezug auf Medien und weniger durch diese. Mediensozialisation gilt hier als

> „[...] der Prozess des Erwerbs von Dispositionen, welche auf typische und ausreichend folgenreiche Weise mit Bezug auf die Mediennutzung sozial strukturbildend sind, also die Mediennutzung zum Gegenstand haben (können) […].“ (Krämer 2013, 32)

Dabei handelt es sich zunächst um das Erlernen ganz grundsätzlicher Handlungsweisen mit Blick auf Medien (vgl. ebd., 37). Krämer führt an dieser Stelle die Zeitung zur Verdeutlichung an: Zwar kann diese auch verwendet werden, um bspw. Bioabfälle darin einzuwickeln, prinzipiell ist den Menschen jedoch bewusst, dass Zeitungen in ihrem ursprünglichen Zweck Vermittler von Informationen sind (vgl. ebd., 37). Da jene medienbezogenen Dispositionen für eine hohe Anzahl an Personen bedeutsam und somit gesellschaftlich relevant sind, bezeichnet der Autor diese als sozial strukturbildend (vgl. ebd., 33). Der Kommunikationswissenschaftler Süss definiert den Begriff hingegen als

> „ein Teil der sozialen und materiellen Umwelt [...], mit der sich Heranwachsende und Erwachsene aktiv auseinandersetzen. Der adäquate Umgang mit Medien zur Information, Bildung, kulturellen Entfaltung und Unterhaltung [...] gehört zu den Kulturtechniken, die ein Mensch in einer Informations- und Wissensgesellschaft erlernen muss, um vollwertig in dieser Gesellschaft mitwirken zu können.“ (Süss 2004, 65)

Folglich handelt es sich einerseits um eine Sozialisation durch Medien, andererseits um eine Sozialisation zum *adäquaten Umgang* mit Medien (vgl. Garbe 2013, 25). Die Frage ist somit nicht nur, was Medien mit den Menschen machen, also welchen Einfluss sie auf die Menschen nehmen, sondern auch, wie die Menschen selbst mit den Medien umgehen. Demzufolge wurden in den letzten drei Jahrzehnten überwiegend handlungstheoretische Ansätze konzipiert, die von einer Wechselbeziehung zwischen Mensch und Medien ausgehen (vgl. Niesyto 2007, 48f.). Aktuellere Theorien nehmen zusätzlich „die Bedeutung von Medienangeboten für die Identitätsbildung und die Gestaltung neuartiger Kommunikations- und Beziehungsformen“ (Niesyto, 49, mit Verweis auf Hoffmann 2004; Krotz 2004; Winter/ Thomas/ Hepp 2003) in den Blick. So verlagert sich der soziale Austausch – insbesondere bei Jugendlichen – zunehmend auf digitale Kommunikationsmöglichkeiten wie WhatsApp. Darüber hinaus lassen etwa prominente Persönlichkeiten Heranwach sende über die Sozialen Netzwerke verstärkt an ihrem Leben teilhaben. Dies kann durchaus (noch) mehr Einfluss auf die Identitätsfindung der Mädchen und Jungen nehmen als die ohnehin schon wirkungsreiche allgemeine Berichterstattung über die Massenmedien. Hieran ist erkennbar, dass Menschen selbst Medien instrumentalisieren, um Einfluss auf andere zu nehmen, was für das bereits oben erwähnte Wechselverhältnis zwischen Medien und Menschen spricht.

Auf Basis der soeben skizzierten Begrifflichkeiten soll nachstehend anhand ausgewählter Studien die veränderte Sozialisationssituation der Heranwachsenden im Hinblick auf Medien beschrieben und analysiert werden. Dabei finden auch analoge Medien ihre Berücksichtigung, da diese im Vor- und Grundschulalter aktuellen Studien zufolge noch vorherrschend sind.

2.2 Aufwachsen in einer digitalisierten Welt

Die Digitalisierung verändert das Leben und Aufwachsen von Kindern wie kaum eine andere gesellschaftliche Entwicklung. Selbst Kleinkinder sind längst Mediennutzer, wie zahlreiche Studien belegen. So zeigt bspw. die aktuelle miniKIM Studie (2014, 5f.), dass bereits Heranwachsende zwischen zwei und fünf Jahren mit Fernsehen, Smartphone, Tablet oder Ähnlichem in Berührung kommen und dass es sich dabei nicht immer nur um die Geräte der Eltern, sondern mitunter sogar um die eigenen handele (vgl. ebd.). Solche und andere Ergebnisse werden selbstverständlich kontrovers diskutiert: Die einen fordern, dass Kinder bis zu einem gewissen Alter überhaupt nicht mit digitalen Medien in Berührung kommen sollten, da diese ein Störfaktor in der kindlichen Entwicklung sein könnten. Andere wiederum betonen gerade angesichts derartiger Veränderungen die Notwendigkeit einer verantwortungsvollen und altersgerechten Begleitung im Umgang mit Medien; denn nur so könne den gesellschaftlichen Herausforderungen angemessen begegnet werden. Dies bedeutet selbstverständlich nicht, dass Heranwachsende ihre Welt nicht selbst erfahren, erfühlen und erleben sollen.

Der *Medienpädagogische Forschungsverbund Südwest* untersucht in Kooperation mit den *Landesmedienanstalten* von *Baden-Württemberg* und *Rheinland-Pfalz* sowie dem *Südwestrundfunk* jährlich den Medienumgang von Kleinkindern (vgl. miniKIM-Studie 2014, 2-5 Jahre, n=623), Kindern (vgl. KIM-Studie 2014, 6-13 Jahre, n=1.209) und Jugendlichen (vgl. JIM-Studie 2015, 12-19 Jahre n=1.200).[1] Für den hier vorliegenden Artikel sind insbesondere die Ergebnisse der KIM-Studie von Interesse, in einzelnen Fällen wird auf die anderen Studien verwiesen:

Alle Untersuchungen ergeben, dass deutsche Haushalte hinsichtlich Fernsehgerät, Smartphone/ Handy sowie Computer/ Laptop praktisch über Vollausstattung verfügen (vgl. miniKIM-Studie 2014, 5f.; vgl. KIM-Studie 2014, 8f.; vgl. JIM-Studie 2015, 6f.). Den Ergebnissen der KIM-Studie zufolge besitzen 35% der befragten Mädchen und Jungen einen eigenen Fernseher, 20% einen Computer/ Laptop und 47% ein Handy/ Smartphone (vgl. KIM-Studie 2014, 9).[2] Diese Medien nehmen im Alltag der Heranwachsenden eine bedeutende Rolle ein: So sehen die Kinder – neben dem Treffen von Freunden (94%) – mindestens einmal pro Woche gerne fern (97%), 62% spielen am Computer, der Konsole oder direkt online, knapp 50% beschäftigen sich mit ihrem Smartphone/ Handy und mindestens einmal pro Woche surfen mehr als die Hälfte im Internet (vgl. ebd., 10f.). Danach gefragt, ob sie diese Medien eher alleine, mit Freunden, Geschwistern oder Eltern verwenden würden, teilen 51% der Kinder mit, dass sie alleine fernsehen. Auch PC-Spiele (36%), das Surfen im Internet (37%), die Handy-/ Smartphonenutzung (37%), das Chatten (23%) sowie das Spielen mit dem Tablet (8%) würden sie vorrangig ohne andere präferieren (vgl. ebd., 14). Mit zunehmendem Alter verstärkt sich der selbstständige Mediengebrauch (vgl. ebd., 15). Interessant wäre an dieser Stelle zu wissen, inwiefern die Heranwachsenden trotzdem die Möglichkeit haben, bei der Nutzung angeleitet zu werden bzw. sich über die Medien und deren Inhalte auszutauschen. Sollte es sich tatsächlich um eine primäre Verwendung im Alleingang ohne beratende Option seitens der Erziehungsberechtigten handeln, stimmen solche Ergebnisse bedenklich und

1 Vgl. http://www.mpfs.de/index.php?id=startseite (letzter Zugriff: 05.08.2015).

2 Bei den Jugendlichen steigen die Zahlen stellenweise um das Doppelte an (vgl. JIM-Studie 2015, 8). Der Gerätebesitz der Kleinkinder beschränkt sich noch vorwiegend auf Kassettenrekorder und CD-Player, vereinzelt haben die Zwei- bis Fünfjährigen eine eigene Spielkonsole (vgl. miniKIM 2014, 6).

widersprechen den in der Öffentlichkeit platzierten Forderungen nach einer sinnvollen, verantwortungsbewussten Begleitung der kindlichen Mediennutzung im Alltag.

Die Jungen und Mädchen werden ferner nach ihrer täglichen medialen Freizeitgestaltung befragt. Obwohl das Fernsehen bei Heranwachsenden gegenwärtig noch die größte Rolle spielt und digitale Aktivitäten wie das Chatten eher am Ende stehen (vgl. ebd., 14), zeigt bereits ein kurzer Blick in die JIM-Studie, dass sich dies bei Jugendlichen abrupt ändert. Zwar bleibt das Fernsehen weiter beliebt (80%), viele geben aber an, dass sie ihre Zeit vorzugsweise mit dem Smartphone/ Handy (94%) und im Internet (92%) verbringen (vgl. JIM-Studie 2015, 11). Ähnliche Tendenzen eröffnen sich in Bezug auf die Frequenz des Internet- und PC-Gebrauchs. Während in der KIM-Studie 76% der befragten Kinder den Computer/ Laptop noch selten nutzen (vgl. KIM-Studie 2014, 31), verwenden drei Viertel der Jugendlichen diese Geräte sogar täglich (vgl. JIM-Studie 2015, 29).[3] 40% der Zehn- bis 13-Jährigen machen täglich vom Internet Gebrauch (vgl. KIM-Studie 2014, 33). Genutzt wird das Internet von den Jüngeren mit 28% zur Kommunikation (z.B. in sozialen Netzwerken), 26% zur Unterhaltung (z.B. YouTube), 17% zur Informationssuche und 16% zum Spielen (vgl. ebd., 34).[4]

Selbst wenn digitale Medien noch nicht die gleiche Bedeutung für Kinder wie für Jugendliche haben, indizieren die Ergebnisse dennoch, wie präsent (digitale) Medien bereits bei der jüngeren Generation sind. Sehr früh sammeln sie ihre ersten Erfahrungen mit unterschiedlichen Medien – sei es durch die Eltern, Freunde oder Einrichtungen wie Kindergarten oder Schule. Angesichts dieser Beobachtungen überrascht das folgende Ergebnis der KIM-Studie: Das Thema „Kinder und Medien/ Medienerziehung“ spielt für Erziehungsberechtigte eher eine Nebenrolle. So nimmt es in einem Ranking zu den Interessensfeldern ihres Nachwuchses lediglich Platz neun ein (vgl. ebd., 62). Aufschlussreich wären nun Antworten, wie sie aus der miniKIM-Studie vorliegen: Welchen Wissensstand haben die Haupterzieher zum kindlichen Medienumgang? Wie viel Informationsbedarf gibt es?[5]

Die DIVSI-U9-Studie des *SINUS-Instituts Heidelberg* im Auftrag des *Deutschen Instituts für Vertrauen und Sicherheit im Internet* (DIVSI) bezieht sich ausschließlich auf die digitale Sozialisation von Drei- bis Achtjährigen. Im Rahmen dieser Untersuchung werden Kinder, ihre Erziehungsberechtigten sowie Mitarbeiter von Kindergärten und Schulen befragt. Der soziokulturelle Hintergrund findet innerhalb der Fragenkomplexe ebenfalls Beachtung. Analog zu den bereits zitierten Studien ergibt auch die Befragung durch die DIVSI-U9-Studie, dass nahezu alle deutschen Haushalte über eine Vollausstattung[6] an digitalen Medien verfügen (vgl. DIVSI-U9-Studie 2015, 58f.). Daraus lässt sich wiederum schließen, dass die medialen Zugangsmöglichkeiten weitgehend unabhängig vom Bildungsgrad und

3 Dies ist nicht nur auf das Alter zurückzuführen, sondern auch darauf, dass die Zwölf- bis 19-Jährigen häufig eigene Geräte besitzen (vgl. JIM-Studie 2015, 29ff.).

4 Bei der älteren Zielgruppe sind die Zahlen ähnlich. Die Kommunikation über das Internet liegt bei Jugendlichen jedoch bereits bei 40% (vgl. JIM-Studie 2015, 31).

5 57% der befragten Haupterzieher beurteilen im Rahmen von miniKIM ihren Wissensstand zum kindlichen Medienumgang als gut, wobei gleichzeitig 55% gerne mehr Informationen dazu bekommen würden (vgl. miniKIM-Studie 2014, 26f.).

6 Fernsehgerät, Radio, CD-Player, DVD-Player, Handy/ Smartphone, Computer/ Laptop, Internetzugang.

Einkommen der Eltern sind (vgl. ebd., 58). Lediglich Tablets sind bis dato überwiegend in Familien aus höheren Verdienstschichten vorhanden (vgl. ebd., 58f.). Zunehmend besitzen die Heranwachsenden – beinahe unabhängig vom Einkommen der Erziehungsberechtigten – eigene Endgeräte (z.B. 24% Spielkonsolen, 21% Lerncomputer 21% oder 15% Handys; vgl. ebd., 59f.).

Abhängig vom soziokulturellen Hintergrund der Heranwachsenden ist hingegen die Beliebtheit digitaler Medien. Je häufiger und selbstverständlicher die Haupterzieher die Geräte verwenden, desto größer ist das kindliche Interesse (vgl. ebd., 63). Ein ähnliches Bild zeichnet sich ferner bei der Nutzung des Internets ab (vgl. ebd., 67ff.): Je höher die Affinität der Eltern ist, desto früher und öfter sind die Kinder online (vgl. ebd.). Gravierende Unterschiede hinsichtlich der Bildung und des Einkommens zeichnen sich insbesondere bei der Dauer ab: Heranwachsende aus bildungsfernen Haushalten verbringen bedeutend mehr Zeit mit digitalen Medien als diejenigen aus bildungsnäheren (vgl. ebd., 64f.). Des Weiteren variiert die Einsatzart digitaler Medien je nach Bildungshintergrund: Kinder höher gebildeter Eltern nutzen häufiger Spiele mit möglichem Lerneffekt (vgl. ebd., 65f.) und schöpfen gleichzeitig mehr Möglichkeiten des Internets aus (z.B. zur Informationsbeschaffung, vgl. ebd., 74f.).

Obwohl die Jüngeren in der Regel noch nicht über Lese- und Schreibfähigkeiten verfügen, bewegt sich circa ein Fünftel – etwa über das Erkennen von Symbolen – eigenständig im Internet (vgl. ebd., 71). Zu Schulbeginn steigt die Zahl von 31% bei den Fünfjährigen auf 84% bei den Achtjährigen (vgl. ebd.). Zu den beliebtesten Seiten zählen hier etwa *Toggo* (38%), *KIKA* (30%) oder *YouTube* (27%) (vgl. ebd., 73). Erlernt werden die entsprechenden Fähigkeiten im Umgang mit Geräten primär mit Hilfe der Eltern (vgl. ebd., 76). Dies kann einerseits über das reine Beobachten erfolgen, andererseits über explizite Erklärungen (vgl. ebd.). Auch beim Surfen im Internet begleiten die Haupterzieher vielfach die Drei- bis Achtjährigen, allerdings sind auch 22% im Alleingang online (vgl. ebd., 76f.). Lediglich das Spielen mit einer Konsole erarbeiten sich die Kinder weitgehend eigenaktiv (vgl. ebd.). Mit Blick auf die zuvor genannten Ergebnisse der KIM-Studie hinsichtlich der meist selbstständigen Mediennutzung (vgl. KIM-Studie 2014, 15) zeigen diese Zahlen, dass Eltern die Heranwachsenden in ihrer medialen Entwicklung nicht allein lassen. Es kann davon ausgegangen werden, dass die Mädchen und Jungen insbesondere mit zunehmendem Alter zwar einen eigenständigen Umgang präferieren, gleichzeitig jedoch elterlich begleitet werden und sich bei Bedarf Hilfe einholen können.

Im Unterschied zu den bereits zitierten Studien liegen in der DIVSI-U9-Studie auch Ergebnisse vor, worin die Haupterzieher die Chancen und Risiken der digitalen Medien sehen. Prinzipiell betrachten sie die Ausbildung einer Medienkompetenz als Voraussetzung zur sozialen Teilhabe (vgl. DIVSI-U9-Studie 2015, 91f.) und stehen den Themen *Digitale Medien* und *Internet* im Altersverlauf ihrer Kinder offen gegenüber (vgl. ebd., 102f.). Während für die Eltern Dreijähriger noch in erster Linie die Gefahren des Internets präsent sind, rücken diese Vorbehalte mit dem Älterwerden der Kinder kontinuierlich in den Hintergrund und werden durch positivere Einstellungen ersetzt (vgl. ebd., 91f.). So sehen 65% der Befragten große Chancen in der Digitalisierung (vgl. ebd., 91ff.) und schätzen insbesondere das Informationsangebot im Internet (z.B. Suchmaschinen, Erklärvideos) sowie das motivationssteigernde Potential bei Lernspielen/ -programmen (vgl. ebd., 93ff.). Sorgen bereiten hingegen frei zugängliche und nicht jugendfreie Inhalte, die Gefahr des Cybermobbings und die (heimliche) Kontaktaufnahme mit Fremden (37%) (vgl. ebd., 99). Zusammenfassend und ergänzend zu den Erkenntnissen des *Medienpädagogischen Forschungsverbundes Südwest* sind insbesondere folgende Ergebnisse der DIVSI-U9-Studie zentral:

- Medienkompetenz bildet eine wesentliche Bedingung der Sozialisation.
- Die Ausbildung der Medienkompetenz wird entscheidend durch den Bildungsgrad und das mediale Verhalten der Erziehungsberechtigten beeinflusst.
- Je bildungsnäher die Familien sind, desto vielfältiger und bildungsförderlicher verwenden die Kinder die Endgeräte und das Internet.

Die öffentliche und wissenschaftliche Diskussion um das *Entweder-Oder* bezüglich der Nutzung digitaler Medien im privaten und schulischen Rahmen (vgl. hierzu auch Kapitel 1.5.2) ist längst hinfällig (vgl. z.B. Hübner 2015, 195ff.; Frederking et al. 2014, XI). Medien sind inzwischen fester Bestandteil der kindlichen Lebenswelt, allein 1,2 Millionen Drei- bis Achtjährige sind bspw. regelmäßige Internetnutzer (vgl. DIVSI-U9-Studie 2015, 6). Mittlerweile zeigen sowohl die Ergebnisse der DIVSI-U9-Studie 2015 als auch die Untersuchungen des Medienpädagogischen Forschungsverbundes Südwest, dass *traditionelle* Freizeitbeschäftigungen darunter nicht leiden: *Nonmediale* Aktivitäten bzw. *face-to-face-Kommunikation* stehen bei den Mädchen und Jungen noch immer an erster Stelle (vgl. z.B. ebd., 61f.).

2.3 Vorhandene Kompetenzen der Kinder im Umgang mit digitalen Medien

Viele kennen das Phänomen: Kinder scheinen im technischen Umgang mit digitalen Endgeräten kompetenter als Erwachsene. Oft sind schon Mädchen und Jungen ohne Lese- und Schreibfähigkeiten in der Lage, sich eigenaktiv im Internet zu bewegen und sich mit digitalen Lernspielen zu beschäftigen (vgl. DIVSI-U9-Studie 2015, 71). Ihr subjektives digitales Wissen schätzen die Sechs- bis Achtjährigen selbst sehr hoch ein, wobei die Kompetenzen von Jahr zu Jahr noch höher beurteilt werden (vgl. ebd., 103). Die Eltern sind hingegen häufig anderer Auffassung und sehen vor allem die Identifikation nicht kindgerechter Inhalte für Heranwachsende als problematisch (vgl. ebd., 97ff.). Interessant ist die Tatsache, dass die Einschätzung der individuellen Internetkenntnisse im Zusammenhang mit der digitalen Lebenswelt der Haupterzieher steht: Je routinierter die Eltern im Umgang mit Medien sind, desto besser bewerten auch die Kinder ihre Fähigkeiten (vgl. ebd., 106f.). In der aktuellen KIM-Studie werden die Heranwachsenden in erster Linie nach ihren technischen Kompetenzen befragt, welche sie anhand von drei verschiedener Stufen beurteilen sollen (vgl. KIM-Studie 2014, 59f.):

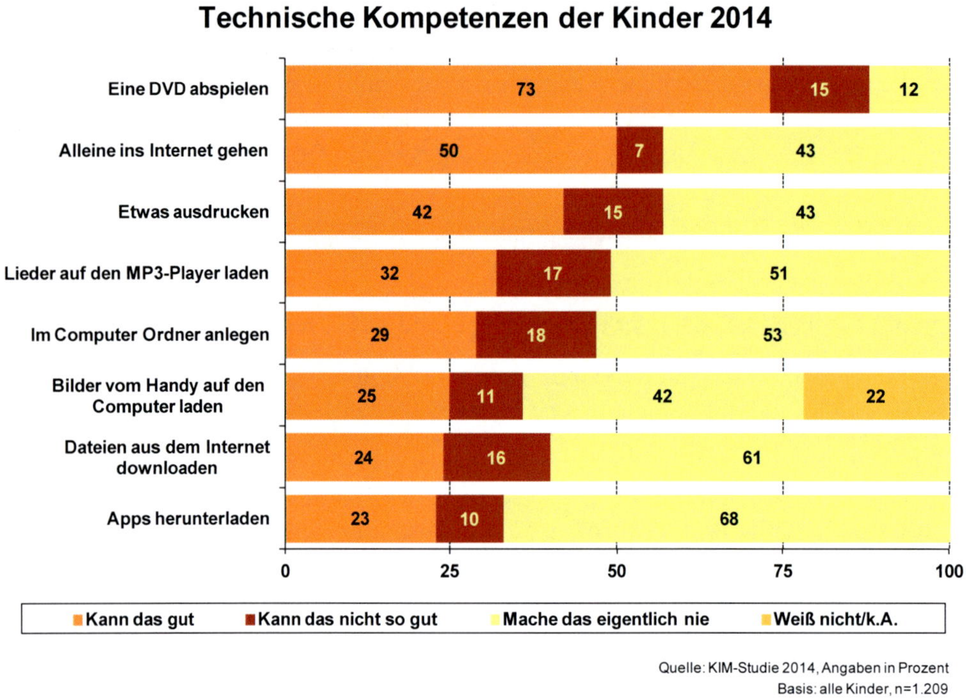

Abb. 2: Technische Kompetenzen der Kinder (zit. nach KIM-Studie 2011, 59)

Auffällig ist, dass das Ausführen einiger medienbezogener Tätigkeiten für viele Heranwachsende noch gar nicht zur Debatte steht. Das Anlegen eines Ordners am PC zählt etwa zu den Basisfähigkeiten bei der Arbeit am Computer, die die Kinder am Ende der Grundschulzeit durchaus beherrschen sollten. Es ist jedoch davon auszugehen, dass die medialen Praktiken im Vergleich zu 2014 von den Kindern inzwischen als routinierter eingeschätzt werden. Offen bleibt allerdings die subjektive Beurteilung der kritischen Reflexionsfähigkeit hinsichtlich medialer Inhalte (z.B. Wissen über Datenschutz). Hier herrscht – insbesondere für den Primarstufenbereich – Nachholbedarf, da ein aktuelles Verständnis von (digitaler) Medienkompetenz über das bloße Bedienen hinausgeht.

3. Aktuelle Tendenzen im Hinblick auf die private mediale Entwicklung und deren Nutzung durch Kinder

Die dargelegten Ergebnisse ausgewählter Studien haben einerseits veranschaulicht, dass die digitalen Medien bereits bei Kindern im Primarstufenalter auf dem Vormarsch sind. Da die Verfügbarkeit der Endgeräte in den Haushalten kontinuierlich zunimmt, kommen die Heranwachsenden nicht nur früher, sondern auch häufiger mit Smartphones, Tablets & Co. in Berührung – selbst wenn sie bisher nur selten eigene Geräte besitzen. Andererseits ist der kindliche Umgang mit *analogen* Medien derzeit noch vorherrschend. Ein Blick in die aktuelle JIM-Studie zeigt jedoch, wie rasant die Zahlen hinsichtlich digitaler Medien mit zunehmendem Alter ansteigen: So dokumentiert die Untersuchung bspw., dass 97% der Jugendlichen über ein Smartphone verfügen (vgl. JIM-Studie 2015, 8) oder 80% täglich das Internet in ihrer Freizeit nutzen (vgl. ebd., 11). Es ist somit anzunehmen, dass sich bereits in der kommenden KIM- oder DIVSI-Studie ähnliche Tendenzen abzeichnen werden.

Ferner dokumentieren die Zahlen, dass es die Pflicht der Erziehungsberechtigten ist, die Kinder auf ihrem Weg in die schnelllebige Welt der Medien zu begleiten. Der Wunsch nach mehr fundierten Informationen seitens der Eltern (vgl. z.B. miniKIM-Studie 2014, 26f.) passt gut zu Forderungen, die im Moment vor allem seitens der Politik formuliert werden: Es bedarf systematischer Schulungsmaßnahmen für Eltern, damit sie die Entwicklung der kindlichen Medienkompetenz gezielt unterstützen können. Denn viele Erwachsene kapitulieren zu schnell, wenn es um die Medienerziehung ihrer Kinder geht. Hier gilt es gemeinsam mit Wissenschaft und Politik Ideen zu konzipieren, z.B. das bereits im aktuellen Koalitionsvertrag 2013 vorgeschlagene Modellprojekt für ein „Freiwilliges Soziales Jahr Digital" (http://www.fsj-digital.de/), in dem internetaffine junge Leute Eltern Medienkompetenz vermitteln, oder die Initiative Teachtoday, die Materialien zum sicheren und kompetenten Umgang mit digitalen Medien entwickeln und online zur Verfügung stellen (vgl. hierzu den Beitrag von Bickler in diesem Band).

Literatur

Deutsches Institut für Vertrauen und Sicherheit im Internet (DIVSI 2014). DIVSI U9-Studie – Kinder in der digitalen Welt. https://www.divsi.de/publikationen/studien/divsi-u9-studie-kinder-der-digitalen-welt/ (letzter Zugriff: 29.07.2016).

Frederking, Volker; Krommer, Axel; Möbius, Thomas: Digitale Medien im Deutschunterricht. Baltmannsweiler: Schneider Verlag Hohengehren 2014 (= DTP 8).

Geulen, Dieter; Hurrelmann Klaus: Zur Programmatik einer umfassenden Sozialisationstheorie. In: Hurrelmann, Klaus; Ulich, Dieter (Hrsg.): Handuch der Sozialisationsforschung. Weinheim, Basel: Beltz 1982, 51-67.

Grabe, Christine: Literarische Sozialisation – Mediensozialisation. In: Frederking, Volker et al.: Literatur- und Mediendidaktik. Baltmannsweiler: Schneider Verlag Hohengehren 2013 (= Taschenbuch des Deutschunterrichts 2), 23-42.

Hoffmann, Dagmar: Zum produktiven Umgang von Kindern und Jugendlichen mit medialen Identifikationsangeboten. In: merz wissenschaft. Zeitschrift für Medienpädagogik 48 (2004), 6, 7-19.

Hübner, Edwin: Medien und Pädagogik. Gesichtspunkte zum Verständnis der Medien, Grundlagen einer anthroposophisch-anthropologischen Medienpädagogik. Stuttgart: Edition Waldorf 2015.

Hurrelmann, Klaus: Einführung in die Sozialisationstheorie. 9. vollständ. überarb. Aufl. Weinheim, Basel: Beltz 2006.

Hurrelmann, Klaus; Ulich, Dieter (Hrsg.): Neues Handbuch der Sozialisationsforschung. 6. Aufl. Weinheim, Basel: Beltz 1982.

Krämer, Benjamin: Mediensozialisation. Theorie und Empirie zum Erwerb medienbezogener Dispositionen. Wiesbaden: Springer VS 2012.

Krotz, Friedrich: Identität, Beziehungen und digitale Medien. In: merz wissenschaft. Zeitschrift für Medienpädagogik 48 (2004), 6, 32-45.

Medienpädagogischer Forschungsverbund Südwest (mpfs, 2014). miniKIM 2014 – Kleinkinder und Medien. Basisstudie zum Medienumgang Zwei- bis Fünfjähriger in Deutschland. http://www.mpfs.de/fileadmin/miniKIM/2014/miniKIM_2014.pdf (letzter Zugriff: 29.07.2016).

Medienpädagogischer Forschungsverbund Südwest (mpfs, 2014). KIM 2014 – Kinder + Medien, Computer

+ Internet. Basisstudie zum Medienumgang Sechs- bis 13-Jähriger in Deutschland. http://www.mpfs.de/fileadmin/KIM-pdf14/KIM14.pdf (letzter Zugriff: 29.07.2016).

Medienpädagogischer Forschungsverbund Südwest (mpfs, 2015). JIM 2015 – Jugend, Information, (Multi-) Media. Basisstudie zum Medienumgang Zwölf- bis 19-Jähriger in Deutschland. http://www.mpfs.de/fileadmin/JIM-pdf15/JIM_2015.pdf (letzter Zugriff: 29.07.2016).

Medienpädagogischer Forschungsverbund Südwest. http://www.mpfs.de/index.php?id=startseite (letzter Zugriff: 29.07.2016).

Niederbacher, Arne; Zimmermann, Peter: Grundwissen Sozialisation. Einführung zur Sozialisation im Kindes- und Jugendalter. 4. aktual. u. erw. Aufl. Wiesbaden: Verlag für Sozialwissenschaften 2011.

Niesyto, Horst: Kritische Anmerkungen zu Theorien der Mediennutzung und -sozialisation. In: Hoffmann, Dagmar; Mikos, Lothar. Mediensozialisationstheorien. Neue Modelle und Ansätze in der Diskussion. Wiesbaden: Verlag für Sozialwissenschaften 2007, 47-66.

Süss, Daniel: Mediensozialisation von Heranwachsenden. Dimensionen – Konstanten – Wandel. Wiesbaden: Verlag für Sozialwissenschaften 2004.

Winter, Carsten; Thomas, Tanja; Hepp, Andreas (Hrsg): Medienidentitäten. Identität im Kontext von Globalisierung und Medienkultur. Köln: Herbert von Halem Verlag 2003.

BARDO HERZIG, ALEXANDER MARTIN, TILMAN-MATHIES KLAR

Smartphone und Tablet

Medienpädagogische und technische Grundlagen, Potential für den Deutschunterricht und Beispiele

1. Einleitung

Kinder wachsen heute in einer (Um-)Welt auf, die häufig als mediendurchdrungen, mediengeprägt oder mediatisiert bezeichnet wird. Damit wird zum einen zum Ausdruck gebracht, dass Kinder im Alltag faktisch in vielfacher Hinsicht von medialen Artefakten bzw. medialen Angeboten umgeben sind und mit diesen umgehen. Zum anderen verweisen Begriffe wie *Mediatisierung* aber auch auf Konzepte der wissenschaftlichen Beschreibung von langfristigen Veränderungsprozessen, in denen sich Formen direkter Kommunikation hin zu *medienvermittelter Kommunikation* verschieben (vgl. Hepp/ Krotz 2012, 10). Dabei geht es nicht um die Betrachtung einzelner Mediatisierungsschübe, sondern um langfristige Transformationsprozesse und die Bedingungen des Aufwachsens und Lebens in einer mediatisierten Gesellschaft (vgl. ebd.). Da sich Medienkommunikation in verschiedenen Kontexten des Alltagslebens jeweils spezifisch entwickelt, macht es theoretisch und aus Gründen der empirischen Beschreibung Sinn, *mediatisierte Welten* als Subsysteme zu betrachten, die „strukturierte Fragmente von Lebenswelten mit verbindlichen intersubjektiven Wissensvorräten, spezifischen sozialen Praktiken und kulturellen Verdichtungen" darstellen (ebd., 13). Solche „kleine[n] Lebens-Welten" (ebd.) sind beispielsweise die Schule, die Familie oder auch die Peers. In zeitlicher Hinsicht stehen Medien in diesen – sich überlappenden – Welten in zunehmender Anzahl und zu allen Zeitpunkten zur Verfügung, räumlich sind sie an immer mehr Orten greifbar und verbinden zu immer mehr Orten und in sozialer Hinsicht finden sie sich in immer mehr sozialen Situationen und Kontexten. Eine besondere Rolle spielen dabei mobile Endgeräte, zu denen auch Smartphones und Tablets gehören. Menschen „integrieren neue Medien für ihre [...] Zwecke in ihr Alltagsleben und ihre sozialen Beziehungen wie auch für praktische Zwecke – sie benützen die verschiedenen Arten des Kommunizierens und sie beziehen sich auf sie und ihre Inhalte" (Krotz 2012, 46). Auch Kinder nutzen (digitale) Medien in ihren Lebenswelten in vielfältiger Weise, entwickeln dabei soziale Praktiken, erwerben Wissen und Vorstellungen über die Welt und interagieren mit ihrer sozialen Umwelt.

Im vorliegenden Beitrag werden Smartphones und Tablets hinsichtlich ihrer Bedeutung für den Einsatz im Deutschunterricht diskutiert. Dazu erfolgt zunächst eine Charakterisierung der beiden Artefakte als Medien und eine Beschreibung ihrer technischen und lernrelevanten Merkmale, bevor – vor dem Hintergrund einer Einschätzung der Bedeutung von Smartphones und Tablets für Grundschulkinder – eine medienpädagogische Einordnung erfolgt. In einem weiteren Schritt werden grundsätzliche Begründungslinien des Medieneinsatzes im Deutschunterricht (der Primarstufe) skizziert und anschließend didaktische Motive für den Einsatz von Smartphones und Tablets im Deutschunterricht aufgegriffen. Nach einem Verweis auf die curricularen Bezüge, die als Ausgangspunkt für die Planung und Gestaltung unterrichtlicher Prozesse dienen und die wichtige Implikationen für den Medienbezug beinhalten, werden abschließend exemplarische Einsatzmöglichkeiten und Beispiele zur Verwendung der Artefakte vorgestellt und didaktisch kommentiert. Dabei wird – dem Anliegen dieses Theoriebandes gemäß – bewusst ein nicht zu konkreter Zugang gewählt, der sich in erster Linie als ‚Stichwortgeber' versteht und auf Möglichkeitsräume des Geräteeinsatzes hinweisen soll, die dann im Praxisband eine Vertiefung erfahren und flexibel für eigene Unterrichtsszenarien adaptiert werden können.

2. Smartphones und Tablets als Medien

Menschen treten mit ihrer Umwelt in verschiedenen Formen in Kontakt. Unterscheiden lassen sich reale Begegnungen mit Sachverhalten oder Personen, modellhafte Formen (z.B. ein Modell einer technischen Anlage), abbildhafte Formen (z.B. Fotos, Filme oder animierte Darstellungen) und symbolische Formen (z.B. gesprochene Sprache oder schriftliche Texte). Da diese *Erfahrungsformen* in gewisser Weise einen vermittelnden Charakter haben, werden sie manchmal schon selbst als Medien bezeichnet.

Aus pädagogischer Sicht ist es zunächst wichtig, bei der Betrachtung der Interaktion des Menschen mit seiner Umwelt alle Erfahrungsformen – von der realen bis zur symbolischen – im Blick zu behalten. Allerdings bedeutet dies nicht, dass der wissenschaftliche Medienbegriff alle Erfahrungsformen umfassen müsste. Für die Medienpädagogik erscheint es zweckmäßiger, den Medienbegriff auf *technisch vermittelte* – abbildhafte und symbolische – Erfahrungsformen einzugrenzen (vgl. Tulodziecki/ Herzig/ Grafe 2010, 27ff.; zu einem auch vortechnische Trägersysteme, wie z.B. Körper oder Stimme, einschließenden Medienbegriff in der Deutschdidaktik vgl. z.B. Frederking 2014, 4). Dies eröffnet in besonderer Weise die Möglichkeit, die Merkmale technisch vermittelter Erfahrungen und Inhalte zu untersuchen und wissenschaftliche Aussagen dazu – z.B. zum Lernen mit Medien – zu formulieren. Beispiele für Medien in diesem Verständnis sind Buch, Zeitung und Zeitschriften, Film und Fernsehen, Radio und andere Tonmedien, Video und weitere Bildmedien sowie Computer und Internet bzw. digitale Medien wie Handys, Tablet-Computer usw. Allerdings werden die technischen Artefakte erst durch die kommunikationsbezogene Absicht und Nutzung bzw. durch die *kommunikativen Zusammenhänge*, in denen sie stehen, zu einem Medium (s.o.).

Die Einschränkung der Erfahrungsformen auf symbolische und abbildhafte macht deutlich, dass Menschen vermittels Medien mit Repräsentanten von Sachverhalten, Gegenständen oder auch Personen über bzw. in Form von *Zeichen* in Kontakt treten. Diese Zeichen können – je nach Medium – mit technischer Unterstützung übertragen, gespeichert, wiedergegeben oder verarbeitet und in abbildhafter oder symbolischer (also zeichenbasierter) Form präsentiert werden (vgl. zur Genese dieser Definition Herzig 2012).

Die zeichenbasierte Erschließung von Welt über Medien erfordert mit Bezug auf Tablets und Smartphones, dass auf Seiten der Schüler mindestens zwei Voraussetzungen erfüllt sein müssen: Zum einen die Fähigkeit, das technische Artefakt haptisch zu bedienen, d.h. sowohl die feinmotorischen Fähigkeiten als auch die – je nach Artefakt und Steuerungsmöglichkeiten – notwendige Auge-Hand-Koordination, zum anderen die Fähigkeit zur Decodierung von Zeichen, die über die Schnittstelle präsentiert werden bzw. deren Kenntnis zur sinnvollen Interaktion erforderlich ist. Grundsätzlich formuliert Charlton (2007) als notwendige *Voraussetzungen der Medienrezeption* kommunikative, kognitive und emotionale Kompetenz. Die kommunikative Kompetenz bezeichnet er als die Fähigkeit zur symbolischen Kommunikation und Interaktion, d.h. Kinder müssen lernen, dass Zeichen auf etwas verweisen oder etwas repräsentieren. Die kognitive Kompetenz bei Kindern bezieht Charlton auf das Verständnis des Sinns von Medienangeboten. Dazu zählen u.a. die Fähigkeiten zur Rekonstruktion von Narrationen, zum Hineinversetzen in andere Personen oder Figuren sowie zum Erkennen von kommunikativen Absichten (vgl. ebd., 26ff.). Emotionale Kompetenzen beziehen sich insbesondere auf die Auswahl von interessierenden Themen und die Vermeidung von ängstigenden und belastenden Angeboten (vgl. ebd., 33ff.). Diese Hinweise machen deutlich, dass die Nutzung eines technischen Artefakts aus didaktischer Sicht insbesondere im Grundschulalter auch unter Berücksichtigung der spezifischen *Entwicklungsstände* von Schülern erfolgen muss (vgl. auch Nieding/ Ohler/ Rey 2015, 82ff.).

3. Technische Grundlagen

Smartphones und Tablets (mobile Endgeräte) sind tragbare, flache Computer, die mit einem berührungsempfindlichen Bildschirm (Touchscreen) ausgestattet sind. Im Gegensatz zu Laptops oder Notebooks besitzen Smartphones und Tablets keine festangeschlossene, mechanische Tastatur. Die Eingabe erfolgt mittels Bildschirmtastatur. Neben der üblichen Fingereingabe bieten einige Geräte zudem die Möglichkeit der Stifteingabe. Optional können mechanische Tastaturen mit dem Gerät über spezielle Schnittstellen (s.u.) gekoppelt werden.

Die Unterscheidung von Smartphones und Tablet-Computern gestaltet sich mit zunehmender Entwicklung der Geräte schwieriger. Ein wichtiges Differenzierungskriterium ist die Bildschirmgröße. Geräte bis 5 Zoll Bildschirmdiagonale lassen sich der Kategorie der Smartphones zuordnen, für die 5-7 Zoll großen Geräte finden sich häufiger auch die Bezeichnungen ‚Phablet', ‚Smartlet' oder ‚Hybridgeräte'. Tablets bzw. Tablet-Computer sind üblicherweise Begriffe für alle größeren Geräte (vgl. Vermaat et al. 2014, 112ff.). Die Funktionalitäten und verfügbaren Programme unterscheiden sich zumeist nur marginal und sind herstellerabhängig. Die Übereinstimmung in Bezug auf diese Funktionalitäten, zur Verfügung stehende Software und die weitgehend gleichen Hardware-Komponenten in allen Geräten lassen eine grundsätzliche Differenzierung nicht mehr als sinnvoll erscheinen. Daher werden in diesem Beitrag beide Artefakte gemeinsam diskutiert und nur an den Stellen, wo es notwendig oder zielführend ist, gesondert behandelt.

Die Anwendungssoftware für mobile Endgeräte wird als ‚App' (Kurzform von englisch ‚Application software') bezeichnet. Zurzeit wird der Markt der mobilen Endgeräte von vier großen Betriebssystemen dominiert. Dazu gehören iOS© (Apple©), Android©, Windows© und Linux-Systeme. Neuere Tablets haben eine Akkulaufzeit – je nach Nutzungsart – von zehn Stunden und mehr, wobei davon ausgegangen wird, dass die Geräte zehn Stunden lang im Nutzungs-Betrieb sind. Sind die Geräte bspw. im Standby-Modus – wie oft bei Smartphones üblich – erhöht sich die Betriebsdauer.

Zentrales Merkmal von mobilen Endgeräten ist, dass in einem Gerät mehrere Komponenten enthalten sind, die an einen Computer oder Laptop erst extern angeschlossen werden müssen. In Smartphones und Tablets als mobilen Endgeräten sind viele Ein- und Ausgabegeräte integriert. Abbildung 1 gibt einen Überblick über Hardwareelemente, welche in einem mobilen Endgerät integriert sind.

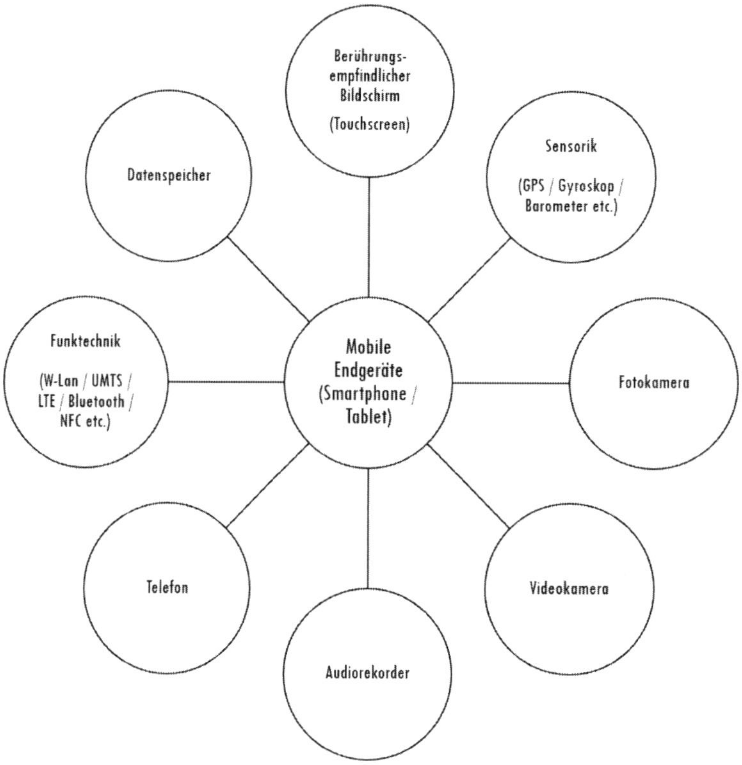

Abb. 1: Hardwareelemente mobiler Endgeräte

Berührungsempfindlicher Bildschirm

Smartphones und Tablets besitzen über den Touchscreen die Möglichkeit zu einer direkten Interface-Bedienung per Finger. Eine maschinell bedingte Übersetzungsleistung – wie sie bspw. bei der eher unnatürlichen Koordination von Computermaus und Mauszeiger notwendig ist – entfällt bei der Finger- oder Stiftbedienung. Dies ermöglicht insbesondere auch Kindern eine intuitive Bedienung der Geräte. Durch die Finger- und/ oder Stifteingabe ermöglichen Tablet-Computer ein dem klassischen Schreiben sehr ähnliches Bedienen. Darüber hinaus ist der Anschluss externer Tastaturen per Funk- oder Kabelanschluss möglich. Einige der Windows-basierten Tablets besitzen zudem die Option, eine Computermaus anzuschließen.

Sensorik

Das im mobilen Endgerät integrierte Gyroskop (ein sog. Kreiselinstrument) ist im Stande, die aktuelle Lage des Tablets zu registrieren. Dadurch lassen sich in spezifischen Anwendungen (Apps) die Bewegungen des Nutzenden bzw. die Lage des Tablets im Raum verarbeiten. Geräte, die zudem einen Beschleunigungssensor enthalten, können nicht nur die momentane Lage und Bewegung des mobilen Endgerätes verarbeiten, sondern auch seine Geschwindigkeit. Über GPS- und/ oder GLONASS-Sensoren im Gerät (Sensoren, die durch die Verarbeitung globaler Satellitennavigationssysteme in der Lage sind, die aktuelle Position zu bestimmen) ist es möglich, den jeweiligen Standort des Nutzenden zu bestimmen.

Fotokamera

Mit der integrierten Fotokamera ist die Funktion verbunden, hochauflösende Bilder aufzunehmen. Die Kamerafunktion ermöglicht zudem eine einfache und schnelle Art der Digitalisierung und somit Dokumentierung von analog vorhandenen Arbeits- und Lernergebnissen. Aufnahmen können als Bild- oder pdf-Datei gespeichert werden. Ein Smartphone oder Tablet kann somit auch als Scanner-Ersatz genutzt werden. Eine Organisation der fotografierten, dokumentierten Ergebnisse in Dateiordnern – oder auch in einer Foto-App, geordnet nach Fächern – ist denkbar. Die Foto-, Video- und Audioaufnahmefunktion der Geräte ermöglicht eine Vielzahl von Dokumentationsmöglichkeiten. Die Funktionalität gegenüber Digitalkameras ist vergleichbar, bspw. sind (mit entsprechenden Apps) professionelle Einstellungen wie Belichtungszeit oder Weißabgleich möglich. Einige mobile Endgeräte besitzen eine optische Zoom-Funktion, bei fast allen Geräten kann eine solche Funktion aufgerüstet werden.

Videokamera

Die Integration von Videokamera und Bildschirm in einem Gerät ermöglicht ein Arbeiten ohne sog. Medienbrüche. Mit Smartphone oder Tablet gefilmte Videos können instantan auf dem Bildschirm des Gerätes betrachtet, bearbeitet und/ oder annotiert werden. Ein Überspielen des Films von der Videokamera zum Abspielgerät ist nicht mehr notwendig. Das Zusammenspiel verschiedener Funktionalitäten erweitert das Möglichkeitsspektrum noch einmal. Bspw. kann über den Internetzugang zusammen mit der Video- und Audioaufnahmefunktion die Möglichkeit von Videochats genutzt werden. In Ausstattung und Funktionalität entsprechen moderne Endgeräte hochwertigen Camcordern.

Audiorekorder

Durch das integrierte Mikrofon können Smartphones oder Tablets ähnlich wie Diktiergeräte eingesetzt werden. Sie ermöglichen qualitativ hochwertige Tonaufnahmen ebenso wie das Abspielen des Aufgenommenen über integrierte oder gekoppelte Lautsprecher.

Telefon

Alle Smartphones besitzen eine Telefonfunktion. Mittlerweile kann auch mit einigen ‚Phablets' sowie Tablets telefoniert werden.

Funktechnik

Konnektivitätsoptionen wie Bluetooth und W-LAN ermöglichen es, mobile Endgeräte miteinander zu koppeln bzw. einen Zugang zum Intranet oder Internet herzustellen. Über diese Kommunikationsschnittstellen können Daten mit anderen Geräten ausgetauscht (z.B. mit anderen mobilen Endgeräten oder Servern im Internet) oder kann auf gemeinsame Ressourcen zugegriffen werden (z.B. beim synchronen Arbeiten an einem gemeinsamen webbasierten Dokument). Neuere Geräte enthalten Sensoren zur Nahfeldkommunikation (Near Field Communication, NFC) und ermöglichen ebenfalls den kontaktlosen Austausch von Daten zwischen zwei Geräten. Die Entfernung darf dabei allerdings nur wenige Zentimeter betragen. Dieser Übertragungsstandard kann bspw. beim Bezahlen mit dem Smartphone Anwendung finden.

Je nach Betriebssystem existieren unterschiedliche Möglichkeiten, den Bildschirminhalt des mobilen Endgerätes zu einem Anzeigegerät – Beamer oder Bildschirm – kabellos zu senden. Das Zusammenspiel mehrerer Funktionalitäten erweitert auch hier das Spektrum der Möglichkeiten. Auf dem Tablet geschriebene Inhalte können synchron per Funk auf dem Beamer angezeigt werden.

Datenspeicher

Smartphones und Tablets enthalten sog. Flash-Speicher. Dies sind digitale Speicherbausteine, die ohne mechanische Bauteile (wie bspw. bei magnetisierten Festplatten) funktionieren. Die Dateiorganisation ist je nach Betriebssystem unterschiedlich gestaltet. Windows-Geräte enthalten einen Dateimanager (auch Explorer genannt), welcher einen vollen Zugriff auf alle im Gerät gespeicherten Dateien ermöglicht. iOS©-basierte Geräte enthalten in der Werksausführung keinen Dateimanager. Das Speichern und Ablegen der Dateien wird selbsttätig durch die Apps geregelt. Eine volle Einsicht in alle vorhandenen Dateien entfällt. Gleichzeitig existiert eine Vielzahl von zusätzlichen Apps zur Implementation weiterer Dateiverwaltungssysteme.

Sind die Geräte per W-LAN ins Inter- oder Intranet eingebunden, kann eine Sicherung der Daten über einen externen Cloud-Server oder auch internen Schulserver erfolgen. Einige mobile Endgeräte verfügen über USB und/ oder (Micro-)SD-Anschlussmöglichkeiten, über die Daten auf einem USB-Stick oder einer Micro-SD-Karte (Secure Digital Memory Card) gespeichert werden können. Die zunehmende Langlebigkeit der Akkus, die handliche und tragbare Größe verbunden mit der Vielzahl von integrierten Funktionen ermöglichen eine Mobilität und Flexibilität von Smartphones und Tablets, die zu ‚Computerraum-Zeiten' nicht vorhanden waren. An praktisch jedem Ort können mobile Endgeräte ohne erheblichen Installationsaufwand eingesetzt werden. Die technischen Eigenschaften von Tablets und Smartphones ermöglichen und unterstützen zum einen die Realisierung von spezifischen Darstellungsformen und zum anderen verschiedene Umgangsformen, die im Kontext von Lehr- und Lernprozessen bedeutsam sind.

4. Lernrelevante Merkmale von Smartphones und Tablets

Die Potentiale, die digitale Medien für Lehr-, Lern- und Bildungsprozesse bieten, ergeben sich aus verschiedenen Merkmalen von Medien bzw. deren Zusammenspiel:

- Die durch ein Medium technisch unterstützten symbolischen und abbildhaften Erfahrungsformen werden auch als *Codierungsarten* bezeichnet und stellen – im Hinblick auf die mit dem Medium möglichen Lernaktivitäten – ein zentrales Merkmal dar (vgl. Tulodziecki/ Herzig/ Grafe 2010, 32ff.). Sie lassen sich in abbildhafte (objektgetreue und schematische bzw. typisierende) und symbolische (verbale und nicht-verbale) Codierungen unterscheiden.
- Neben diesen Codierungsarten sind die durch das Medienangebot angesprochenen *Sinnesmodalitäten* bedeutsam. Dazu zählen die auditive und visuelle Modalität (oder Kombinationen davon). Darüber hinaus können der Bewegungssinn und der Tast- oder Berührungssinn relevant sein.
- Durch die Verbindung von Codierungsarten und Sinnesmodalitäten ergeben sich bestimmte *Darstellungsformen*, z.B. statische grafische Darstellungen, Animationen, aufgezeichnete Originaltöne, Fotos, Filme, nicht-verbale optische Symbole (Icons) usw., die ihrerseits unter Verwendung spezifischer Gestaltungstechniken erstellt werden (vgl. Abb. 2).

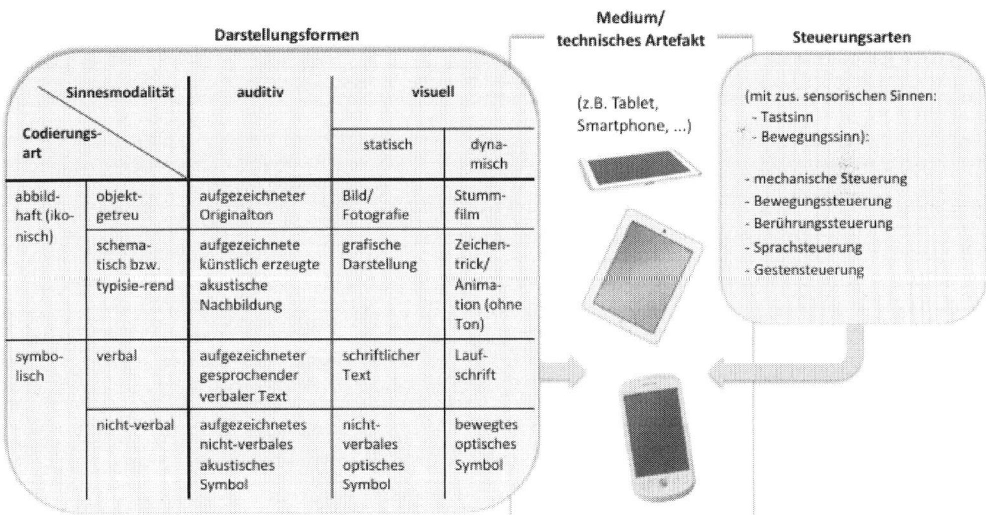

(weitere Merkmale: Ablaufstrukturen, Gestaltungstechniken, Gestaltungsformen)

Abb. 2: Darstellungsformen und Steuerungsarten

- Ein weiteres wichtiges Merkmal zur Beschreibung von Medien(-angeboten) stellen die *Ablaufstrukturen* dar. Während beispielsweise eine Präsentationsfolie ruhend bzw. punktuell präsentiert wird, haben Film und Hörspiel oder Animationen eine flüchtige bzw. lineare Ablaufstruktur, wobei der Nutzer den Ablauf durch Start und Stopp, durch Vor- und Rücklauf steuern kann. Durch die digitalen Medien sind neue Ablaufstrukturen hinzugekommen, z.B. adaptive und responsive. Adaptive Ablaufstrukturen sind dadurch gekennzeichnet, dass die Darbietung, z.B. bei einer Lern-App, auf Grund vorheriger Eingaben oder Aufgabenlösungen vom Medium gesteuert wird. Beispielsweise können bei einem entsprechenden Programm Anzahl und Art von Übungsaufgaben an den – mit einem Test ermittelten – Leistungsstand des Anwenders angepasst werden. Eine responsive Ablaufstruktur ist gegeben, wenn sich der Ablauf des medialen Angebots bzw. des Programms über geeignete Schnittstellen bzw. Steuerungsmöglichkeiten durch eigene Aktionen bestimmen lässt. Des Weiteren sind noch kommunikative Ablaufstrukturen zu erwähnen. Sie sind dadurch gekennzeichnet, dass Nutzer mit Hilfe eines Medienangebots mit einem oder mehreren weiteren Personen kommunizieren. Dies kann asynchron erfolgen, z.B. mit Hilfe von E-Mail, oder synchron, z.B. bei einer Videokonferenz oder beim Chat.

- In Bezug auf die responsiven Ablaufstrukturen lassen sich verschiedene *Steuerungsarten* unterscheiden, über die das Medienangebot – unter Nutzung von Hör- und Sehsinn, Sprachvermögen, Tast- bzw. Berührungssinn und Bewegungssinn – beeinflusst werden kann. Diese Steuerungsarten reichen von mechanischen Steuerungen (z.B. durch Tastendruck) über Berührungssteuerungen (z.B. Touch-Pads oder interaktive Whiteboards), Sprachsteuerungen (z.B. Eingaben in ein Smartphone zum Start einer Anwendung) und Bewegungssteuerungen (z.B. über eine Maus oder über die Bewegung von Controllern, z.B. bei Spielekonsolen) bis hin zu Gestensteuerungen (z.B. durch Handbewegung in Fahrzeugen) (vgl. Abb. 2). Diese Formen der Steuerung bestimmen maßgeblich die Interaktionsformen und damit auch mögliche Lernaktivitäten. So ist beispielsweise ein mechanisches Umblättern von Buchseiten für die angemessene Nutzung eines Buches zwar erforderlich, in Bezug auf die Lernaktivitäten aber nicht zentral, wohingegen die Bewegung eines Objektes auf einem Touchscreen neue Erfahrungsmöglichkeiten und damit spezifische kognitive Prozesse auslösen oder unterstützen kann. Innerhalb eines Mediums können unterschiedliche Darstellungsformen realisiert werden, die in Verbindung mit den Steuerungsmöglichkeiten dann zu komplexeren Lernarrangements führen.

Die genannten Medienmerkmale bzw. ihr Zusammenwirken können sowohl bei Rezeptions- als auch bei Produktions- bzw. Gestaltungsprozessen zu neuen emergenten Qualitäten führen. Frederking hat dies als Symmedialität bezeichnet und die im Medium bzw. in der medialen Form angelegte und beim Rezipienten intendierte Aktivierung verschiedener Wahrnehmungskanäle in Rezeptions- oder Produktionsprozessen als Synästhetik (vgl. 2014, 4; 14, vgl. hierzu auch den Beitrag von Frederking und Albrecht in diesem Band). Grundlage für die neuen emergenten Formen und Qualitäten ist der Computer als Meta- oder Symmedium insofern, als dort „alle simulierten medialen Einzelformen – literale, piktorale, auditive, audiovisuelle und multimediale – in einen technischen oder/ und semiotischen Bezug treten können“ (Frederking 2014, 14; zum Metamedium Computer vgl. auch Manovich 2013, 201).

Die Entfaltung von lernförderlichen Potentialen und die Möglichkeiten der unterrichtlichen Nutzung sind nicht zuletzt auch vor dem Hintergrund der Bedeutung von Smartphone und Tablet in der (außerschulischen) Lebenswelt zu sehen.

5. Erfahrungen von Grundschulkindern mit Smartphones und Tablets

Eine regelmäßige repräsentative Übersicht über die *Ausstattung* mit Medien und das diesbezügliche *Mediennutzungsverhalten* von Kindern und Jugendlichen bieten die Erhebungen des Medienpädagogischen Forschungsverbundes Südwest. So zeigt die KIM-Studie 2014 in Bezug auf mobile Endgeräte, dass nach Angaben der Haupterzieher in 19% der Haushalte, in denen Kinder im Alter von sechs bis 13 Jahren leben, Tablet-PCs vorhanden sind, 2% davon im eigenen Besitz der Kinder (vgl. MPFS 2015, 8). Ist ein entsprechendes Gerät verfügbar, wird es von knapp der Hälfte der Kinder auch regelmäßig selbstständig genutzt, wobei Tablet-Spiele, das Ansehen von Videos und Fotos und die Internetnutzung die vorrangigen Tätigkeiten sind (vgl. ebd., 43). Tendenziell zeigt sich, dass Eltern jüngerer Kinder eher ein Tablet im Haushalt haben als Eltern älterer Kinder (vgl. MPFS 2012, 56). Ein uneinheitliches Bild ergibt die Einschätzung der Eltern in Bezug auf die Frage, wie geeignet Tablets für Kinder sind: „Während die eine Hälfte dem Tablet-PC Potential zur Medienbildung zuspricht, ist die andere Hälfte abgeneigt und sieht keine Vorzüge des Geräts für die jungen Nutzer“ (MPFS 2015, 44). Die Zahl der Kinder, die ein Handy bzw. Smartphone besitzen, steigt mit zunehmendem Alter deutlich an. Während 10% der Sechs- bis Siebenjährigen über ein solches Gerät verfügen, sind es in der Gruppe der Zwölf- bis 13-Jährigen bereits 83% (vgl. ebd., 45). Da den Eltern nicht immer ganz klar ist, welche Funktionalitäten ein Handy zum Smartphone machen, ist der Prozentsatz der reinen Smartphones schwierig zu ermitteln. Die täglich oder fast täglich hauptsächlich genutzten Funktionen sind das Senden und Erhalten von Nachrichten, Telefonate (u.a. mit den Eltern), das Spielen und die Internetnutzung (vgl. ebd., 48). Für den privaten Bereich geben 38% der Haupterzieher an, dass ihre Kinder zu viel Zeit mit dem Handy bzw. Smartphone verbringen (vgl. ebd., 65). Gleichzeitig gibt es in Bezug auf dieses Medium aber am seltensten Regeln in Bezug auf die Nutzungsdauer.

Tablets spielen – flächendeckend – in der außerschulischen Mediennutzung noch keine dominante Rolle, gleichwohl verfügt ein Teil der Grundschulkinder über entsprechende Erfahrungen. Zudem zeigen die Daten, dass die Ausstattungszahlen tendenziell steigen (vgl. MPFS 2013). Deutlich unterschiedlich stellt sich allerdings die schulische Situation im Vergleich zur außerschulischen dar. Während diejenigen Schüler, die grundsätzlich Computer nutzen, dies zuhause nahezu zu 100% tun, geschieht dies im Unterricht im Fach Deutsch nur in 33% der Fälle bei den Sechs- bis Siebenjährigen, in 35% der Fälle bei den Acht- bis Neunjährigen und in 43% der Fälle bei den Zehn- bis Elfjährigen (vgl. MPFS 2015, 40). Im Bereich der Grundschule sehen 2013 nur 10% der Lehrpersonen die Rolle der digitalen Medien in ihrer Schule als (sehr) groß, allerdings meinen 42% der Befragten, dass diese sehr groß sein sollte (vgl. IfD 2013, 13). Dabei nimmt die normative Einschätzung des Stellenwerts mit den eigenen Erfahrungen und Kompetenzen deutlich zu. 55% der Grundschullehrer sehen in Bezug auf digitale Medien generell eher Vorteile beim Einsatz im Unterricht (vgl. ebd., 41). Für NRW haben Breiter et al. erhoben, dass 38% der Grundschullehrkräfte Computer sehr selten bis gar nicht, 36% gelegentlich und 26% regelmäßig, d.h. mindestens mehrmals pro Woche, einsetzen (vgl. Breiter et al. 2013, 116). Insgesamt kommen sie zu der Einschätzung, dass „im Zuge des Medienwandels [...] insbesondere durch die außerschulische Medienaneignung der Kinder (aber auch der Lehrkräfte) neue Herausforderungen auf die Grundschule zu[kommen]" (ebd., 258). Wenn sich auch in den vergangenen Jahren die Nutzung von digitalen Medien in der Grundschule quantitativ gesteigert hat, so verändert sich die pädagogische Praxis dadurch nicht notwendigerweise, „sondern digitale Medien werden gerne entlang bestehender Unterrichtsformen eingesetzt" (ebd., 259). Innovative Unterrichtspraktiken finden sich insbesondere im Rahmen von Binnendifferenzierung und selbstständigem Arbeiten (vgl. ebd.).

Für die Grundschule – und in stärkeren Maße noch für die weiterführenden Schulen – zeigt sich eine Diskrepanz zwischen den Medienpraxen der Schüler im schulischen und im außerschulischen Bereich. Die Tatsache, dass die außerschulische Nutzung von Medien einen zentralen Aspekt der Aneignung von Welt und damit von Lernen darstellt, macht auf die zunehmende *Entgrenzung von Schule* aufmerksam (vgl. Herzig/ Aßmann 2014). Die für Schule konstituierenden Merkmale der räumlichen Trennung, der sozialen Separierung, die professionelle Betreuung und thematische Konzentration (vgl. Voß 1998, 474) werden ebenso wie die der Schule eigene Kommunikationslogik ins Wanken gebracht. Die ursprüngliche Trennung der Schüler vom Leben (vgl. Diederich/ Tenorth 1997, 22) wird durch Mediatisierungsprozesse mindestens teilweise durchbrochen. Die typischen Indikatoren für Entgrenzungsprozesse – die Durchmischung von Orten (Schule, Freizeit), der wechselseitige Gebrauch von Arbeitsmitteln (Medien und Medienangebote) und der bereichsspezifische Transfer von Kompetenzen (Medienkompetenz, durch außerschulische Nutzung erworbene fachspezifische Kompetenzen) (vgl. Voß 1998) – treffen auf die derzeitige schulische Situation zu und führen zu einer paradoxen Gesamtbilanz zeitgenössischen Lernens: „Obwohl Kinder und Jugendliche immer mehr Zeit in schulischen Einrichtungen verbringen und Verschulungstendenzen auch in der schulfreien Zeit zunehmen, dominiert Entschulung in nie gekanntem Maße die Lernerfahrungen der Heranwachsenden" (Hengst 2008, 71). Wenn Lernen nicht mehr nur in *formalen Kontexten* stattfindet, sondern zunehmend auch in *informellen*, dann ergeben sich daraus mindestens zwei didaktische Konsequenzen: Zum einen muss sich Schule mit solchen Wissensbeständen, Vorstellungen und Erfahrungen auseinandersetzen, die Schüler zu klassischen unterrichtlichen Inhaltsbereichen außerhalb von Schule erworben haben, zum anderen mit solchen medienbezogenen Kompetenzen und sozialen Praktiken, die ebenfalls in informellen Kontexten entwickelt wurden. Dies führt zu der Frage, welche Erwartungen an Grundschüler in Bezug auf die kompetente Nutzung und ggf. eigene Gestaltung von Medien gestellt werden.

6. Medienkompetenz: Lernen mit und über Tablets sowie Smartphones in der Grundschule

Der Einsatz von Medien generell und von Tablets im Speziellen kann aus einer didaktischen Perspektive geschehen – z.B. in Form der Nutzung einer Lern-App zur Förderung des räumlichen Vorstellungsvermögens –, aber auch erzieherisch motiviert sein – z.B. in Form der Arbeit mit Gestaltungsmitteln der Bildbearbeitung und der Reflexion ihrer Wirkungen. In der Medienpädagogik werden diese beiden Formen der Auseinandersetzung mit Medien als *mediendidaktische* und *medienerzieherische* Fragen unterschieden (vgl. Tulodziecki/ Herzig/ Grafe 2010, 37ff.). Zum einen geht es um das Lernen mit Medien, zum anderen um das Lernen über Medien. Beides soll Schülern Möglichkeiten einer bildenden Auseinandersetzung mit Medien – im Sinne von *Medienbildung* – eröffnen (vgl. hierzu auch den Artikel von Frederking in diesem Band). Entsprechend sind sowohl fachspezifische Zielvorstellungen mit dem Medieneinsatz verbunden als auch überfachliche. Allerdings lassen sich diese nicht immer streng trennen, da die Mediatisierung auch Einfluss auf die Zielvorstellungen in fachspezifischen Lehrplänen und Curricula genommen hat (s.u.). Dies bedeutet auch, dass alle Fächer wichtige Beiträge zu einer Medienbildung in der Schule leisten können.

Zur Beschreibung von Kenntnissen, Fähigkeiten, Fertigkeiten, Einstellungen und Werthaltungen, die Kinder im Verlauf der Grundschulzeit erwerben sollten, dienen *Medienkompetenzmodelle*. Als übergeordnete Zielvorstellung formulieren Tulodziecki, Herzig und Grafe (2010) im Paderborner Medienkompetenzmodell die Fähigkeit und die Bereitschaft, in Medienzusammenhängen sachgerecht, selbstbestimmt, kreativ und sozial verantwortlich zu handeln. Damit sollen kulturelle und gesellschaftliche Teilhabe im Sinne eines individuell und gesellschaftlich handlungsfähigen Subjekts ermöglicht werden (vgl. 2010, 177). Es ist offensichtlich, dass eine solche ambitionierte Zielvorstellung nicht in singulären Phasen, sondern nur als kontinuierlicher Prozess schrittweise realisiert werden kann. Dies bedeutet, dass für verschiedene Entwicklungsphasen oder Altersstufen für spezifische Ziele Ausprägungsgrade als zu erreichende *Standards* formuliert werden müssen (vgl. Herzig/ Grafe 2011). Eine solche Forderung findet sich u.a. auch beim Grundschulverband (vgl. GSV 2015).

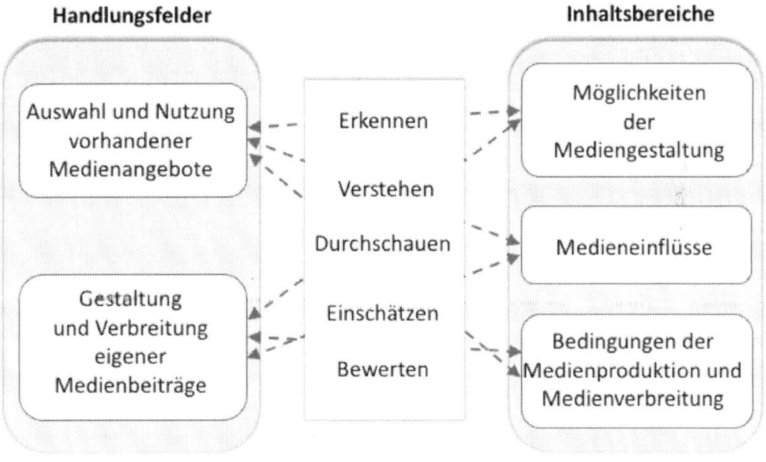

Abb. 3: Medienkompetenz – Handlungsfelder und Inhaltsbereiche

Das Paderborner Medienkompetenzmodell geht von zwei *Handlungsfeldern* und drei *Inhaltsfeldern* aus, die in wechselseitigen Zusammenhängen stehen (vgl. Abb. 3; Tulodziecki/ Herzig/ Grafe 2010, 235ff.):

- Im Bereich der *Auswahl und Nutzung* von vorhandenen Medienangeboten sollen Kinder und Jugendliche lernen, Medien bewusst im Sinne verschiedener Funktionen, z.B. zur Information und zum Lernen, zur Unterhaltung und zum Spiel, zur ästhetischen Rezeption und Erkundung oder zur Simulation, Telekommunikation und Telekooperation zu nutzen. Dies schließt die Fähigkeit ein, das große Informationspotential der Medien angemessen zur individuellen Wissensaneignung zu nutzen. Außerdem sollten Kinder und Jugendliche befähigt werden, individuelle (Medien-)Nutzungspläne zu entwickeln und/ oder zu bewerten und mit nicht-medialen Handlungsalternativen zu vergleichen.

- Im Bereich der *Gestaltung und Verbreitung eigener Medienbeiträge* soll die eigene Mediengestaltung durch Kinder und Jugendliche im Mittelpunkt stehen. Im Rahmen entsprechender medienpädagogischer Aktivitäten können unterschiedlich angelegte mediale Aussagen angestrebt werden: Dokumentationen (z.B. Fotodokumentationen), publizistische Produkte (z.B. Hörmagazine), fiktionale und experimentelle Darstellungen (z.B. Videofilme) sowie instrumentelle Programme (z.B. Computersimulationen). Dabei können verschiedene Produkte – z.B. Texte, Bildbeiträge, Hörmedien, Videos oder Videopodcasts, Animationen, Wikis oder andere computerbasierte Beiträge – entstehen.

Sowohl für die Nutzung als auch die eigene Gestaltung von Medienangeboten sind inhaltliche Aspekte bedeutsam:

- Im Bereich der *Möglichkeiten der Mediengestaltungen* geht es darum, Kinder und Jugendliche anzuregen, verschiedene mediale Gestaltungsmittel zu vergleichen und hinsichtlich ihrer spezifischen Möglichkeiten und Grenzen zu beurteilen. Zu diesen Gestaltungsmitteln zählen verschiedene Darstellungsformen (z.B. Bild und Text), verschiedenartige Gestaltungstechniken (z.B. Kameraperspektiven und Einstellungsgrößen) sowie unterschiedliche Gestaltungsformen (z.B. Nachrichten und Werbung). Darüber hinaus ist es sinnvoll, unterschiedliche Medienarten – z.B. Fernseher und Computer – vergleichend zu diskutieren. Dieser Aufgabenbereich ist auch deshalb von großer Bedeutung, weil sowohl das Verstehen der Zeichensprache der Medien als auch eine entsprechende Ausdrucksfähigkeit neben die klassischen Kulturtechniken des Lesens, Schreibens und Rechnens getreten sind.
- Im Bereich der *Medieneinflüsse* stehen das Erkennen und Aufarbeiten derselben im Vordergrund. Dabei ist es wichtig, Kindern und Jugendlichen zunächst die Einsicht zu ermöglichen, dass von Medien Wirkungen ausgehen. Diese können im Bereich von Gefühlen (z.B. Spaß, Spannung und Angst), von Vorstellungen (z.B. über Arbeit oder Politik), von Verhaltens- und Wertorientierungen (z.B. zum Konflikt- oder Freizeitverhalten) oder von sozialen Zusammenhängen (z.B. im Familienalltag) liegen. Auf der Basis dieser Einsicht kann gegebenenfalls eine Aufarbeitung hemmender Emotionen, irreführender Vorstellungen, problematischer Verhaltensweisen und Wertorientierungen sowie unerwünschter Einflüsse auf soziale Zusammenhänge erfolgen.
- Im Inhaltsbereich der *Bedingungen der Medienproduktion und Medienverbreitung* geht es um die Auseinandersetzung mit ökonomischen, rechtlichen, personalen und institutionellen sowie politischen und gesellschaftlichen Bedingungen von Medienproduktion und Medienverbreitung in unserer Gesellschaft.

Diese Kompetenzbereiche sind zunächst übergreifende Beschreibungen, die in weiteren Schritten Konkretisierungen erfahren müssen, welche sich wiederum nach den jeweiligen Entwicklungsständen der Schüler richten. Formuliert man entsprechende Standards für bestimmte Zeitpunkte der Schullaufbahn, ergibt sich ein Orientierungsrahmen für eine kontinuierliche und systematische Entwicklung von Medienkompetenz bzw. Ermöglichung von Medienbildung (vgl. Tulodziecki/ Herzig/ Grafe 2010, 339ff. und 367ff.). Konkrete Umsetzungen in Form unterrichtlicher Aktivitäten lassen sich dann häufig auch mehreren Bereichen zuordnen, etwa wenn es um die Frage geht, welche Bilder im Internet unter welchen Bedingungen verwendet werden dürfen, d.h. wenn schwerpunktmäßig rechtliche Aspekte angesprochen werden, die aber letztlich eine wichtige Bedingung für eine verantwortungsvolle Nutzung von Medien darstellen.

Eine kritische Auseinandersetzung mit Medien als Unterrichtsgegenstand findet nach den Ergebnissen der Studie von Breiter et al. (2013) in der Grundschule noch insgesamt deutlich seltener statt als die Nutzung von Medien für spezifische Lerntätigkeiten, wie z.B. Strukturieren, Recherchieren, Kooperieren, Präsentieren oder Produzieren (vgl. 85ff. und 93ff.). Nach Einschätzung der Grundschullehrkräfte handelt es sich bei der Kritikfähigkeit im Umgang mit Medien aber um ein wichtiges Ziel, die Fähigkeiten der Schüler in diesem Bereich werden aber als eher geringer eingeschätzt.

Die hier aus einer medienpädagogischen Perspektive formulierte Frage nach dem Verständnis von Medienkompetenz bzw. Medienbildung wird nicht nur innerhalb der Medienpädagogik (insbesondere mit Blick auf eine noch nicht hinreichend ausgearbeitete Theorie der Medienpädagogik), sondern auch in der Deutschdidaktik diskutiert. Dabei ergeben sich vielfältige Anschlüsse, aber auch spezifische Erweiterungen. So sehen Frederking und Krommer mediale Bildung mit fachspezifischen Zielkategorien als übergeordnete Zielperspektive der Mediendidaktik Deutsch und verstehen Medienkompetenz als deren operationalisierbaren Teil (vgl. 2014, 156f.; vgl. hierzu auch den Artikel von Frederking und Albrecht in diesem Band). Andere Diskurslinien rekurrieren stärker auf allgemeine medienpädagogische Ansätze.

Im Folgenden werden spezifische Potentiale der Arbeit mit Smartphones und Tablets und Beispiele für die unterrichtliche Nutzung im Rahmen des Faches Deutsch vorgestellt. In Bezug auf den unterrichtlichen Einsatz soll davon ausgegangen werden – insbesondere vor dem Hintergrund der medienpädagogischen Hinweise –, dass die Entscheidung für die Nutzung bzw. Thematisierung sowohl fachinhaltlich als auch medienpädagogisch (mediendidaktisch oder medienerzieherisch) motiviert ist. Dabei kann auch die Frage der Ermöglichung neuer Zielsetzungen eine wichtige Rolle spielen, nicht nur die Fixierung auf eine ggf. effizientere Realisierung „herkömmlicher“ Ziele (vgl. auch Krommer 2015, 41f.).

7. Potential von Tablets und Smartphones für den Deutschunterricht

Nachfolgend sollen die bisherigen Überlegungen zusammengeführt und aus der spezifischen Perspektive des Deutschunterrichts in der Grundschule weitergedacht werden.

7.1 Begründungslinien für den Einsatz digitaler Medien im Deutschunterricht

Innerhalb der fachdidaktischen Diskussion finden sich vielzählige grundsätzliche, konzeptionelle Ankerpunkte dafür, dass der Verwendung und Thematisierung digitaler Medien im Deutschunterricht der Primarstufe substantieller Raum zu geben ist. Eine entscheidende

Grundlegung ist dabei das angenommene Medialitätsverständnis. Je nachdem, welche Auffassung besteht, markieren digitale Medien entweder einen ganz selbstverständlichen unterrichtlichen Bezugspunkt – dies wäre etwa der Fall, wenn man von einem weiter gefassten Medienbegriff ausgeht – oder weisen einen nur marginalen Bezugspunkt auf – dies wäre typischerweise dann gegeben, wenn eine kanonische Medienauffassung zugrundeliegt, die prinzipiell zwischen wertvollen und weniger wertvollen Medienangeboten differenziert. Für die letztere Auffassung scheinen gerade schulische Kontexte eine gewisse Anfälligkeit aufzuweisen, „hier herrschen Printmedien und eine Orientierung an der Buchästhetik/ Buchkultur vor“ (Barsch 2006, 15), wenngleich auch diesbezüglich nicht zuletzt die Vielzahl jüngerer fachdidaktischer Publikationen für das Fach Deutsch demonstriert, dass ein Umdenken stattfindet (vgl. z.B. Metzger 2008; Albrecht 2014; Schrenker 2015). Neben einer für Unterricht typischen ‚Innovationsträgheit‘ wird die Dominanz von Printmedien und im Speziellen dem Buch häufiger einer „buchzentrierte[n] Bildungsbiographie“ (Bachmair 2013, 62) von Lehrkräften zugeschrieben. Dass allerdings den Zielsetzungen des Deutschunterrichts mit einer Verabsolutierung des Gedruckten wenig gedient ist, lässt sich aus verschiedenen Perspektiven deutlich machen. Der Deutschunterricht in der Primarstufe beabsichtigt die Grundlegungen der Sprache „als das ‚erste Erkenntnismedium‘“ (vgl. Metzger 2008, 51). Dieser Spracherwerb kann sich – insofern er Umfänglichkeit beansprucht – einer digitalen Gesellschaft natürlich keinesfalls verschließen, sodass gerade der Deutschunterricht aufgefordert ist, Medienerfahrungen aufzugreifen und anzubieten, denn ein Großteil der Nutzungsfunktionen digitaler Medien vollzieht sich lesend und schreibend. Wer sich in und mit digitalen Medien souverän bewegen soll, der muss dies in und mit digitalen Medien lernen – ‚Trockenübungen‘ im Printmedium reichen dazu nicht aus. Mit der Berücksichtigung digitaler Medien muss keineswegs eine Abkehr vom Buch als Referenz in bestimmten Lehr- und Lernphasen intendiert werden, in jedem Falle aber sind analoge Zugänge um den Einsatz und die Thematisierung digitaler Medien zu ergänzen (vgl. Frederking/ Krommer 2014, 155), es bedarf letztlich eines kombinierten und ausgewogenen Zugangs mit möglichst vielen Medien (vgl. Metzger 2008, 51f.). Die fachdidaktische Diskussion weist in dieser Hinsicht ein hohes Maß an Einvernehmlichkeit auf und bringt mit dem Begriff der ‚Symmedialität‘ (vgl. Frederking/ Krommer 2014, 153; Albrecht 2014, 144f.) zum Ausdruck, dass der Deutschunterricht seinem Bildungsauftrag nur gerecht wird, wenn unterschiedliche Medien durchdacht und ebenmäßig einbezogen werden (vgl. hierzu auch den Artikel von Frederking in diesem Band). Dabei muss sichergestellt werden, dass sich der Einsatz nicht nur auf ein bloßes Nebeneinander unterschiedlicher Medien beschränkt, sondern in einer gegenstandsadäquaten Bezugnahme aufeinander erfolgt: „Symmedialität [...] betont die Verbindung verschiedener Medien“ (Albrecht 2014, 145). Auch Abraham argumentiert aus dieser Perspektive und plädiert für einen Deutschunterricht mit ganzheitlichen Medienzugängen, nicht zuletzt aus einem beinahe trivial anmutenden Grund: Wenn der Umgang mit Sprache und Schrift die Hauptbezugsnorm des Deutschunterrichts ist, so wird man schlechterdings nicht umhin kommen zu berücksichtigen, „dass auch ‚Texte‘ und ‚Filme‘ heute vielfach digital (erstellt, präsentiert, bearbeitet) sind“ (Abraham 2015, 7). Eine Überhöhung des Printmediums als alleinig dominantes Leitmedium schließt sich somit aus (vgl. ebd., 7) und mehr noch gilt gerade für Deutschlehrer:

> „Sich selbst als medienabstinent zu beschreiben oder als bewahrpädagogischen Medienkritiker zu verstehen, ist aus meiner Sicht für Deutschlehrer heute keine Option mehr.“ (Ebd., 11f.)

Entgegen der kulturpessimistischen Befürchtung, dass der frühe und hochgetaktete Umgang von Kindern mit digitalen Medien zur Verkümmerung der Sprache führt – ein Zustand, dem sich der Deutschunterricht ja in jedem Falle vehement entgegenstellen müsste – fußt der Umgang mit digitalen Medien oftmalig sogar auf „schriftliche[r] Kommunikation“ (Brommer 2015, 57). Sprache als Grundfeste jedweder Verständigung und Kerngegenstand im Deutschunterricht ist somit die unabdingbare Voraussetzung für einen versierten Medienumgang (vgl. ebd., 57). Im digitalen Zeitalter nehmen die Ansprüche an Lesefertigkeit und Schriftsprachlichkeit somit nicht ab, sie nehmen vor dem Hintergrund der Ubiquität digitaler Medien letztlich sogar zu (vgl. Schrenker 2015, 138), da hier permanent vielzählige neue Lese- und Schreibanforderungen an die Nutzer gestellt werden. Gerade die didaktische Ausrichtung an einer ‚symmedialen Dramaturgie‘ des Unterrichts stellt den Einsatz digitaler Medien unter die Prämisse der Erzeugung neuer (Lern-)Qualitäten: Es geht weniger darum, alte Ziele auf neuen, digitalen Wegen zu erreichen, sondern insbesondere darum, neue Ziele und Perspektiven zu ermöglichen und in Betracht zu ziehen, die beim herkömmlichen Medieneinsatz unerreicht blieben (vgl. Krommer 2015, 41) und die Potentiale digitaler Medien für Lehr- und Lernprozesse zielführend zu nutzen (vgl. Niegemann/ Zander 2013).

Als Kernfach ist gerade auch der Deutschunterricht mit den schlechten Ergebnissen der PISA-Studie zur Lesekompetenz konfrontiert (vgl. Barsch 2006, 171). Wenngleich hier ältere Schüler getestet worden sind, so kann nicht verkannt werden, dass offensichtlich auch Versäumnisse im Rahmen der Leseerziehung in der Grundschule zu konstatieren sein müssen. Gerade im Rahmen dieser Lesesozialisation ist gut belegt, dass die größte Herausforderung in der Gewährleistung besteht, „dass überhaupt gelesen wird“ (ebd., 172). Aus diesem – insbesondere auch für die Primarstufe relevanten – Blickwinkel, wird dann schnell ersichtlich, dass der Unterricht davon profitiert, an das enorme Motivationspotential digitaler Medien anzuknüpfen, welches Kinder in ihren privaten Nutzungsroutinen offenkundig werden lassen (vgl. ebd., 172). Diesbezüglich resümiert Spanhel:

> „Genauso wie die Grundschüler in Familie und Freizeit mit den Medien lernen, sollten sie auch im Unterricht mit Medien Deutsch lernen.“ (Spanhel 2007, 7)

Wie jeder Unterricht sollte somit auch der Deutschunterricht auf die lernförderliche Wirkung der „lebensweltliche[n] Orientierung des Lernens“ (Feil/ Gieger/ Quellenberg 2009, 17) bauen. In der informellen Selbstverständlichkeit der Mediennutzung durch Kinder besteht eine solche Gelegenheit, denn bei fast allen Anwendungen mit digitalen Medien geht es um Lesen, Schreiben und Kommunizieren – also genau das, was im Unterricht von ihnen verlangt wird (vgl. Schrenker 2015, 137).

Fußend auf diesen grundsätzlichen Feststellungen stellt sich – wie auch eingangs diskutiert – die Frage, welche unterrichtlichen Zugänge zur Vermittlung von Medienkompetenz zu wählen sind. Für Zugänge im Primarstufenbereich (letztlich aber so auch für andere Lern- und Bildungszusammenhänge tragfähig) scheint der Einsatz digitaler Medien immer sowohl erzieherische als auch didaktische Facetten zu umfassen (vgl. Herzig 2015, 18f.; Mayrberger 2013, 30). So formuliert auch die KMK in ihren „Empfehlungen zur Arbeit in der Grundschule“ (KMK 2015, 1) zum Terminus „Medienbildung“ (ebd., 17):

> „Medien sind im Unterricht jedes Fachs an der Grundschule sowohl Werkzeug als auch Gegenstand des Lernens.“ (Ebd., 17)

Auch aus der fachdidaktischen Perspektive des Unterrichtsfaches Deutsch ergibt sich beinahe zwangsläufig, dass medienerzieherische Fragestellungen unmittelbar mit der Integration von Medien und vice versa verbunden sind (vgl. Frederking/ Krommer 2014, 155): Selbst wenn ein digitales Medium, wie etwa ein internetfähiges Tablet, ‚nur‘ als Werkzeug zur Fotografie und Bildbearbeitung eingesetzt wird, lässt sich die Gelegenheit zugleich zur Thematisierung von Fragen im Rahmen des Datenschutzes oder des Urheberrechts nutzen. Folglich lässt sich zwischen fachdidaktischen Überlegungen des Unterrichtsfaches Deutsch und der fachunabhängigen, medienpädagogischen Diskussion im erziehungs- und bildungswissenschaftlichen Kanon Anschlussfähigkeit herstellen (vgl. Frederking/ Krommer 2014).

7.2 Smartphones und Tablets im Deutschunterricht

Konkretisiert man diese grundlegenden Überlegungen und konzeptionellen Begründungslinien in Bezug auf den Einsatz von Tablets und Smartphones im Deutschunterricht der Primarstufe, ergeben sich verschiedene Anknüpfungspunkte.

Für den Einsatz mobiler Endgeräte finden sich vermehrt Stimmen in der allgemeinen medienpädagogischen Diskussion (vgl. z.B. Mayrberger 2013) aber auch zunehmend im fachdidaktischen Diskurs des Unterrichtsfaches Deutsch (vgl. z.B. Krommer 2015), in dem Plädoyers geäußert werden, Smartphones und Tablets „als Kulturzugangsgeräte [zu] verstehen und produktiv im Unterricht [zu] nutzen“ (ebd., 37).

Mit Blick auf den motivierenden Effekt lebensweltlicher Bezüge zeichnen sich gerade mobile Endgeräte (aufgrund ihrer flächendeckenden Verbreitung in deutschen Haushalten, vor allem von Smartphones) durch ihre selbstverständliche „Integration in den Alltag“ (Bachmair 2013, 62) aus. Dieses Potential kann im Unterricht idealtypisch dazu genutzt werden, informelle Ressourcen und Nutzungsroutinen in den Unterricht einzubinden – etwa indem Kindern die Möglichkeit eingeräumt wird, ihre Medienerfahrungen als Experten einzubringen (vgl. Barsch 2006, 180). Dies gelingt auch gut im (für deutsche Schulen stilbildenden) lehrerzentrierten Unterricht, in dem sich mobile Endgeräte etwa für ergänzende und unterbrechende „Episoden situierten Lernens“ (Bachmair 2013, 66) nutzen lassen[1].

Gelten die grundlegenden Einschätzungen so letztlich auch für andere digitale Medien, so besteht gerade in der Verfügbarkeit mobiler Endgeräte ein für Schule und Unterricht entscheidender Unterschied: Der Einsatz des Computers war und ist in deutschen Schulen insbesondere durch einen – gerade auch im internationalen Vergleich – ungünstigen Ausstattungsschlüssel geprägt (vgl. z.B. Krommer 2015, 37; Möbius 2014, 337). Zudem stoßen auch besser ausgestatte Schulen schnell auf die Schwierigkeit, dass die Software

1 So ließen sich im Rahmen eines Schulversuchs zur „Didaktik des mobilen Lernens“ (Bachmair/ Risch/ Friedrich/ Mayer 2011) gute Möglichkeiten entwickeln, in denen mobile Endgeräte (hier Handys) phasenweise in einem ansonsten eher lehrerzentrierten Unterricht eingebunden worden sind.

schnell veraltet, größere Netzwerke wartungs- und updateintensiv sind und die Technik somit schon nach kurzer Zeit nicht mehr dem entspricht, was Kinder in ihren Familien und in ihrer Freizeit erleben. Diese Schwierigkeit kann mit Hilfe des Einsatzes mobiler Endgeräte umgangen werden, da hier die Möglichkeit besteht, die privaten Geräte der Schüler in den Unterricht einzubinden (oftmalig bezeichnet als ‚Bring-Your-Own-Device' [vgl. z.B. Mayrberger 2013, 27]). Anders als beim Desktop-PC ist beim Einsatz des Smartphones die Annahme angemessen, dass hier eine 1:1 Ausstattung möglich ist, für das Tablet scheint dies bisher jedoch noch nicht der Fall zu sein.[2] Grundsätzlich darf natürlich keineswegs verkannt werden, dass eine solche Vorgehensweise dazu führen kann, ökonomische Kluften zwischen Schülern sichtbar werden zu lassen, sodass es nutzbringend erscheint, zumindest immer auch einzelne Geräte von der Schule zur Verfügung stellen zu können oder Arbeitsaufträge in Gruppen bearbeiten zu lassen (vgl. Krommer 2015, 45 f.):

> „Die Forderung, Smartphones und Tablets im Unterricht prinzipiell nicht zu verwenden, weil es einzelne Schüler gibt, die diese Geräte nicht besitzen, ist in jedem Fall überzogen und aus didaktischer Sicht verfehlt." (Ebd., 46)

Der Einsatz mobiler Endgeräte bietet ganz unterschiedliche Möglichkeiten und Optionen. Neben speziellen Applikationen und Anwendungen ist der erste Ankerpunkt viel basaler: Smartphones und Tablets sind mobile (also leicht zu bewegende) Computer, „die die Bewegungsfreiheit im Klassenraum" (Mayrberger 2013, 35) erheblich ausweiten. In weitaus umfänglicherem Maße diskussionswürdig sei hier nur am Rande erwähnt, dass der Einsatz eines Tablets gerade im inklusiven Deutschunterricht – denkt man etwa an die Möglichkeit, dass Schüler mit eingeschränktem Sehvermögen die Größe von Texten und Buchstaben auf dem Tablet unkompliziert ihren Bedürfnissen anpassen können – mit vielfältigen Chancen einhergeht.[3] Auch mit Blick auf die angesprochene Symmedialität weisen gerade mobile Endgeräte hier besonderes Potential auf, da sie eine Vielzahl unterschiedlicher Medien und Mediennutzungsweisen in einem Gerät kombinieren (Filme, Texte, Bilder – rezipieren, bearbeiten, teilen etc.).[4] D.h., wenn die Lehrkraft einem medienintegrativen Vorgehen folgen will, so weist gerade der Einsatz mobiler Endgeräte besondere Potentiale auf:

> „Denn schließlich sind moderne mobile Endgeräte mittlerweile nichts anderes als leistungsfähige Multimedia-Rechner, [...] die [...] auch den Deutschunterricht bereichern können." (Ebd., 37)

Auch hinsichtlich des erwartbaren Outputs finden sich erste Hinweise darauf, dass – hier zunächst einmal ganz allgemein – etwa Tablets in besonderer Weise geeignet sind, die Alphabetisierung bei Kindern anzuregen (vgl. Neumann/ Neumann 2014). Um diese grundsätzlichen Potentiale zu heben, bedarf es allerdings einer systematischeren Didaktisierung als sie derzeit vorzufinden ist (vgl. ebd.).

---

2 Gleichwohl ist auch hier zu erwarten, dass sich die private Ausstattungsrate – analog zur Verbreitung des Smartphones – sehr kurzfristig hin zur Vollausstattung entwickelt (vgl. Heinen/ Kerres/ Schiefner-Rohs 2013, 130; vgl. Abschnitt 5).

3 Für eine Diskussion der synergetischen Verflechtung von Inklusion und Medienbildung vgl. z.B. Pola/ Haage 2015.

4 Oftmalig bezeichnet mit dem Begriff der „Medienkonvergenz" (Tulodziecki/ Herzig/ Grafe 2010, 24).

Die nachfolgenden curricularen Überlegungen und Vorschläge zu Einsatzszenarien für die Verwendung von Tablets und Smartphones im Deutschunterricht der Primarstufe nehmen dieses didaktische Desiderat ins Visier und bieten Anregungen für den unterrichtlichen Gebrauch.

7.3 Curriculare Bezüge

Das Unterrichtsfach Deutsch bildet (gemeinsam mit Mathematik und Sachunterricht) „den fachlichen Kernbereich der Grundschule" (KMK 2015, 12) ab. Im Detail zielt der Deutschunterricht der Primarstufe auf die Erweiterung der

> „Sprachhandlungskompetenz in den Bereichen des Sprechens und Zuhörens, des Schreibens, des Lesens und Umgehens mit Texten und Medien sowie des Untersuchens von Sprache und Sprachgebrauch." (KMK 2005, 7).

In Anknüpfung an diese Kompetenzfelder werden Medien und ihr Einsatz in den Bereichen Schreiben und Lesen vertiefend erwähnt (vgl. ebd., 7 ff.):

> „Schülerinnen und Schüler verfügen über verschiedene Möglichkeiten der ästhetischen Darstellung entsprechend dem Schreibanlass und arbeiten mit unterschiedlichen Medien." (Ebd., 8)

> „Schülerinnen und Schüler gehen mit unterschiedlichen Textsorten in verschiedenen Medien um und können sich ihrem Alter entsprechend in der Medienwelt orientieren, d.h. in Druckmedien, in elektronischen Medien sowie in Massenmedien." (Ebd., 9)[5]

Bereits dieser kurze Zugriff verweist auf wichtige Grundlagen für Fragen im Kontext der digitalen Medien im Fach Deutsch: Deutschunterricht in der Grundschule ist Spracheingangsunterricht und zielt auf die Vorbereitung der vielfältigen Anforderungsbereiche gesprochener und geschriebener Sprache. Sprache bedarf dabei immer eines vermittelnden Elements resp. Mediums. Neben analogen Medien kommt digitalen Medien als Träger von Sprache heute eine eminente Bedeutung zu. Einer zunehmend von digitalen Medien durchdrungenen Lebenswelt kann der Deutschunterricht vor diesem Hintergrund folglich nur gerecht werden, wenn die Untersuchung und Einübung von Sprache diese Entwicklung würdigt und aufgreift. Medien sind dabei in Form einer erzieherischen Thematisierung und als eingesetzter Gegenstand als zentraler Bestandteil der unterrichtlichen Arbeit vorgesehen, d.h., sowohl medienerzieherische als auch mediendidaktische Fragestellungen sollen Berücksichtigung finden.

Im Zuge der Reaktion auf die insgesamt – aber gerade auch im Bereich des verstehenden Lesens und dem damit zum Ausdruck gebrachten Sprachgebrauchsvermögens (vgl. Barsch 2006, 171) – schlechten Ergebnisse internationaler Schulleistungsstudien (vgl. MfSW 2008b, 7) orientieren sich curriculare Empfehlungen nunmehr weniger an inhaltlichen Vorgaben, sondern im Wesentlichen an der Definition „erwarteter Schülerleistungen" (ebd., 7) in Form von Standards. Für die skizzierten Kompetenzbereiche ergeben sich vielzählige solcher Erwartungen.[6] Mit Blick auf den Fokus dieses Beitrags werden nachfolgend dieje-

5 Mit Blick auf den Einsatz und die Thematisierung von Medien lauten die Adaptionen im Lehrplan des Unterrichtsfaches Deutsch in NRW wie folgt: „Berücksichtigung des kritischen Umgangs mit Texten und Medien" (MfSW o.J., 6) und „[v]erbindlicher Umgang mit neuen Medien […]" (ebd., 6).

6 Für einen umfänglichen Überblick vgl. KMK 2005, 9ff.

nigen Standards aufgegriffen, die für die Beschreibung exemplarischer Einsatzmöglichkeiten von Smartphones und Tablets besonders zum Tragen kommen bzw., die sich mit Hilfe des Einsatzes der Artefakte gut fördern lassen (entnommen aus KMK 2005, 9 ff.):

Sprechen und Zuhören	
Gespräche führen	sich an Gesprächen beteiligen
zu anderen sprechen	an der gesprochenen Standardsprache orientiert und artikuliert sprechen
verstehend zuhören	Inhalte zuhörend verstehen
szenisch spielen	Situationen in verschiedenen Spielformen szenisch entfalten
über Lernen sprechen	Lernergebnisse präsentieren und dabei Fachbegriffe benutzen
Schreiben	
über Schreibfertigkeiten verfügen	eine gut lesbare Handschrift flüssig schreiben
	den PC – wenn vorhanden – zum Schreiben verwenden und für Textgestaltung nutzen
richtig schreiben	geübte, rechtschreibwichtige Wörter normgerecht schreiben
Texte verfassen	
Texte schreiben	Lernergebnisse geordnet festhalten und auch für eine Veröffentlichung verwenden
	nach Anregungen (Texte, Bilder, Musik) eigene Texte schreiben
Lesen – mit Texten und Medien umgehen	
Über Leseerfahrungen verfügen	Angebote in Zeitungen [...], in Hörfunk und Fernsehen, auf Ton- und Bildträgern sowie im Netz kennen, nutzen und begründet auswählen
	Informationen in Druck- und – wenn vorhanden – elektronischen Medien suchen
Texte erschließen	gezielt einzelne Informationen suchen
	bei Verständnisschwierigkeiten Verstehenshilfen anwenden: nachfragen, Wörter nachschlagen, Text zerlegen
Texte präsentieren	verschiedene Medien für Präsentationen nutzen
Sprache und Sprachgebrauch untersuchen	
sprachliche Verständigung untersuchen	Unterschiede von gesprochener und geschriebener Sprache kennen

Im Zuge der Umstellung der Lehrpläne unter der Prämisse der „Kompetenzorientierung“ (MfSW 2008b, 1), besteht die besondere Herausforderung für Lehrkräfte darin, sich unterrichtliche Wege zu erschließen, diese an vielen Stellen durchaus weitläufig gefassten Standards zielführend umzusetzen. Dies erscheint gerade aus einer medienbezogenen Perspektive besonders anspruchsvoll, da Medien und Medienphänomene naturgemäß schnell und oftmals kurzlebig sind. Vor dieser Folie soll der bisherige Argumentationsgang abschließend mit geeigneten Beispielen für unterrichtliche Szenarien illustriert werden.

8. Beispiele für den Einsatz von Smartphones und Tablets im Deutschunterricht

Die Aufbereitung der Beispiele zum Einsatz von Smartphones und Tablets im Deutschunterricht der Grundschule erfolgt vor dem Hintergrund der vorausgehenden Überlegungen und greift die skizzierten Anforderungs- und Kompetenzbereiche in Anlehnung an gängige curriculare Kommentierungsformate (vgl. z.B. KMK 2005, 14ff.) auf. Die Einsatzsettings werden zu diesem Zweck mit Blick auf die technischen Voraussetzungen kurz umrissen, stichpunktartig den fachlichen Standards und Anforderungsbereichen[7] sowie den Feldern und Bereichen von Medienkompetenz zugeordnet und abschließend didaktisch kommentiert. Die Vorschläge beanspruchen dabei keine Vollständigkeit (etwa mit Blick auf die Standards o.Ä.), sondern verstehen sich vorwiegend als Denkanstoß, wie vielfältig und teils unaufwändig mobile Endgeräte den Deutschunterricht wirkungsvoll bereichern können.

Alle Anregungen lassen sich – sofern nicht anders gekennzeichnet – sowohl mit Smartphones als auch mit Tablets umsetzen. Im Sinne einer möglichst hohen Verwertbarkeit kann sich die Entscheidung für das eine oder das andere Endgerät dann immer auch ein Stück weit an pragmatischen Gesichtspunkten orientieren: Welche Geräte sind verfügbar? Benötigt die Aufgabenstellung ein großes Display (eher Tablet) oder ein hohes Maß an Mobilität (eher Smartphone)? Benötigt jeder Schüler ein Gerät (eher Smartphone) oder soll in Gruppen gearbeitet werden (eher Tablet)? Ein grundlegendes Leistungsvermögen beider Geräte besteht in den werkzeugartigen Grundfunktionen, wie z.B. Foto- und Videofunktionen, Tonaufnahmen, Zugriff auf Netzinhalte, Notiz- und Kalenderfunktionen, Kommunikationsmöglichkeiten uvm. (vgl. Abschnitt 3). Der Zugriff auf diese Optionen kann im (Deutsch-)Unterricht auf vielfältige Weise und in ganz unterschiedlichen Feldern und Settings erfolgen und sehr fruchtbar sein. Die nachfolgenden Überlegungen greifen diese naheliegenden „Mitläufer'-Anwendungen" (Getto o.J., 9) jedoch nicht explizit auf, sondern fokussieren solche Beispiele und Anwendungen, die das besondere Potential digitaler mobiler Endgeräte (wie etwa vielfältig steuer- und gestaltbare Text-Bild-Kombinationen etc.) für Lehr- und Lernprozesse im Deutschunterricht nutzbar machen. Ausgewählt wurden überdies Optionen, deren Einsatz auch ohne ein stabiles W-LAN möglich ist (wenngleich gerade die Onlinenutzung vielfältige Perspektiven eröffnet). Die Zusammenschau orientiert sich dabei an einer fachlichen Eignung, nicht an einer Präferenz für ein bestimmtes Produkt oder Betriebssystem – in der Regel finden sich ohnehin für alle gängigen Geräte oftmals die selben Angebote oder vergleichbare und adäquate Pendants.

7 Analog zur kompetenzorientierten Aufbereitung der Anforderungsbereiche im Deutschunterricht der Primarstufen in NRW, die sich auf die Beschreibung der Kompetenzerwartungen „am Ende der Schuleingangsphase und am Ende der Klasse 4" (MfSW 2008a, 12) beschränken, orientiert sich die Einordnung der Beispiele ebenfalls an den allgemeinen Kompetenzbereichen und Standards und nimmt nur am Rande jahrgangsspezifische Zuordnungen vor.

8.1 Informationen aufschreiben, sortieren und organisieren – Notizapps im Unterricht[8]

Varianten und Kurzbeschreibung:

- abc Notes – Checklist & Sticky Note Application von ALSEDI Group (geeignet für Apple-Geräte, 2.99€ [Stand 07.06.2016])
- Wunderlist von 6 Wunderkinder (geeignet für Apple, Android, kostenfrei [Stand 07.06.2016])
- Google Notizen von Google Inc. (geeignet für Android, kostenfrei [Stand 07.06.2016])

Notiz- und Memorierungsprogramme adaptieren die Funktion herkömmlicher Post-Its für mobile Endgeräte. Die vorgeschlagenen Varianten unterscheiden sich nur geringfügig, lediglich ‚Wunderlist' zeichnet sich durch etwas weitläufigere Ablage- und Austauschfunktionen aus. In allen Anwendungen lassen sich digitale Notizzettel und Kurznotizen anlegen, anordnen, in Gruppen sortieren und für Präsentationen aufbereiten. In jeweils unterschiedlichem Maße können dabei das Layout und die Struktur der Anwendungen individualisiert werden.

Bezüge zu den Standards im Fach Deutsch für den Primarbereich (vgl. KMK 2005):

- Lernergebnisse präsentieren und dabei Fachbegriffe benutzen
- geübte, rechtschreibschwierige Wörter normgerecht schreiben
- Lernergebnisse geordnet festhalten und auch für eine Veröffentlichung verwenden
- bei Verständnisschwierigkeiten Verstehenshilfen anwenden: nachfragen, Wörter nachschlagen, Texte zerlegen
- verschiedene Medien für Präsentationen nutzen

Bezüge zum Medienkompetenzmodell (vgl. Abschnitt 6):

- Auswahl und Nutzung vorhandener Medienangebote
- Möglichkeiten der Mediengestaltung
- Bedingungen der Medienproduktion und Medienverbreitung

Diskussion möglicher Anwendungsbereiche:

Die werkzeugartige Funktionalität der Anwendung ist an vielen Stellen des Deutschunterrichts einsetzbar. So kann die Präsentation von Lernergebnissen im Kompetenzbereich *Sprechen und Zuhören* beispielsweise dadurch unterstützt werden, dass schwierige Fachbegriffe im Vorfeld auf digitalen Kurznotizen notiert werden, die dann abgelesen, bedarfsweise verschoben oder – je nach Zweck – farbig hervorgehoben werden können. Hierbei werden zugleich Präsentationsfähigkeiten gefordert und geschult. Hilfreich kann die Ablage von Notizzetteln auch im Bereich der Einübung rechtschreibschwieriger Wörter sein,

8 Das Beispiel knüpft an die didaktischen Überlegungen von Getto (vgl. Getto o.J.) an und ist für den Zielbereich dieses Beitrags angepasst und aufbereitet worden.

die in der App notiert werden können. Zu diesem Zweck lässt sich etwa ein leerer Notizzettel über das zu lernende Wort schieben, auf dem das Wort erneut geschrieben und sich anschließend abgleichen lässt.

Parallel zur Lektüre schwieriger Texte, die ebenfalls auf dem Gerät gelesen werden können, ermöglicht die Anwendung, einzelnen Textteilen Begriffe und Titel zuzuordnen. Fremde Wörter lassen sich hier ablegen, leicht kopieren und in einem digitalen Nachschlagewerk überprüfen. Aus der Perspektive der Medienkompetenzförderung lässt sich die Anwendung nutzen, um zu veranschaulichen, welche Potentiale mit der gezielten Auswahl und Nutzung von Medien für die Unterstützung des eigenen Organisations- und Lernprozesses verbunden sein können. Der zweckmäßige Einsatz eines Mediums kann so geübt werden und eigene Medienbeiträge (etwa, wenn die eigene Notizsammlung über einen Beamer präsentiert wird) sind erstellbar. Im Bereich der Möglichkeiten der Mediengestaltung können Kinder angeregt werden, digitale Memorierungsfunktionen mit analogen zu vergleichen und ausgehend vom jeweiligen Einsatzzweck Vor- und Nachteile zu diskutieren. Zudem lassen sich die Produkte auch verwenden, um über unterschiedliche Varianten der Mediengestaltung und deren Wirkung zu sprechen. Beispielsweise erscheint in der kostenlosen App ‚abc Notes – Checklist & Sticky Note Application' stellenweise Werbung, die zu kostenpflichtigen Angeboten führt (vgl. Getto o.J., 8). Diese Funktion lässt sich ausschalten, kann aber in dem Zuge auch zur erzieherischen Thematisierung von Werbung und verdeckten Kostenfallen genutzt werden (vgl. ebd.).

8.2 Sprache interaktiv gestalten – Videoapps im Unterricht[9]

Varianten und Kurzbeschreibung:

- Funny Movie Maker von Electric French Fries (geeignet für Apple, kostenfrei [Stand 07.06.2016])
- Verbalizer – Gratis Filmstudio von Margeo Apps (geeignet für Android, kostenfrei [Stand 07.06.2016])

Mit Hilfe der Anwendungen lassen sich eigene oder vorliegende Fotografien mit Sprache unterlegen. Dazu werden ausgewählte Bereiche aus den Bildquellen ausgeschnitten und die entstandenen Lücken gegen aufgezeichnete Videoclips getauscht. So ist es dann beispielsweise möglich, den eigenen Mund beim Sprechen zu filmen und an Stelle eines anderen Mundes einzufügen. Auf diese Weise entstehen originelle und lustige Videoclips, in denen unterschiedliche Aufzeichnungsformate flexibel miteinander kombinierbar sind.

Bezüge zu den Standards im Fach Deutsch für den Primarbereich (vgl. KMK 2005):

- sich an Gesprächen beteiligen
- an der gesprochenen Standardsprache orientiert und artikuliert sprechen
- Inhalte zuhörend verstehen
- Situationen in verschiedenen Spielformen szenisch entfalten

9 Das Beispiel knüpft an die didaktischen Überlegungen von Zinn (vgl. Zinn o.J) an und ist für den Zielbereich dieses Beitrags angepasst und aufbereitet worden.

- Lernergebnisse präsentieren und dabei Fachbegriffe benutzen
- verschiedene Medien für Präsentationen nutzen

Bezüge zum Medienkompetenzmodell (vgl. Abschnitt 6):

- Gestaltung und Verbreitung eigener Medienbeiträge
- Möglichkeiten der Mediengestaltung
- Medieneinflüsse
- Bedingungen der Medienproduktion und Medienverbreitung

Diskussion möglicher Anwendungsbereiche:

Der Einsatz dieser Videotools eröffnet im Kompetenzbereich *Sprechen und Zuhören* vielzählige Möglichkeiten im Deutschunterricht. Insbesondere für den Bereich des szenischen Spiels ergibt sich viel Potential. Das komplexe Zusammenwirken visueller und auditiver Wahrnehmungen kann aufgezeichnet, bearbeitet und so analysiert werden. Wahrnehmungsübungen, etwa zum Zusammenspiel von Mimik und Stimme, sind anhand konkreter Kommunikations- und Interaktionsanlässe erfahr- und reflektierbar. So lassen sich typische Gepflogenheiten, wie etwa Begrüßungen und Verabschiedungen, spielerisch und humorvoll einüben, indem sich zwei Schüler gegenseitig filmen und jeweils das selbst gesprochene Material einfügen. Auf diese Weise wird nicht nur selber gesprochen, sondern das gespeicherte und nachträglich bearbeitbare Video- und Tonmaterial ermöglicht eine kritische Reflexion des eigenen Sprechens. Der humorvolle Kontext trägt dazu bei, etwaige Schamgefühle beim öffentlichen Sprechen spielerisch zu überwinden. Zugleich wird immer auch das Zuhören geschult. Das physiologische Zusammenspiel von Lippen, Mundraum und Artikulation kann sichtbar und einer verstehenden Betrachtung zugänglich gemacht werden. Gerade Präsentationen lassen sich auf diese Weise gut aufbereiten. Lernförderliche Effekte versprechen dabei auch die vielzähligen Kombinationsmöglichkeiten von Bild, Video und Tonmaterial. Kinder können hier eigene Lernpräferenzen entdecken und ausbilden. Aus der Perspektive der Medienkompetenz ergeben sich ebenfalls vielfältige Potentiale: Kinder lernen, ein Medienangebot zielgerichtet und kreativ zu nutzen. Der Kern der Anwendung besteht dann in der Untersuchung und Erprobung vielfältiger Gestaltungsmöglichkeiten. Die Entwicklung und Manipulation eigenen Materials ermöglicht die Sichtbarmachung und Thematisierung, wie anfällig Medienprodukte für nachträgliche Verfremdungen sind. Die Applikation kann somit auch als Anker für eine erzieherische Auseinandersetzung mit Manipulationseffekten in Medien genutzt werden. Mit Blick auf die Medienwirkung ist die Anwendung auch prädestiniert dafür, erzeugte Affekte wie Komik, Scham, Sorgen und Angst zu bearbeiten. Auf diese Weise kann die Anwendung einen Beitrag zur Entwicklung der „medienbezogene Genussfähigkeit“ (Groeben 2002, 170) beim Medienkonsum leisten.

8.3 Comics entwickeln, gestalten und präsentieren – Comic-Apps im Unterricht[10]

Varianten und Kurzbeschreibung:

- ComicBook! von 3DTOPO (geeignet für Apple, 2.99€ [Stand 07.06.2016])
- Bitstrips (geeignet für Android, kostenfrei [Stand 07.06.2016])

Die Anwendungen ermöglichen dem Nutzer die Entwicklung eines eigenen Comicstrips. Dabei kann auf vielzählige Gestaltungsoptionen zurückgegriffen werden. Variantenreiche Bildkompositionen sind flexibel vor verschiedenen Hintergründen arrangierbar. Den Bildergeschichten können dann comictypische Denk- und Sprechblasen zugeordnet werden. Es handelt sich um englischsprachige Apps, deren intuitive Menüführung jedoch bereits von jüngeren Kindern genutzt werden können. Die fertigen Produkte lassen sich speichern und so austauschen und vervielfältigen.

Bezüge zu den Standards im Fach Deutsch für den Primarbereich (vgl. KMK 2005):

- den PC – wenn vorhanden – zum Schreiben verwenden und für Textgestaltung nutzen
- geübte, rechtschreibschwierige Wörter normgerecht schreiben
- nach Anregungen (Texten, Bildern, Musik) eigene Texte schreiben
- Unterschiede von gesprochener und geschriebener Sprache kennen

Bezüge zum Medienkompetenzmodell (vgl. Abschnitt 6):

- Gestaltung und Verbreitung eigener Medienbeiträge
- Möglichkeiten der Mediengestaltung
- Medieneinflüsse

Diskussion möglicher Anwendungsbereiche:

Der Einsatz einer Comic-App im Deutschunterricht bietet vielfältige Möglichkeiten, die Kompetenzbereiche *Sprache und Sprachegbrauch untersuchen* sowie *Schreiben* anzuregen. Schüler knüpfen hierbei an ein Medium an, das ihnen aus informellen Kontexten bereits geläufig ist. Es ist zu erwarten, dass dieser motivierende Effekt dazu beiträgt, durch anspruchsvolle Kombinationen eigene Geschichten zu entwickeln, zu gestalten und mit Sprache zu untermauern. Den Bildvorlagen können selbstständig verfasste Texte zugeordnet werden, die beispielsweise darauf abzielen, die Stimmung der Zeichnung, des Hintergrundes und der Umgebung in Gedankenblasen zum Ausdruck zu bringen. Die Schüler lernen so, Gedanken- und Gefühlswelten sprachlich darzustellen. Gerade kreative Schreibprozesse lassen sich auf diese Weise stimulieren, da selbst arrangierte Bildkompositionen Inspirationen ermöglichen und Raum für schriftsprachliche Ergänzungen vorsehen. Die vergleichsweise knappen Textbausteine eines Comicstrips sind zudem geeignet, die Hürde aufwändigerer Schreibprozesse zu umgehen. Als Textsorte, die sowohl mündliche

10 Das Beispiel knüpft an die didaktischen Überlegungen von Kreschel (vgl. Kreschel o.J.) an und ist für den Zielbereich dieses Beitrags angepasst, um eine zusätzliche Applikation erweitert und aufbereitet worden.

als auch schriftliche Elemente des Sprachgebrauchs aufgreift und kombiniert, kann der Einsatz der Comic-Applikationen auch dazu beitragen, die Unterschiede und Wirkungen der jeweiligen Variante aufzuzeigen und einzuüben. So erfordert etwa die Gestaltung von Bildunterschriften und Sprechblasen, sich mit Fragen von Mündlichkeit und Schriftlichkeit produktiv auseinanderzusetzen. Mit Blick auf die Förderung der Medienkompetenz wird insbesondere der Bereich der Gestaltung und Verbreitung eigener Medienbeiträge angesprochen. In diesem Zusammenhang kann beispielsweise erarbeitet werden, durch was sich Comics als Medium auszeichnen und wie man diesen Prämissen gerecht wird. Die Arbeit mit der Anwendung kann als Ausgangspunkt für einen Vergleich unterschiedlicher publizistischer Produkte dienen. Indem fiktionale und reale Charaktere verwendet werden können, lassen sich Bezüge und Abgrenzungen zwischen Realem und Fiktionalem in Medien thematisieren. Die verschiedenartigen Arrangements von Bildern, Figuren und Effekten lassen sich nutzen, um Medienwirkungen zu vergleichen und Einflüsse, die von Medien ausgehen, zu erörtern. Die Vielzahl an unrealistischen Darstellungen, die sich mit der Anwendung komponieren lassen, können als Ausgangspunkt dafür dienen, sich mit von Medien verursachten, irreführenden Vorstellungen und subjektiven Theorien auseinanderzusetzen. So können gerade sensible Bereiche der Medienwirkungen, wie etwa Angst und Grusel kindgerecht bearbeitet und hinterfragt werden.

8.4 Elektronische Bücher gestalten – Buchapps im Unterricht[11]

Varianten und Kurzbeschreibung:

- Book Creator von Red Jumper Limited (geeignet für Apple iPad, 2.99€ [Stand 07.06.2016] und Android-Tablet, 2.43€ [Stand 07.06.2016])

Die Anwendung ermöglicht die Gestaltung elektronischer Bücher. Eigene Geschichten lassen sich in unterschiedlicher Weise aufbereiten. Dabei ist es möglich, Fotos, Bilder, Ton- und Musikpassagen einzupflegen. Neben der klassischen Tastaturfunktion besteht die Möglichkeit, handschriftlich zu arbeiten. Es handelt sich um eine englischsprachige App, deren intuitive Menüführung jedoch bereits von jüngeren Kindern nutzbar ist. Die fertigen Produkte lassen sich als PDF-Datei speichern und so austauschen und vervielfältigen.

Bezüge zu den Standards im Fach Deutsch für den Primarbereich (vgl. KMK 2005):

- Inhalte zuhörend verstehen
- eine gut lesbare Handschrift flüssig schreiben
- den PC – wenn vorhanden – zum Schreiben verwenden und für Textgestaltung nutzen
- nach Anregungen (Texte, Bilder, Musik) eigene Texte schreiben
- verschiedene Medien zur Präsentation nutzen

Bezüge zum Medienkompetenzmodell (vgl. Abschnitt 6):

- Auswahl und Nutzung vorhandener Medienangebote
- Gestaltung und Verbreitung eigener Medienbeiträge

11 Das Beispiel knüpft an die didaktischen Überlegungen von Podzic (vgl. Podzic o.J) an und ist für den Zielbereich dieses Beitrags angepasst und aufbereitet worden.

- Möglichkeiten der Mediengestaltung
- Bedingungen der Medienproduktion und Medienverbreitung

Diskussion möglicher Anwendungsbereiche:

Mit der Gestaltung eines elektronischen Buches sind vielfältige Potentiale für den Deutschunterricht verbunden. Die Kombination von Bildern, Texten und Gesprochenem schafft die Möglichkeit, unterschiedliche Anforderungsbereiche an Schriftsprachlichkeit zu thematisieren und spielerisch zu erproben. Die Anwendung lässt sich einsetzen, um eigene Erfahrungen zu verschriftlichen und mit anderen zu teilen. Schüler sind so aufgefordert, ein Gespür für Leserführung zu entwickeln und ihren eigenen Sprachgebrauch zu reflektieren. Die Kombination aus Tastatur und Stift schafft Einblicke in den Unterschied zwischen elektronischen und handschriftlichen Schreibfertigkeiten. Aus der Perspektive des Lesens weckt die Gegenüberstellung Verständnis für die Notwendigkeit eines sauberen Schriftbildes. Die Möglichkeit, ganz unterschiedliche Medienformate nach persönlichen Präferenzen miteinander zu kombinieren, kann sich motivierend auf die Herausforderung eines kreativen Schreibprozesses auswirken. Mit Blick auf die Bereiche der Medienkompetenz sind verschiedene Anknüpfungspunkte offenkundig: Aus der Perspektive der Auswahl und Nutzung von Medienangeboten ermöglicht die Kombination unterschiedlicher Zugänge in einem Medium eine reflektierte Auseinandersetzung hinsichtlich der jeweiligen Zweckmäßigkeit und Absicht, etwa mit Blick auf das antizipierte Publikum. Kinder lernen spielerisch, eigene Medienbeiträge zu gestalten und erproben erste Zugänge zur redaktionellen Aufbereitung eines Medienprodukts. Die Vielzahl medialer Gestaltungsmittel können hinsichtlich ihrer jeweiligen Eignung und Wirkung für verschiedene Zielsetzungen miteinander verglichen werden. Somit sind die Schüler zugleich mit der Berücksichtigung unterschiedlicher Medieneinflüsse konfrontiert, indem bestimmte Effekte der eigenen Geschichte erzielt werden sollen. Die Aufbereitung einer eigenen Erzählung schafft überdies einen Diskussionsanreiz mit Blick auf Bedingungen der Medienproduktion. So kann – je nach Altersstand der Schüler – die Frage aufgegriffen werden, welchen ökonomischen Bedingungen Verlage bei der Gestaltung und Entwicklung von Büchern und eBooks und bei der Werbung und Vermarktung fertiger Produkte unterworfen sind.

Literatur

Abraham, Ulf: Welches Medienwissen brauchen Deutschlehrer? Fachliches Professionswissen und Unterrichtserfolg. In: Knopf, Julia (Hrsg.): Medienvielfalt in der Deutschdidaktik. Erkenntnisse und Perspektiven für Theorie, Empirie und Praxis. Baltmannsweiler: Schneider Verlag Hohengehren 2015, 4-16.

Albrecht, Christian: Fachspezifische mediendidaktische Konzeptionen. In: Frederking, Volker; Krommer, Axel; Möbius, Thomas (Hrsg.): Digitale Medien im Deutschunterricht. Baltmannsweiler: Schneider Verlag Hohengehren 2014, 134-149.

Bachmair, Ben; Risch, Maren; Friedrich, Katja; Mayer, Katja: Eckpunkte einer Didaktik des mobilen Lernens. Operationalisierug im Rahmen eines Schulversuchs. In: MedienPädagogik – Zeitschrift für Theorie und Praxis der Medienbildung, 2011, Themenheft Nr. 19. Online verfügbar unter: www.medienpaed.com/19/bachmair1103.pdf (letzter Zugriff: 07.06.2016).

Bachmair, Ben: Auf dem Weg zu einer Didaktik mobilen Lernens. In: Karpa, Dietrich; Eickelmann, Birgit; Grafe, Silke (Hrsg.): Digitale Medien und Schule. Zur Rolle digitaler Medien in Schulpädagogik und Lehrerbildung. Kassel: Prolog-Verlag 2013, 59-78.

Barsch, Achim: Mediendidaktik Deutsch. Paderborn: Verlag Ferdinand Schöningh 2006.

Breiter, Andreas; Aufenanger, Stefan; Averbeck, Ines; Welling, Stefan; Wedjelek, Marc: Medienintegration in Grundschulen. Landesanstalt für Medien Nordrhein-Westfalen. Düsseldorf: VISTAS Verlag 2013.

Brommer, Sarah: Schreibkompetenzen in medialen Umgebungen messen und beurteilen. In: Knopf, Julia (Hrsg.): Medienvielfalt in der Deutschdidaktik. Erkenntnisse und Perspektiven für Theorie, Empirie und Praxis. Baltmannsweiler: Schneider Verlag Hohengehren 2015, 56-65.

Charlton, Michael: Das Kind und sein Startkapital. Medienhandeln aus der Perspektive der Entwicklungspsychologie. In: Theunert, Helga (Hrsg.): Medienkinder von Geburt an. München: kopaed 2007, 25-40.

Diederich, Jürgen; Tenorth, Heinz-Elmar: Theorie der Schule. Berlin: Cornelsen Scriptor 1997.

Feil, Christine; Gieger, Christoph; Quellenberg, Holger: Lernen mit dem Internet. Beobachtungen und Befragungen in der Grundschule. Wiesbaden: VS Verlag für Sozialwissenschaften 2009.

Frederking, Volker; Krommer, Axel; Möbius, Thomas (Hrsg.): Digitale Medien im Deutschunterricht. Baltmannsweiler: Schneider Verlag Hohengehren 2014.

Frederking, Volker; Krommer, Axel: Deutschunterricht und mediale Bildung im Zeichen der Digitalisierung. In: Frederking, Volker; Krommer, Axel; Möbius, Thomas (Hrsg.): Digitale Medien im Deutschunterricht. Baltmannsweiler: Schneider Verlag Hohengehren 2014, 150-182.

Frederking, Volker: Symmedialität und Synästhetik. Die digitale Revolution im medientheoretischen, medienkulturgeschichtlichen und mediendidaktischen Blick. In: Frederking, Volker; Krommer, Axel; Möbius, Thomas (Hrsg.): Digitale Medien im Deutschunterricht. Baltmannsweiler: Schneider Verlag Hohengehren 2014, 3-49.

Getto, Maresa: Memos mit „abc Notes Lite" – Checklist & Sticky Note Application. In: medien + bildung.com GmbH (Hrsg.): Tablets im Bildungseinsatz. Methoden und Tipps Grundschule. Ludwigshafen: o.J, 8-9.

Groeben, Norbert: Dimensionen von Medienkompetenz: Deskriptive und normative Aspekte. In: Groeben, Norbert; Hurrelmann, Bettina (Hrsg.): Medienkompetenz. Voraussetzungen, Dimensionen, Funktionen. München: Juventa 2002, 160-197.

GSV [Grundschulverband]: Standpunkt Medienbildung. Grundschulkinder bei der Mediennutzung begleiten – Innovative Lernpotenziale in der Grundschule nutzen. In: Grundschule aktuell (2015), 131, 20-21.

Heinen, Richard; Kerres, Michael; Schiefner-Rohs, Mandy: Bring your own device: Private, mobile Endgeräte und offene Lerninfrastrukturen an Schulen. In: Karpa, Dietrich; Eickelmann, Birgit; Grafe, Silke (Hrsg.): Digitale Medien und Schule. Zur Rolle digitaler Medien in Schulpädagogik und Lehrerbildung. Kassel: Prolog-Verlag 2013, 129-145.

Hengst, Heinz: Die (zeitliche) Entgrenzung von schulischem und außerschulischem Lernen. In: Zeiher, Helga; Schroeder, Susanne (Hrsg.): Schulzeiten, Lernzeiten, Lebenszeiten. Weinheim, München: Juventa 2008, 71-79.

Hepp, Andreas; Krotz, Friedrich: Mediatisierte Welten: Forschungsfelder und Beschreibungsansätze. In: Hepp, Andreas; Krotz, Friedrich (Hrsg.): Mediatisierte Welten. Wiesbaden: Springer VS 2012, 7-23.

Herzig, Bardo; Aßmann, Sandra: Entgrenzung von Schule in der digitalen Welt. In: Aßmann, Sandra; Meister, Dorothee M.; Pielsticker, Antje (Hrsg.): School's out? Informelle und formelle Medienbildung. München: kopaed 2014, 43-55.

Herzig, Bardo; Grafe, Silke: Medienkompetenz – Grundbegriffe, Kompetenzmodelle, Standards. In: Eilerts, Katja; Hilligus, Annegret H.; Kaiser, Gabriele; Bender, Peter (Hrsg.): Kompetenzorientierung in Schule und Lehrerbildung. Münster: LIT 2011, 87-108.

Herzig, Bardo: Digitale Medien in der Lehr-Lernforschung. Ergebnisse und Herausforderungen aus interdisziplinärer Sicht. In: Knopf, Julia (Hrsg.): Medienvielfalt in der Deutschdidaktik. Erkenntnisse und Perspektiven für Theorie, Empirie und Praxis. Baltmannsweiler: Schneider Verlag Hohengehren 2015, 17-35.

Herzig, Bardo: Medienbildung. Grundlagen und Anwendungen. München: kopaed 2012.

IfD [Institut für Demoskopie Allensbach]: Digitale Medien im Unterricht – Möglichkeiten und Grenzen. Studie im Auftrag der Deutschen Telekom Stiftung. 2013. Online verfügbar unter: http://www.telekom-stiftung.de/dts-cms/sites/default/files//dts-library/body-files/rechte-spalte/05_Impulse/ZEIT-Konferenzen/allensbach-studie_web-pdf.pdf. (letzter Zugriff: 07.06.2016).

KMK (Sekretariat der Ständigen Konferenz der Kultusminister der Länder in der Bundesrepublik Deutschland) (Hrsg.): Beschlüsse der Kultusministerkonferenz. Bildungsstandards im Fach Deutsch für den Primarbereich (Jahrgangsstufe 4). München: Wolters Kluwer Deutschland GmbH 2005.

KMK (Sekretariat der Ständigen Konferenz der Kultusminister der Länder in der Bundesrepublik Deutschland) (Hrsg.): Empfehlungen zur Arbeit in der Grundschule (Beschluss der KMK vom 02.07.1970 i.d.F. vom 11.06.2015). Berlin 2015.

Kreschel, Diemut: Comics selber machen – Mit Comic Book in der Grundschule arbeiten. In: medien + bildung.com gGmbH (Hrsg.): Tablets im Bildungseinsatz. Methoden und Tipps Grundschule. Ludwigshafen: o.J, 14-15.

Krommer, Axel: „Bring your own device!" und die Demokratisierung des Beamers. Deutschdidaktische Dimensionen digitaler Technik. In: Knopf, Julia (Hrsg.): Medienvielfalt in der Deutschdidaktik. Erkenntnisse und Perspektiven für Theorie, Empirie und Praxis. Baltmannsweiler: Schneider Verlag Hohengehren 2015, 36-47.

Krotz, Friedrich: Von der Entdeckung der Zentralperspektive zur Augmented Reality: Wie Mediatisierung funktioniert. In: Krotz, Friedrich; Hepp, Andreas (Hrsg.): Mediatisierte Welten. Wiesbaden: Springer VS 2012, 27-55.

Manovich, Lev: Software Takes Command. New York, London: Bloomsbury 2013.

Mayrberger, Kerstin: Digitale Bildungsmedien – eine kritische Sicht aus mediendidaktischer Perspektive auf aktuelle Entwicklungen. In: Matthes, Eva; Schütze, Sylvia; Wiater, Werner (Hrsg.): Digitale Bildungsmedien im Unterricht. Bad Heilbrunn: Verlag Julius Klinkhardt 2013, 26-41.

Metzger, Klaus: Umgang mit Medien in der Grundschule – Teil 2. Die effektive Einbindung von Medien in den Deutsch- und Sprachunterricht. In: Grundschulmagazin (2008), 2, 51-54.

MfSW (Ministerium für Schule und Weiterbildung des Landes Nordrhein-Westfalen) (Hrsg.): Kompetenzorientierung – Eine veränderte Sichtweise auf das Lehren und Lernen in der Grundschule. Handreichung. Frechen: Ritterbach Verlag 2008b.

MfSW (Ministerium für Schule und Weiterbildung des Landes Nordrhein-Westfalen) (Hrsg.): Informationen zum Lehrplan Deutsch Grundschule. O.J.

MfSW (Ministerium für Schule und Weiterbildung des Landes Nordrhein-Westfalen) (Hrsg.): Lehrplan Deutsch für die Grundschulen des Landes Nordrhein-Westfalen. Entwurf MSW 28.1.2008a.

Möbius, Thomas: Empirische Forschung zum Einsatz digitaler Medien im Deutschunterricht. Ein Überblick. In: Frederking, Volker; Krommer, Axel; Möbius, Thomas (Hrsg.): Digitale Medien im Deutschunterricht. Baltmannsweiler: Schneider Verlag Hohengehren 2014, 337-358.

MPFS [Medienpädagogischer Forschungsverbund Südwest]: Familie, Interaktion & Medien. Untersuchung zur Kommunikation und Mediennutzung in Familien. Stuttgart: LFK 2012.

MPFS [Medienpädagogischer Forschungsverbund Südwest]: Kinder + Medien Computer + Internet. Basisuntersuchung zum Medienumgang 6- bis 13-Jähriger in Deutschland. Stuttgart: LFK 2013.

MPFS [Medienpädagogischer Forschungsverbund Südwest]: Kinder + Medien Computer + Internet. Basisuntersuchung zum Medienumgang 6- bis 13-Jähriger in Deutschland. Stuttgart: LFK 2015.

Neumann, Michelle M.; Neumann, David L.: Touch Screen Tablets and Emergent Literacy. In: Early Childhood Education Journal (2014), 42, 231-239.

Nieding, Gerhild; Ohler, Peter; Rey, Günter D.: Lernen mit Medien. Paderborn: Ferdinand Schöningh 2015.

Niegemann, Helmut M.; Zander, Steffi: Tablets in der Schule: Mediendidaktische Chancen. In: Karpa, Dietrich; Eickelmann, Birgit; Grafe, Silke (Hrsg.): Digitale Medien und Schule. Zur Rolle digitaler Medien in Schulpädagogik und Lehrerbildung. Kassel: Prolog-Verlag 2013, 79-84.

Podzic, Irma: Mit „Book Creator“ ein Buch erstellen – e-Books im Deutschunterricht. In: medien + bildung. com gGmbH (Hrsg.): Tablets im Bildungseinsatz. Methoden und Tipps Grundschule. Ludwigshafen: o.J, 30-31.

Pola, Annette; Haage, Anne: Ohne Medien keine Inklusion. Aktive Medienarbeit schafft soziales Miteinander. In: Praxis Fördern (2015), 2, 4-6.

Schrenker, Eva: #Lesen #Digitale Medien #Schule – Lesen in und mit digitalen Medien. In: Knopf, Julia (Hrsg.): Medienvielfalt in der Deutschdidaktik. Erkenntnisse und Perspektiven für Theorie, Empirie und Praxis. Baltmannsweiler: Schneider Verlag Hohengehren 2015, 137-147.

Spanhel, Dieter: Mit Medien Deutsch lernen. Chancen des Medieneinsatzes im Fach Deutsch als Fremdsprache an Grundschulen. In: Frühes Deutsch (2007), 12, 4, 4-8.

Tulodziecki, Gerhard; Herzig, Bardo; Grafe, Silke: Medienbildung in Schule und Unterricht. Bad Heilbrunn: Verlag Julius Klinkhardt, UTB 2010.

Vermaat, Misty E.; Sebok, Susan; Freund, Steven M.; Campbell, Jennifer T.; Frydenberg, Mark: Discovering Computers: Tools, Apps, Devices and the Impact of Technology, Essentials Boston: Cengage Learning 2014.

Voß, G. Günter: Die Entgrenzung von Arbeit und Arbeitskraft. Eine subjektorientierte Interpretation des Wandels der Arbeit. In: Mitteilungen aus der Arbeitsmarkt- und Berufsforschung 1998, 31, 3, 473-487.

Zinn, Christine: Funny Movie Maker. Fotos zum Sprechen bringen. In: medien + bildung.com GmbH (Hrsg.): Tablets im Bildungseinsatz. Methoden und Tipps Grundschule. Ludwigshafen: o.J, 12-13.

STEFAN AUFENANGER

Interaktives Whiteboard

Technische Grundlagen, Potential und Beispiele für den Deutschunterricht der Primarstufe

1. Von der Tafel zum Interaktiven Whiteboard

Tafeln spielen im Kontext von Unterrichten eine bedeutende Rolle. Auch wenn sie in Schulen erst Mitte des 19. Jahrhunderts eingeführt worden sind, haben sie schnell die Klassenzimmer erobert. Aber dies ging nicht einfach, da es zuvor zwar auch schon Tafeln gab und ihre didaktische Bedeutung unterstrichen wurde (so bei Comenius), aber sie nicht als eine Alternative zu Text- und Bildtafeln gesehen wurden. Jedoch wurde schnell ihre Bedeutung für die Veranschaulichung und das Zeigen erkannt und als Grundausstattung in Schulen eingeführt (vgl. Wich 2008). Schon Anfang des 20. Jahrhunderts wurde der Begriff ‚Schultafel' in pädagogische Lexika aufgenommen (vgl. Rein 1910). Im schulpädagogischen Kontext hat die Gestaltung eines Tafelbilds eine große Bedeutung. Noch heute wird etwa bei schulpraktischen Prüfungen zum Beispiel während des Referendariats die Einbeziehung der Tafel sowie deren Verwendung bei der Vermittlung bewertet. Zur Unterstützung dieser Aufgabe werden hinreichend Hilfen und Tipps gegeben, die zum größten Teil auch fachspezifisch orientiert sind.

In der ersten Phase der Lehrerbildung selbst wird die Schultafel – wenn überhaupt – nur unter fachdidaktischen Aspekten betrachtet. Neuere Arbeiten wenden sich der Verwendung der Schultafel aus einer ethnographischen Perspektive zu und fragen nach der didaktischen Einbettung von Objekten im Unterricht (vgl. Röhl 2013). In dieser Linie hat die traditionelle Schultafel eine über hundertfünfzigjährige Tradition im Schulunterricht, ohne dass großartige Veränderungen vorgekommen sind. Erst mit dem Aufkommen von Beamern und damit verbunden den digitalen Tafeln veränderte sich dies. Technisch gesehen gab es zwar schon ähnliche Vorgänger in den 1980er Jahren, aber bedeutsam wurden diese Tafeln erst nach der Jahrtausendwende. Sie entstanden in dieser Zeit und fanden anfangs in Büroumgebungen Verwendung. Ihre Entwicklung war eine Antwort auf fehlende Speichermöglichkeiten von Informationen und den Wunsch nach besserer Vernetzung etwa bei Meetings. Nach zwei Jahrzehnten sind sie weltweit im Bildungssektor anzutreffen. In vielen Schulen wurden die Kreidetafeln entweder durch diesen neuen Typ ersetzt oder ergänzt und die ersten praxisorientierten Ratgeber erschienen (vgl. Aufenanger/ Bauer 2010 oder Schlieszeit 2011). Zahlreiche Schulträger und Schulministerien sahen in den digitalen Tafeln einen ersten Schritt zur Digitalisierung von Schule, wobei jedoch häufig nur auf die technische Ausstattung fokussiert wurde, dagegen die Aus- und Fortbildung der Lehrkräfte häufig nicht in den Blick kam.

In anderen Ländern, besonders in Großbritannien und USA, vollzog sich diese Entwicklung schon früher als im deutschsprachigen Raum. So wurde die Ausstattung mit Interaktiven Whiteboards in englischen Schulen schon 2001 mit ca. 20% angegeben, als kaum eine deutsche Schule eine solche Tafel im Klassenzimmer hatte (vgl. Cogill 2002). Zehn Jahre später wurde die Ausstattung schon mit ca. 90% geschätzt, wobei auch bezogen auf publizierte deutsche Zahlen nicht genau zwischen einer Schulausstattung – wo ein Interaktives Whiteboard genügt – und der Ausstattung in Klassenzimmern unterschieden wird. In Großbritannien waren vor ein paar Jahren 70% der Klassenräume mit Interaktiven Whiteboards ausgestattet, in Deutschland wurde diese Zahl auf gut 6% geschätzt (vgl. Schlieszeit 2011). Grund für diese Zahl ist in den fehlenden Bildungsinvestitionen in Deutschland zu sehen. Dank einiger Finanzierungsprogramme von Kommunen und Ländern in den letzten Jahren, aber auch durch Lehrerinitiativen, gibt es jedoch einen positiven Trend zu mehr Geräten in Deutschland. Zu diskutieren sind auch die jeweiligen Vor- und Nachteile von Interaktiven Whiteboards bzw. Kreidetafeln (vgl. Knaus 2011), wobei die Argumente sich jeweilig in der Waage halten dürften.

Auch die Frage der Begrifflichkeit ist bis heute nicht gut geklärt. Während die einen von ‚digitalen Tafeln' sprechen, verwenden andere den Begriff der ‚Interaktiven Whiteboards', der auch – mit seiner Abkürzung IWB – im anglo-amerikanischen Bereich sich durchgesetzt hat. An manchen Stellen wird auch von Smart-Boards gesprochen, wobei hierbei der Firmenname jenes Unternehmens verwendet wird, welches weltweit neben der Firma Promethean als Marktführer gelten kann. Im Folgenden wird der Begriff ‚Interaktive Whiteboards' verwendet, da er das Hauptmerkmal der Tafel, eine – technische – Interaktion beschreibt.

2. Technische Aspekte von Interaktiven Whiteboards

Bei Interaktiven Whiteboards handelt es sich um eine berührungsempfindliche, auf digitaler Basis funktionierende Weißwandtafel mit einer kratz- und stoßfesten Oberfläche, die über einen Computer mit einem Beamer verbunden wird. Auf der Boardoberfläche kann, wie auf einer herkömmlichen Tafel, je nach Herstellermodell per Hand oder mit einem speziellen kabellosen Eingabestift ähnlich einer modernen Computermaus gearbeitet werden. Tafelbilder werden aber nicht real am Board erstellt, sondern in Form von Dateneingaben – elektronisch – an den Computer übermittelt. Das daraus errechnete Bild wird unmittelbar mit dem Beamer auf die Boardoberfläche projiziert, wodurch der Eindruck eines zeitgleichen realen Tafelbildes entsteht. Über den am Board abgebildeten Computerbildschirm kann der Rechner mit all seinen Funktionen und installierten Programmen direkt von der interaktiven Tafel aus gesteuert werden (vgl. Eule/ Issing 2005). Das Interaktive Whiteboard bietet alle Funktionen und entsprechend auch die didaktischen und methodischen Möglichkeiten der herkömmlichen Medien in einem. In ihm sind Tafel, Overheadprojektor, Notebook mit Beamer, Diaprojektor, Flipchart, Videorekorder und CD-Player integriert. Die umständliche Beschaffung, Reservierung und das Herumrollen von Multimediawagen entfällt, wenn in den Klassenräumen Interaktive Whiteboards installiert sind. Die interaktiven Tafeln sind nicht auf die spezielle Software begrenzt. Es können Dokumente aller Art (zum Beispiel Word, Excel oder Powerpoint) integriert und handschriftlich ergänzt werden. Die mit den Boards mitgelieferte und speziell auf deren Funktionen abgestimmte Software sieht weitere Einsatzmöglichkeiten vor.

Entsprechend können die initiierten Projekte in Deutschland jetzt von den Erfahrungen, die zum Teil in Studien dokumentiert sind, profitieren. Aus diesen geht hervor, dass die Mehrheit der involvierten Lehrkräfte von dieser neuen Technologie angetan ist und sie gerne im Unterricht verwendet. Erfahrene Benutzer betonen jedoch, das Potential der interaktiven Tafeln noch gar nicht richtig ausgeschöpft zu haben. So wird in Beobachtungen aus verschiedenen europäischen Ländern dokumentiert, dass die meisten Lehrpersonen nur 20% bis 30% der Funktionen der Whiteboards nutzen und die meisten Bedürfnisse einer Lehrperson mit der Installation eines Beamers, eines Computers und einer einfachen weißen Projektionsfläche gedeckt wären (vgl. Eder et al. 2008).

Die Software der Interaktiven Whiteboards ermöglicht, dass der Unterricht zu Hause vorbereitet werden kann und nicht noch einmal in der Schule auf einem Medium erstellt werden muss. Die wertvolle Unterrichtszeit, die häufig durch Tafelanschriebe in Anspruch genommen wird, entfällt. Aber auch im Unterricht entwickelte Tafelbilder können mit der Recorderfunktion aufgezeichnet werden und sind somit archivierbar. Diese lassen sich über ein in der Schule verwendetes Lernmanagementsystem für jeden Schüler oder Lehrer zugriffsbereit ablegen. Der Unterrichtsablauf kann in einem virtuellen Unterrichtsraum für Schüler zur Verfügung gestellt und somit auch zu Hause nachgeschaut und wiederholt werden. Dies erleichtert z.B. die Nacharbeit, wenn ein Schüler nicht am Unterricht teilnehmen konnte. Über die Arbeit mit Interaktiven Whiteboards lässt sich auch der Unterricht einfach dokumentieren. Auch kann der Unterricht beim nächsten Mal mit dem gleichen Tafelbild weitergeführt werden, ohne dass man alles neu anschreiben oder befürchten muss, dass jemand den Anschrieb ausgewischt hat, wie bei der Kreidetafel.

Das Interaktive Whiteboard ermöglicht weiterhin den Lehrkräften eine dynamische Unterrichtsgestaltung mit multimedialen Elementen, wie z.B. Texten, Bildern, Videos und Audiounterstützung. Die Schüler werden damit über mehrere Sinneskanäle sowie verschiedene Lernstile und -typen angesprochen. Komplexe Unterrichtsinhalte können anschaulich aufbereitet und auch durch die Interaktion der Schüler mit der Tafel erlebbar gemacht werden. Aber hier ist auch Vorsicht geboten. Durch die Vielfalt multimedialer Anwendungen kann das Lehr- und Lernziel aus den Augen verloren werden. Die Darstellung kann beliebig oft wiederholt werden. Die Seitenanzahl der interaktiven Whiteboards ist unbegrenzt, was es den Lehrkräfte ermöglicht, auf beliebig viele ausgearbeitete Unterrichtsmaterialien zurückzugreifen. Sie können an bereits behandelte Tafelbilder erinnern und diese sichtbar machen.

Es existieren mehr als ein Dutzend verschiedener Varianten von Interaktiven Whiteboards, mit ständig neuen Typen, was eine Bestandsaufnahme erschwert. Die Steuerungstechnik unterscheidet sich zwischen analog-resistiven, elektromagnetischen, trigonometrischen und kapazitiven Whiteboards, wobei in neuerer Zeit Touchscreen-Technologien hinzukommen (vgl. Eule/ Issing 2005; Schlieszeit 2011).

Bei *analog-resistiven Whiteboards* besteht die Projektionsoberfläche aus zwei flexiblen Folien, die eine nicht-leitende Beschichtung besitzen. Man spricht auch von einer nicht-leitenden Membran. Die Folien sind mit einem schmalen Spalt voneinander getrennt. In diesen sind Leiterbahnen eingelassen. Durch Druck entsteht ein elektronischer Kontakt, der an die Software des Geräts weitergeleitet wird. Diese nimmt die Position der Berührung wahr und interpretiert den Vorgang. Bei jener Technik können die Nutzer zum Schreiben sowohl ihre Finger als auch beliebige feste Gegenstände zur Eingabe einsetzen. Farbiges Schreiben – wie etwa bei bunten Kreiden – ist hier durch einen Umweg möglich: Manche Hersteller bieten die Option, dass farbige Stifte auf Ablageflächen vorhanden sind. Über eine Lichtschranke weist die Software ihnen Farben zu. Ähnlich funktioniert der „Schwamm“ zum Löschen. Darüber hinaus gibt es Lösungen, bei denen die Interaktiven Whiteboards mit nicht-permanenten Stiften beschrieben werden können. Dies ist zum Beispiel bei Defekten und Stromausfällen sinnvoll. Ein Nachteil dieser Technik ist jedoch, dass sie auf jede – also auch auf ungewollte Berührung – reagiert. So sind exakte Zeichnungen und der Einsatz von Geo-Dreiecken problematisch. Stattdessen bietet eine Software digitale Geodreiecke. Auch der „rechte Mausklick“ kann hier nur auf ungewohntem Wege per langem Druck auf das Board erfolgen.

Elektromagnetische Whiteboards basieren auf der Wirkung des Magnetismus‘. Der Stift ist in diesem Falle nicht ein beliebiger Gegenstand, sondern enthält eine Magnetspule oder einen elektromagnetischen Schalter. Nähert sich dieser der Melamin-Schicht des Boards, verändert sich das Magnetfeld. Es kommt zu einem Stromfluss, der die Positionsdaten an die Software weitergibt. Schlieszeit (2011) wertet es als Vorteil, dass der Mauszeiger positioniert werden kann, ohne das Board zu berühren. Außerdem bietet der Stift Zusatzfunktionen per Knopf, der die rechte „Maustaste“ simuliert. Bei elektro-magnetischen Whiteboards existieren zwei Typen von Stiften: Der *aktive Stift* wird durch Akkus gespeist und gibt Stromsignale ab. Sobald sich der Stift dem Board nähert, aktiviert sich der Mauszeiger – er „schwebt“. Berührt er das Display, entspricht dies dem linken Mausknopf. Dies ist beim genauen Zeichnen von Vorteil. *Passive Stifte* benötigen keine Stromquelle und besitzen nur eine Magnetspule. Auch bei ihnen kann der Mauszeiger schweben. Bei Berührung findet eine Induktion statt, die das Signal weitergibt. Im Gegensatz zu den aktiven Stiften sind sie weniger druckempfindlich.

Trigonometrische Whiteboards besitzen ein externes Erfassungssystem. Dieser Typ von Interaktiven Whiteboards nutzt Technologien wie Laser, Ultraschall, hochauflösende Kameratechnik oder Infrarot (vgl. Schlieszeit 2011). Einige Geräte sind mobil einsetzbar und können unabhängig von der Präsentationsoberfläche angebracht werden. An den Seiten oder Eckpunkten der als Board genutzten Oberfläche sitzen Empfänger, die diesen Bereich ständig abtasten. Sie können Positionen und Bewegungen erkennen und leiten die Informationen an die Software weiter. Es gibt fest installierte Systeme, bei denen ein optischer Scanner im Interaktiven Whiteboard sitzt. So kann der Nutzer entweder einen elektronischen Eingabestift oder aber nicht-permanente Folienschreiber nutzen. Bei einigen Modellen ist der verwendete Stift von besonderer Bedeutung. Diesen gibt es zum Beispiel als Ultraschall-Stift, der Schallwellen an einen Empfänger sendet. Er hat den Nachteil, dass es zu Bedienungsverzögerungen kommen kann, weil die Schallübertragung etwas Zeit benötigt. Eine zweite Variante ist der Infrarot-Stift. Dessen Spitze sendet ein Infrarot-Signal aus, das von einem Empfänger registriert wird. Eine Kamera im oder am Beamer erkennt dessen Position und gibt sie weiter. Die Schwierigkeit bei diesen Systemen ist, dass die Verbindung zwischen Sender und Empfänger gestört werden kann. Aus diesem Grund ist es für das Gerät nicht möglich, die Stiftposition korrekt zu ermitteln. Eine weitere Variante sind Infrarot-Kameras am Board, was eine Bedienung mit Fingern oder Stiften erlaubt. Dieser Gerätetyp gehört neben den elektromagnetischen Interaktiven Whiteboards zu den schnellsten erhältlichen Technologien. Weitere sind Infrarotsignale vom Board sowie eine Kamera direkt im Stift, die Punkte auf der Tafeloberfläche ablesen und so Positionen bestimmen kann.

Kapazitative Whiteboards nutzen die kapazitative Erdverbindung eines Menschen, wenn er das Board berührt. Es misst den so entstehenden Stromfluss auf der Melaminfläche. Messpunkte sind deren Eckpunkte. Diese Interaktiven Whiteboards lassen sich sowohl mit den Fingern als auch mit besonderen Stiften bedienen. Die verwendete Technologie ähnelt der Funktionsweise von Apples iPad sowie den Touchpads von Notebooks.

LCD-Bildschirme mit Touchscreen-Technologien lösen langsam die bisher aufgeführten Typen ab. Zwar erreichen sie meist von den Dimensionen nicht die Größe der mit Beamern ausgestatteten Interaktiven Whiteboards, aber sie haben den Vorteil einer besseren Auflösung und eines schärferen und vor allem bei Farbe dynamischeren Bildes. Technisch gesehen handelt es sich meist um einen wie auch bei Flachbildfernsehern vorfindbaren LCD-Bildschirm, über dessen Oberfläche ein kapazitives Netz gefertigt ist. Die gleiche Technologie findet sich auch bei den meisten Tablets. Sie sind meist meist preisgünstiger als die tafelorientierten Interaktiven Whiteboards – jedenfalls bei normaler Größe – und lassen sich leichter transportieren.

Interaktiv werden all diese digitalen Tafeln deshalb bezeichnet, weil sie nicht nur einen didaktisch begründeten Eingriff in multimediale Anwendungen bieten, sondern auch durch eine Vernetzung mit Notebooks oder entsprechenden Eingabegeräten den Schülern eine aktive Beteiligung bei der Entwicklung von Tafelbildern ermöglichen.

Zu Beginn der Nutzung von Interaktiven Whiteboards braucht es wie bei allen neuen Geräten etwas mehr Zeit und auch die Motivation, sich auf das neue Medium einzulassen und den Unterricht neu zu gestalten. Nach Erfahrungsberichten lohnt sich dieser Aufwand und führt zu vielen Erleichterungen im Arbeitsalltag. Lehrkräfte finden auf verschiedenen Internetseiten fertige Unterrichtsvorschläge, die sie anpassen oder auch direkt übernehmen können.

Doch auch die Hersteller von Interaktiven Whiteboards lassen die Lehrkräfte nicht allein. Sie bieten ergänzend zur Hard- und Software der Boards im Internet vielfältige Unterrichtsmaterialien an, die entweder selbst entwickelt oder von anderen Lehrkräften zur Verfügung gestellt wurden. Es gibt einige Foren, in denen die Nutzer ihre Erfahrungen austauschen und wertvolle Tipps zu finden sind. Zusätzlich entwickeln die Schulbuchverlage Software und interaktive Arbeitsblätter, die sich an den Lehrwerken orientieren und somit auch gut mit dem herkömmlichen Medium, dem Schulbuch, kombiniert werden können. Hierbei kann allerdings auch ein Gefühl der Fremdheit entstehen, wenn häufig getauschte oder aus dem Internet geladene Unterrichtseinheiten genutzt werden.Wenngleich es zahlreiche Materialien gibt, entspricht deren Qualität im Moment leider noch nicht durchgängig den fachdidaktischen Standards.

Bei ungeübten Lehrkräften besteht die Gefahr, dass die Interaktiven Whiteboards als bloßer Tafelersatz genutzt werden und so das kreative und interaktive Potential verpufft. Eine methodisch und didaktisch nicht ausreichende Vorbereitung sowie die mangelnde Vertrautheit mit der Technik können dazu führen, dass die technischen Aspekte im Unterricht die Aufmerksamkeit der Lehrkraft so stark bindet, dass diese mit der Situation überfordert ist und sich stark von der Klasse abwendet. Statt einen gemeinsamen Aufmerksamkeitsfokus herzustellen und die Schüler in die Interaktion mit dem Board einzubinden, kann es passieren, dass die Lehrkraft nur noch mit der Tafel interagiert.

Auch muss gesehen werden, dass durch so eine interessante Tafel ein stark lehrerzentrierter Unterricht entsteht, in dem die Schüler nur staunend den multimedialen Präsentationen der Lehrperson folgen und kaum aktiv einbezogen werden. Dem muss durch entsprechende Schulungen des Personals in didaktisch sinnvollen Einsatzmöglichkeiten bzw. Szenarien entgegengewirkt werden (vgl. Irion 2010).

3. Pädagogische Aspekte von Interaktiven Whiteboards

Interaktive Whiteboards sprechen Kinder und Jugendliche an, da diese die medialen Lebenswelten widerspiegeln und erweitern. So ist ein hohes *Engagement* der Schüler bei der Arbeit mit den Whiteboards beobachtbar, die an einen Flow-Prozess erinnern. Dies initiiert kreatives Lernen. Motivierend kann sich auch auswirken, wenn die Tafeln in Notebook- oder Tabletklassen zum Einsatz kommen und die Arbeitsleistungen der Kinder sichtbar gemacht werden können. Auf diese Weise ist es möglich, Ergebnisse von Gruppenarbeiten direkt von den Geräten der Schüler auf dem Interaktiven Whiteboard anzuzeigen und so der ganzen Klasse zugänglich zu machen. So können die Schüler ebenfalls angeregt werden, sich mit kreativen Möglichkeiten der Ergebnispräsentation eines Interaktiven Whiteboards auseinanderzusetzen.

Beim Einsatz von *interaktiven Arbeitsblättern* erhalten Schüler ein direktes Feedback, wenn diese gemeinsam an der interaktiven Tafel gelöst werden. Die Visualisierung von Arbeitsblättern verbessert auch die Besprechungssituation in der Klasse, wenn ausgeteilte Vorlagen oder digitale Arbeitsblätter auf digitalen Geräten verglichen werden. Die Schüler müssen im Unterricht weniger mitschreiben, da die Ergebnisse auf dem Server gespeichert werden können und somit nach dem Unterricht in der finalen Version allen zur Verfügung stehen.

Bei manchen Kindern und Jugendlichen kann der neue Medieneinsatz sogar zu einer *Selbstwertsteigerung* führen. So erleben sich medienaffine Schüler als kompetente Gestalter des gemeinsamen Lernens, da sie sich aktiv mit der Tafel auseinandersetzen und ein Gefühl der Selbstwirksamkeit erlangen. Auch das Besprechen von Schülerarbeiten kann die Leistungsbereitschaft von Heranwachsenden motivieren, da ihre Arbeiten von anderen wahrgenommen werden.

Auch für die *Schulorganisation* bieten Interaktive Whiteboards einige Vorteile. Klassenräume lassen sich vielseitiger nutzen, da für alle Unterrichtsfächer und Lehrerbedürfnisse schnell das entsprechende und individuelle Tafellayout aufgerufen werden kann. Wie bei allen Veränderungsprozessen in Organisationen ist es wichtig, dass die Schulleitung diese Neuerungen mitträgt und unterstützt. Denn die Anschaffung führt nicht zwingend dazu, dass die Tafeln auch genutzt werden. Die Aufgaben der Schulleitung sind: Entwicklung bzw. Erweiterung eines Medienkonzeptes, Unterstützung der Lehrkräfte beim Einsatz neuer Medien durch Information, Anschaffung von Software und kompatiblen Angeboten, die z.T. von Schulbuchverlagen zur Verfügung gestellt werden sowie Einrichtung eines Qualitätszirkels zum Austausch im Kollegium und Mitarbeiterschulung.

Schulintern bedarf es bei der Integration von Interaktiven Whiteboards eines *Koordinators* oder Beauftragten, der die Tafeln wartet, die Software aktualisiert und auch eine Multiplikatorenrolle übernimmt. Diese Lehrkraft sollte optimalerweise das neue Medium seinen Kollegen vorstellen, Schulungen organisieren oder selbst welche durchführen. Einfach ausgedrückt, seine Kollegen neugierig auf die neue Tafel machen und Einsatzmöglichkeiten vorstellen. Die Trainingsphase für die Lehrer dauert lange und ist mit dem rein technischen Training nicht abgeschlossen. Die Lehrkräfte müssen die interaktiven Tafeln regelmäßig nutzen, damit die Funktionen immer präsent bleiben und sich irgendwann soweit festigen, dass sie in verschiedenen Situationen ohne lange Vorarbeiten eingesetzt werden können. Erst dann emanzipiert sich die Lehrperson vom Board und ist in der Lage, es flexibel seinen Bedürfnissen anzupassen.

Entscheidender für den Einsatz von Interaktiven Whiteboards ist jedoch die zu den unterschiedlichen Technologien verwendete *Software*. Denn die Interaktivität muss ja technisch realisiert werden. Die großen Anbieter von Interaktiven Whiteboards stellen dazu jeweils Programme zur Verfügung, mit welchen die Lehrkräfte, aber auch die Schüler arbeiten können. Wenn Interaktive Whiteboards nicht nur als einfacher Beamerersatz benutzt werden – und dies ist leider häufig in der pädagogischen Praxis vorfindbar –, sondern die didaktischen Potenziale zum Vorschein kommen sollen, dann ist eine entsprechende Software notwendig. Diese ermöglicht bei der Nutzung der digitalen Tafel vielfältige Präsentationsmöglichkeiten. Denn neben dem Schreiben und Malen auf der Tafel lassen sich handgeschriebene Texte in digitale Texte umwandeln, Objekte können animiert werden, d.h. zum Beispiel transparent erscheinen oder hereinfliegen, es können Lückentexte gestaltet werden sowie Fotos, Videos und Animationen eingebunden werden. Somit lassen sich vor dem Unterricht Tafelbilder erstellen und im Unterricht präsentieren. Auch kann am Ende einer Stunde das Tafelbild gespeichert und den Schülern zur Verfügung gestellt oder auch für die nächste Unterrichtsstunde genutzt werden. Meist ist zur Nutzung dieser interaktiven und multimedialen Funktionen eine direkte Verbindung zwischen Notebook bzw. Tablet notwendig, aber auch mit Hilfe von WLAN können Präsentationen durchgeführt werden. Inzwischen gibt es auch webbasierte Anwendungen, so dass nur eine Internetverbindung, aber keine besondere Software notwendig ist. Dann liegen aber nur eingeschränkte Möglichkeiten vor. Um all diese Funktionen didaktisch sinnvoll und kompetent in den Unterricht einbauen zu können, ist eine intensive Auseinandersetzung mit den zur Verfügung stehenden Programmen notwendig. Dies betont noch einmal die schon erwähnte sinnvolle Fortbildung von Lehrpersonen an Schulen, um die Geräte kompetent verwenden zu können.

4. Studien zum Einsatz Interaktiver Whiteboards

Eine bedeutsame Frage bei der Verwendung von Interaktiven Whiteboards ist, ob sie einen Mehrwert für den Unterricht darstellen und zu einer Verbesserung des Lehrens und Lernens beitragen. Dies muss besonders unter dem Aspekt gesehen werden, dass die Anschaffung dieser digitalen Tafeln einen hohen finanziellen Aufwand bedarf und somit häufig nach der Rechtfertigung solcher Investitionen gefragt wird. Schon sehr früh entstanden vor allem in

Großbritannien wissenschaftliche Studien zu diesen Fragen, denen aber bald auch Studien in anderen Ländern folgten. Die folgende Übersicht soll einen Einblick in die wichtigsten Ergebnisse liefern.

Eine Studie von Smart Technologies – einem der führenden Hersteller Interaktiver Whiteboards weltweit – vergleicht verschiedene Untersuchungen aus Nordamerika, Europa, Asien und Australien und zeigt, dass die Lehrer heute weniger Zeit für die Vorbereitung einer Lektion verwenden müssen, wenn ein Interaktives Whiteboard im Unterricht zur Verfügung steht. Laut dieser Studie (vgl. SMART 2009) ist es jedoch äußerst wichtig, dass die Lehrperson in dieser Technik geschult und trainiert ist. Nur das Vorhandensein und der Einsatz eines Interaktiven Whiteboards in einer Klasse genügt nicht, um von diesen positiven Auswirkungen zu profitieren. Mit geeigneter und professioneller Schulung von Lehrern, dem Zugang zu Ressourcen sowie der Unterstützung durch die Schulverwaltung können Lehrpersonen durch ein Interaktives Whiteboard multimediale Quellen einfach in ihre Lektionen integrieren und die Vorbereitungszeit dieser Lektionen verringern. Zudem wird die Aufmerksamkeit der Schüler mit neuen Techniken erhöht, auch wenn diese heute sehr unterschiedliche Lernstile haben. Nicht zuletzt ermöglicht das Aufteilen der vorhandenen digitalen Ressourcen, den individuellen Lernbedarf von Schülern besser abzudecken.

Die ICT-Impact Studie des European Schoolnet betrachtet 17 Studien im Bereich der Informations- und Kommunikationstechnologien, die in Europa zwischen 2002 und 2006 durchgeführt wurden (vgl. The European Schoolnet 2006; Zhang et al. 2012). In der Zusammenschau wird bestätigt, dass der Einsatz von Interaktiven Whiteboards einen positiven Einfluss auf Testergebnisse und Lernerfolge hat. Dies wurde besonders im Sprachunterricht, in Mathematik und Naturwissenschaften deutlich. Digitale Inhalte, die auf einem Interaktiven Whiteboard genutzt werden, wirken positiv auf die Motivation und Aufmerksamkeit während des Unterrichts und führen zu mehr Schülerbeteiligung im Unterricht.

Das Resümee einer Studie aus Österreich (vgl. Lehner 2009) unterstreicht diese Ergebnisse: Der Einsatz von Interaktiven Whiteboards erfordert zwar einen gewissen Grad an Medienkompetenz von Lehrkräften, diese können jedoch nach einer kurzen Einarbeitungszeit erworben werden, sofern die Bereitschaft dazu gegeben ist, sich mit dem Medium auseinanderzusetzen und die Unterrichtsvorbereitungen entsprechend anzupassen. So wurde auch festgestellt, dass interaktive Tafeln die Motivation gleichermaßen bei Lehrern und Schülern erhöht. Interessant und positiv für die Schulentwicklung allgemein ist, dass die Stimmung im Kollegium nach der Einführung von interaktiven Tafeln äußerst positiv beschrieben wurde und der zeitliche Aufwand, sich mit dem neuen Medium auseinanderzusetzen, kontinuierlich abnimmt. Lehrkräfte arbeiten nach der Einführung intensiver zusammen, tauschen ihre Erfahrungen und Unterlagen und geben sich gegenseitige Unterstützung. Lehrer erhalten dank der Interaktiven Whiteboards ein breites Spektrum an methodischen Mitteln und können kreativ arbeiten. Dies kann ihre Motivation im stark durchstrukturieren Alltag fördern.

Britische Studien weisen darauf hin, dass Lehrer und Schüler die Interaktiven Whiteboards als benutzerfreundlich wahrnehmen (vgl. Higgins et al. 2007; Moss/ Jewitt 2010; Moss et al. 2007; Schuck/ Kearney 2007). Außerdem heißt es in den Einschätzungen der Befragten, dass die Interaktiven Whiteboards zur Erleichterung des Lernens und Unterrichtens beitragen (vgl. Higgins et al. 2005). Die einfache Integration von multimedialen Elementen in den Unterricht kommt nach Ansicht der Lehrer unterschiedlichen Lernstilen entgegen. Sie sehen es positiv, dass sie komplexe Zusammenhänge dank der Interaktiven Whiteboards besser demonstrieren können (vgl. Becta 2003). Ein anderer genannter Vorteil liegt darin, Tafelbilder speichern und mit Kollegen Daten austauschen zu können. Die dadurch eingesparte Zeit komme dem Unterricht zugute (vgl. Becta 2003; Miller et al. 2011; Rudd 2007).

Während die Technik der Interaktiven Whiteboards in der Literatur eher selten kritisiert wird, so ist sich die Wissenschaft einig, dass die Qualifikation der Lehrer eines der größten Probleme im Umgang mit den Interaktiven Whiteboards darstellt. Laut Eder et al. (2008) nutzen nur 20% bis 30% der Lehrer die Anwendungsmöglichkeiten der Interaktiven Whiteboards, während die Übrigen sie als Tafelersatz oder als „visuelles Textbuch“ bevorzugen. Aufenanger und Bauer (2010) stellen fest, dass ungeübte Lehrkräfte genau in dieser Weise reagieren und so „[…] das kreative und interaktive Potenzial verpufft“ (7). Beide sehen die Schwierigkeit, dass Lehrer, die methodisch und didaktisch nicht auf die Interaktiven Whiteboards vorbereitet sind, Gefahr laufen, viel zu sehr mit der Technik beschäftigt zu sein. Damit wäre ihre Aufmerksamkeit im Unterricht an das Gerät gebunden, statt die Schüler zu einer Interaktion mit dem Interaktiven Whiteboard zu aktivieren (vgl. Aufenanger/ Bauer 2010; Higgins et al. 2007). Darüber hinaus existiert ein weiteres Problem, wenn Pädagogen den Umgang mit den multimedialen Möglichkeiten der Interaktiven Whiteboards nicht beherrschen: Deren Attraktivität für Zuschauer. So droht ein stark lehrerzentrierter Unterricht, wenn die Schüler nicht aktiv am Unterricht teilnehmen können und sie nur Konsumenten von spektakulären Präsentationen sind, die ihre Aufmerksamkeit fesseln. Um diese Probleme zu vermeiden, schlägt Irion (2010) hochwertige Lehrerfortbildungen vor, die den sachgerechten Umgang mit der Technik der Interaktiven Whiteboards schulen. Zahlreiche Studien unterstützen die Annahme, dass eine eingehende Auseinandersetzung mit den Interaktiven Whiteboards den kreativen Umgang mit ihnen fördert (vgl. Hall/ Higgins 2005; Moss et al. 2007; Schuck/ Kearney 2007).

Im angelsächsischen Sprachraum gibt es die Tendenz, die technischen und mediendidaktischen Qualifikationen von Lehrern in Form von Typen zu beschreiben: So reicht die Bandbreite vom Typus „Blackboard/ Whiteboard Substitute“, der Interaktive Whiteboards im Prinzip genauso wie eine Tafel nutzt, bis zu „Synergistic User“, der die unterschiedlichen Techniken gemeinsam zu ihrem Vorteil nutzt (vgl. Beauchamp 2004; Sweeney 2008). Irion warnt jedoch davor, davon auszugehen, dass Synergistic User automatisch hochwertigen Unterricht abliefern, ebenso wie der Unterricht auf der einfachsten Stufe im technischen Verständnis partout schlecht sei. Er schreibt: „Eine sinnvolle fachdidaktische Einbindung kann eben auch bedeuten, dass ein einfacher Tafelersatz einer komplexeren Verwendung überlegen ist.“ (Irion 2010, 16)

4.1 Dezentrales Arbeiten versus Frontalunterricht

Die Interaktive Whiteboard-Technik bietet vielerlei Möglichkeiten, den Unterricht zu „dezentralisieren“: Sie erlaubt es, Gruppenarbeiten von Schülern zu präsentieren. Außerdem lassen sich Laptops und Eingabegeräte mit den Interaktiven Whiteboards vernetzen. Es gibt Anzeichen dafür, dass Interaktive Whiteboards den Unterrichtsablauf beschleunigen und den Austausch der Lernenden in Gruppenarbeiten fördern (vgl. Higgins et al. 2007). Dennoch unterstützen eine Reihe von Studien die Vermutung, dass Interaktive Whiteboards zu einer plenaren Organisationsform, also Frontalunterricht im Gegensatz zu Gruppenarbeiten im Unterricht führen (vgl. Hennessy et al. 2007; Moss/ Jewitt 2010; Schuck/ Kearney 2007). Schlieszeit (2010) geht hingegen davon aus, dass es nicht das Interaktive Whiteboard sei, das den lehrerzentrierten Unterricht hervorbringe. Dies sei vom Charakter des Lehrers und dessen Art der Unterrichtsgestaltung abhängig. Bestimmender Faktor sei die pädagogische und didaktische Kompetenz des Lehrers – ein Interaktives Whiteboard alleine bedeute noch nicht, dass ein Lehrer dessen Potenzial nutzt (vgl. Rudd 2007).

4.2 Anschaulichkeit und praktische Vorteile

Schlieszeit (2011) sieht alleine schon in dem überdimensional präsentierten digitalen Bild eine Steigerung der Unterrichtsqualität: „Jede Art von Medium kann nun so präsentiert werden, dass es optimal an die Sehgewohnheiten der Schüler angepasst werden kann.“ (29) Er hebt hervor, dass die klassische Kreidetafel starr ist und mit einem standardisierten Abstand arbeitet. Sowohl für die Sichtbarkeit wie für die optische Gestaltung durch größere Schriften, Farbgebung und Hervorhebungen sieht er die Interaktiven Whiteboards im Vorteil gegenüber anderen Medien. Durch eine gute optische Darstellung gebe es außerdem weniger Fehler der Schüler beim Abschreiben.

Interaktive Whiteboards bieten die Möglichkeit, komplexe Zusammenhänge den Schülern anschaulich zu vermitteln und so ein besseres Verstehen zu unterstützen. Wie schon erwähnt, haben sie das Potenzial, unterschiedliche Sinneskanäle anzusprechen. Einige Studien weisen darauf hin, dass dies Lernprozesse fördert (vgl. Smith et al. 2005). Die Autoren bezweifeln jedoch auch, dass Präsentationen, die mehrere Sinneskanäle ansprechen, in jedem Fall die besten Mittel sind. So heißt es: „It is not certain whether verbal and visual information are always best presented together, and if dynamic visuals are always better at promoting understanding than static visuals” (Smith 2005, 97). Essenziell sei das Zusammenspiel von Sprache und optischen Effekten sowie Wichtiges zu betonen und Unwichtiges wegzulassen. Smith et al. (2005) befürchten, dass zu viel Multimedialität die Schüler überlasten könne. Grund sei eine Überfrachtung mit Informationen.

Auch auf andere Weise kommen die Funktionen der Interaktiven Whiteboards den Schülerbedürfnissen entgegen. Da Tafelbilder speicherbar sind, gibt es die Möglichkeit für die Schüler, sie im Anschluss an die Stunde wieder anzuschauen. Damit lässt sich Routinearbeit, wie etwa das ständige Abschreiben von der Tafel, reduzieren (vgl. Aufenanger/ Bauer 2010). Die Interaktiven Whiteboards bieten außerdem eine Antwort auf das Problem, dass gerade jüngere Schüler bei herkömmlichen Computern mit Tastatur- und Mausbedienung haben. Laut Goodison (2002) bevorzugen sie die Interaktiven Whiteboards, weil sie direkt mit Hand oder Stift bedient werden können. Smith et al. sehen dabei große Vorteile gegenüber Computerklassen mit mehreren Rechnern. Schüler und Lehrer müssten sich nur auf ein Objekt konzentrieren, die Situation sei übersichtlicher (vgl. Moss/ Jewitt 2010; Smith et al. 2005).

Im Gegensatz zu den genannten positiven Einschätzungen gibt es auch andere Stimmen. So kritisieren zum Beispiel deutsche Elternvertretungen, dass durch die Interaktiven Whiteboards die Mediennutzung insgesamt weiter ansteige (vgl. Kirchner 2011). Es müsste noch zu erforschen sein, ob die langfristige Nutzung der Interaktiven Whiteboards etwa mit Konzentrationsproblemen oder Ermüdung in Verbindung gebracht werden kann und es Anzeichen für eine mögliche Überforderung aufgrund der Nutzungsdauer gibt.

4.3 Motivation und Lern-Ergebnisse

Der am häufigsten genannte Vorteil der Interaktiven Whiteboards wird in deren Potenzial gesehen, Schüler zu motivieren. Dies liege daran, dass sie Unterrichtsstunden mit Interaktiven Whiteboards als angenehmer und interessanter wahrnehmen, was zu größerer Aufmerksamkeit und positivem Verhalten führe (vgl. Smith et al. 2005). Bei Schlieszeit (2011) heißt es: „Gerade der Einsatz des Interaktiven Whiteboards ermöglicht es, unsere Schüler/innen stark zu motivieren – sei es direkt oder indirekt. Allein durch die Verwendung eines zeitgemäßen Vermittlungsmediums und die Möglichkeit, selbst mit diesem Medium arbeiten zu dürfen, wird großes Interesse bei den Schüler/innen geweckt“ (Schlieszeit, 18f.). Es gibt eine ganze Reihe von Studien, die von einer gesteigerten Aufmerksamkeit beziehungsweise Motivation sprechen (vgl. Becta 2003; Hall/ Higgins 2005; Higgins et al. 2007; Somekh 2007). Positive Wirkung sollen zum Beispiel die Rückmeldungen von Computerprogrammen haben, wenn Schüler eine Frage am Whiteboard richtig beantworten (vgl. Richardson 2002). Als motivationsfördernd gilt auch, dass Schüler ihre gemeinsam erstellten Ergebnisse von Gruppenarbeiten und Referate vor der Klasse präsentieren (vgl. Becta 2003). Dabei könnten sie mithilfe der Interaktiven Whiteboards in hohem Maße selbst kreativ werden. Die Präsentationshoheit und der Technikeinsatz wären nicht mehr dem Lehrer allein überlassen. Aufenanger und Bauer (2010) gehen davon aus, dass der Medieneinsatz zu einer Selbstwertsteigerung führen kann: „So können sich medienaffine Schüler als kompetente Gestalter des gemeinsamen Lernens erleben, da sie sich aktiv mit der Tafel auseinandersetzen und ein Gefühl der Selbstwirksamkeit erlangen.“ (Aufenanger/ Bauer 2010, 8) Außerdem könnte es eine positive Wirkung auf die Leistungsbereitschaft haben, die Schülerarbeiten direkt vor der Klasse zu besprechen. Außerdem hat dies den Effekt, dass die Klassenkameraden die Arbeit ebenfalls wahrnehmen. Es existieren aber auch Studien, die infrage stellen, ob die angesprochene Motivation nachhaltig ist oder nur der Tatsache entspricht, dass etwas Neues im Unterricht ausprobiert wird (vgl. Moss et al. 2007). Ein potenzieller Nachteil der Interaktiven Whiteboards ist, dass Schüler frustriert werden können, wenn der Unterricht nicht durchdacht und professionell abläuft, obwohl die Technik eigentlich viel mehr bieten könnte. Gerade bei jungen Menschen, die mit digitalen Medien aufgewachsen sind, erscheint diese Gefahr groß, da sie bereits gewisse „Qualitätsstandards“ verinnerlicht haben.

Bedeutet das oben genannte auch, dass die Interaktiven Whiteboards zu besseren Lernergebnissen führen? Schlieszeit (2011) sieht einen Vorteil darin, dass Interaktive Whiteboards unterschiedliche Lerntypen und Lernstile unterstützen. Die Metastudie ICT Impact (vgl. The European Schoolnet 2006), die 17 europäische Projekte in Zusammenhang mit Informations- und Kommunikationstechnologien untersucht hat, spricht sogar von förderlichen Effekten Interaktiver Whiteboards bei Lernerfolgen und dem Abschneiden von Tests in den Bereichen Sprachen, Mathematik und Naturwissenschaften. Auch Somekh et al. (2007) wiesen in einer Langzeitstudie außergewöhnliche Fortschritte bei Schülertests nach, wenn die Lehrer über Kenntnisse im Umgang mit den digitalen Tafeln verfügten. Andererseits gibt es Kritiker, die genau diese Effekte bezweifeln. Irion (2010) verdeutlicht, dass kaum Studien zu messbaren Lernerfolgen von Interaktiven Whiteboards vorlägen. Auch bei Smith et al. (2005) heißt es: „[...] there does not appear to be empirical research evidence linking increased pupil attainment with use of IWBs for teaching and learning." (Smith 2005, 97)

Schließlich lässt sich sagen, dass die neue Technik die Motivation der Schüler ebenso wie die der Lehrer erhöhen kann, wenn sie richtig zum Einsatz kommt – also die Möglichkeiten der Geräte nutzt. Dies belegen zum Beispiel Videofallstudien an Grundschulen, die die Bedeutung von Lehrerfortbildungen hervorheben (vgl. Armstrong et al. 2005). Bei medienaffinen Schülern könnten darüber hinaus die Interaktiven Whiteboards zu einem gesteigerten Selbstbewusstsein beitragen, wenn ihre Fähigkeiten im Unterricht aufgegriffen werden (vgl. Hall/ Higgins 2005). Laut diesen Autoren sind es vor allem die multimedialen Möglichkeiten und die Ressourcenvielfältigkeit, die Lernende ansprechen.

4.4 Medienkompetenz

Schlieszeit (2011) sieht in den Interaktiven Whiteboards ein geeignetes Mittel, um die Medienkompetenz der Schüler zu steigern. Lehrern komme hierbei eine Vorbildfunktion zu. Interaktive Whiteboards würden so als „Arbeitsgerät" wahrgenommen – im Gegensatz zu purer Kommunikation und Unterhaltung (Videos, E-Mails, Chatforen). Weiter heißt es: „Durch die Möglichkeiten der Integration der Tafel in die Partner-, Gruppen- aber auch Einzelarbeit wird gleichzeitig auch der kontinuierliche und selbstverständliche Umgang mit dem Computer und den Digitalen Medien in verantwortungsvoller Weise mitgeschult." (Schlieszeit 2011, 16) So können der Umgang mit dem Computer, Fragen zu Informationsfindung im Internet, Persönlichkeitsrechten und Urheberrechten ein Teil jeder Art von Unterricht werden (vgl. ebd.). Medienkompetenz wäre damit der Schlüssel für eine rege Teilnahme am Geschehen im Klassenraum.

4.5 Technische und pädagogische Interaktivität

Interaktive Whiteboards erlauben – wie bereits erwähnt – ein großes Maß an *technischer Interaktivität*. Schüler können mit ihnen Grafiken verändern und auf Webseiten recherchieren. Die Technik erlaubt es ihnen, an Arbeitsaufgaben gemeinsam zu arbeiten und sofort eine Rückmeldung zu erhalten. Britische Studien zeigen, dass gerade die Interaktion von Lehrern wie Schülern mit den Whiteboards als einer der größten Vorteile dieser Geräte geschätzt wird (Smith et al. 2005). So heißt es etwa in einer Studie: „Increased motivation is seen as a key benefit of whiteboards. Reasons for this include [...] the high level of interaction – students enjoy interacting physically with the Board, manipulating text and images" (Becta 2003, 3). Smith et al. (2005) tragen jedoch auch kritische Stimmen zur Interaktion mit der Technik zusammen. So würden nicht alle Lehrer einen interaktiven Umgang mit den Interaktiven Whiteboards fördern. Manche gingen sogar davon aus, dass ein interaktiver Umgang zu einer Verlangsamung der Stunde wie auch zu Langweile führen könne.

Es gibt eine Reihe von Wissenschaftlern, die den Interaktiven Whiteboards zuschreiben, dass sie auch eine *pädagogische Interaktivität* in die Klassenräume hineinbringen. Der Begriff beschreibt einen Austausch zwischen Lehrern und Schülern sowie zwischen Schülern und zwischen Lehrern, was den Lernprozess fördern soll (vgl. Higgins et al. 2007). Die für England wegweisende Initiative für Rechen- und Leseförderung des Bildungsministeriums (National Literacy Strategy/ National Numeracy Strategy) empfahl Interaktivität als Teil des Unterrichtes vor der ganzen Klasse (Whole Class Teaching). Die Stoßrichtung liegt darauf, Schülerbeiträge zu erwarten und zu fördern (Kennewell 2007). Die Kinder und Jugendlichen sollten aktiv an diesem Wissensaustausch teilnehmen.

Trotz solcher Empfehlungen bezweifeln Smith et al. (2005), dass eine echte Transformation des Unterrichts in England stattgefunden hat. Sie gehen davon aus, dass die Technik der Interaktiven Whiteboards bislang unkritisch in alte Lehrmethoden integriert wurde. Auch mehrere Jahre nach dieser Einschätzung sehen es Miller und Glover (2011) angesichts der stockenden Entwicklung in Großbritannien an der Zeit, dass ein Wechsel zu einem stärker interaktiven Ansatz nötig sei. Die Interaktive Whiteboard-Technik solle ein Teil der Unterrichtsplanung und -gestaltung werden. Als eine wesentliche Schwierigkeit auf diesem Weg sehen sie das Rollenverständnis der Lehrer. Miller (2008) spricht sich für einen neuen Unterrichts- und Lehrertypus aus: „An interactive way of working with the IWB is so that all lesson activities are integrated into an interactive (rather than a didactic or presentational) whole and orchestrated/ facilitated using the IWB software as the means of storing and organizing all the electronic resources for the lesson [...] a typical lesson will have pupils interaction with the teacher, the IWB and with each other.“ (Miller et al. 2008, 2) Konstruktivistische Studienansätze, die die beschriebenen Unterrichtsstrukturen als vorteilhaft für die Wissenskonstruktion ansehen, konnten in einigen Praxis-Fällen eine pädagogische Interaktivität nachweisen. Dies ist der Fall, wenn der Lehrer eine Rolle als Mediator zwischen Technik und Schülern einnimmt. Smith u.a (2005) zeigen einige Beispiele auf, wie etwa eine Studie in Duisburg (vgl. Greiffenhagen 2000), bei der Grundschullehrer dank Tablets und Interaktiven Whiteboards zusammen mit den Schülern mitten im Klassenraum arbeiten konnten.

Smith et al. (2005) weisen auch darauf hin, dass es sich selbst bei Unterrichtssituationen, die Forscher als pädagogisch interaktiv beschreiben, nicht immer um solche handelt. So beobachteten Lehrer in einer Studie von Levy (2002), dass es im Klassenverband zu einer verstärkten Interaktion komme, wenn es darum ginge, dass Schüler Fragen des Lehrers beantworten sollten: „Other teachers argue that the IW can be used as a stimulus for interaction between teacher and students, for example by encouraging students to offer answers to questions, which if correct can be noted on the IW 'flipchart' " (Levy 2002, 8). Die Autoren kritisieren an dieser Beschreibung, dass es sich dabei um nichts anderes handelt, als eine bekannte und problematische Unterrichtsstruktur, die bereits lange vor den Interaktiven Whiteboards existierte: das *recitation script*, also der Lehrer fragt und die Schüler antworten. Bei dieser Art von Interaktion ist der Lehrer sowohl didaktischer Experte als auch Bewerter der Schüler. Ein Interaktives Whiteboard muss also nicht zwangsläufig zum pädagogisch interaktiven Unterricht führen, bei dem alle Akteure im Klassenraum miteinander interagieren. Smith et al. (2005) urteilen: „In short, therefore although some of the IWB literature expounds the virtues of IWBs in encouraging pupils´ verbal and physical participation in lessons it does not necessarily question the quality of that participation." (95)

5. Beispiele für den Einsatz von Interaktiven Whiteboards im Deutschunterricht

Die Nutzung der beschriebenen Potenziale von Interaktiven Whiteboards im Deutschunterricht der Primarstufe sieht sehr vielfältig aus. Vor allem die Verbindung mit Tablets, die den Schülern zur Verfügung stehen, bietet innovative Chancen für den Unterricht. So können Schüler etwa über WLAN auf das Interaktive Whiteboard zugreifen. Dies bedeutet, dass nicht nur die Lehrperson alleine die Tafel nutzt oder die Kinder nach vorne an die Tafel gerufen werden, sondern dass alle kooperativ an einem Thema am Interaktiven Whiteboard arbeiten. Dies alles setzt jedoch voraus, dass die Lehrkraft sich intensiv mit den vielfältigen multimedialen als auch interaktiven Möglichkeiten auseinandergesetzt hat. Der Einsatz des Interaktiven Whiteboards selbst bietet nicht nur dem Lehrer neue Möglichkeiten, sondern lässt auch die Schüler aktiv werden. Ausgangspunkt für die folgenden Vorschläge für den Einsatz von Interaktiven Whiteboards im Deutschunterricht des Primarbereichs sind die nationalen Bildungsstandards und deren länderspezifische Konkretisierungen. Zentral sind dabei folgende Bereiche: *Sprechen und Zuhören*, *Lesen – mit Texten und Medien umgehen*, *Schreiben* (inkl. richtig schreiben) sowie *Sprache und Sprachgebrauch untersuchen*. Für diese Bereiche gilt der folgende Grundsatz: „Die wichtigste Aufgabe des Deutschunterrichts ist es, bei den Kindern Freude am Umgang mit Sprache zu wecken, zu steigern, sie zum Lesen und Schreiben zu motivieren und dafür zu sorgen, dass sie sich dabei von Anfang an als kompetent und erfolgreich erleben können“ (Bildungsplan Grundschule Deutsch Baden-Württemberg, 43). Ein Interaktives Whiteboard gibt zur Umsetzung dieser Forderung ein gute Grundlage, da es die Schüler motivieren kann, sich aktiv am Unterricht zu beteiligen.

Für den Kompetenzbereich *Sprechen und Zuhören* spielt das mündliche Erzählen von Erlebnissen eine bedeutende Rolle. Hier kann zum Beispiel ein Erlebnisbericht eines Ausflugs mit einer Präsentation auf dem Interaktiven Whiteboard verbunden werden, die multimedial, d.h. mit Fotos, Videos und Audioberichten ausgestattet ist. Der Schüler oder eine Schülergruppe hat zuvor diese Präsentation selbst erstellt und kann nun auf der großen digitalen Tafel interaktiv die jeweiligen Elemente einblenden. Die Interaktivität des Interaktiven Whiteboards ermöglicht etwa auch, kleine Quizformate einzubauen, indem Videos angehalten oder Audiobeiträge nur kurz angespielt werden, um dann die zuhörenden Schüler zum Weitererzählen des Erlebnisses aufzufordern. Auf diese Weise wird die Präsentation sozial interaktiv gestaltet. Damit ein solcher Vortrag gelingt, müssen sich die Schüler nicht nur mit entsprechenden Programmen (z.B. Powerpoint, Prezi, OOo4kids[1]) auseinandergesetzt haben, sondern auch Wissen darüber erworben haben, welche Merkmale eine gute Präsentation hat (vgl. hierzu z.B. auch den Artikel von Berkemeier im Praxisband dieser Reihe).

Bei älteren Schülern lassen sich Gemeinsamkeiten und Unterschiede zwischen Deutsch sowie Fremdsprachen und den Zweitsprachen durch Wortvergleiche entdecken. Dazu kann am Interaktiven Whiteboard der Lehrer nicht nur in einer Tabelle drei Spalten gestalten, in denen zeilenweise ein deutsches Wort, das gleiche Wort in einer Fremdsprache und in der Herkunftssprache aufgelistet ist. Vielmehr ist es im Unterschied zum analogen Vorgehen

1 Es handelt sich dabei um ein auf OpenOffice basierendes Programmpaket, welches speziell für Kinder konzipiert wurde. Darin enthalten ist auch ein entsprechendes Präsentationsprogramm.

auch möglich, sich die Wörter korrekt intoniert vorlesen zu lassen und z.B. mit kleinen Geschichten zu hinterlegen, in die die Wörter eingebettet sind. Darüber hinaus ist es möglich, z.B. die deutschen Wörter zuvor transparent zu setzen und erst nach einer Raterunde mit den Schülern sichtbar zu machen. In diesem Zusammenhang könnte man auch die Möglichkeiten von Illustrationen nutzen, die die Kinder auf dem Weg zum korrekten Wort unterstützen und die Wortsemantik auch noch einmal bildlich vor Augen führen.

Weiterhin bietet ein Interaktives Whiteboard mit Internetanschluss die Chance, mit Kindern in anderen Schulen im Umkreis oder sogar in anderen Ländern Videokonferenzen zu gestalten, in denen die Schüler nicht nur sich gegenseitig vorstellen, sondern auch ihre Schule und ihre Umwelt. Mit dem wechselseitigen Erzählen in Echtzeit wird auch die Kommunikationsfähigkeit der Kinder angeregt und geschult (vgl. hierzu u.a. den Artikel von Schieder im Praxisband dieser Reihe).

Schließlich bieten Interaktive Whiteboards auch Möglichkeiten für den Schriftspracherwerb (vgl. hierzu z.B. auch die Artikel zum Thema „Schriftspracherwerb und digitale Medien" im Praxisband dieser Reihe). Dazu kann der Lehrer etwa Bildwörter vorbereiten, die auf Antippen mit einem Stift oder dem Finger sich umdrehen und beispielsweise den passenden Anlaut oder gleich das geschriebene Wort präsentieren. Zusätzlich kann auch noch eine Audiodatei hinterlegt werden, so dass die Kinder zusätzlich einen Höreindruck bekommen.

Der Kompetenzbereich *Lesen – Mit Texten und Medien umgehen* bietet ebenfalls vielfältige Einsatzmöglichkeiten des Interaktiven Whiteboards. So lässt sich eine gemeinsam gelesene Geschichte in Form eines Mindmaps sehr gut an der Tafel gestalten. Bei jüngeren Schülern, die die Schriftsprache noch nicht kompetent erlernt haben, können die Charaktere einer Geschichte mit Symbolen oder Bildern dargestellt werden, die zuvor entweder von dem Lehrer selbst gestaltet oder aus ClipArts zusammengestellt worden sind. Die Kinder brauchen dann nur noch diese Figuren auf den entsprechenden Ast der Mindmap zu ziehen. Auch das mit Hilfe von digitalen Markerstiften mögliche Unterstreichen und Markieren von wichtigen Textstellen auf der digitalen Tafel sind sinnvolle Anwendungsmöglichkeiten eines Interaktiven Whiteboards, um den Erwerb von Lesestrategien zu unterstützen. Am Interaktiven Whiteboard ist es einfacher, einmal unterstrichene Passagen wieder zu löschen und gemeinsam mit anderen Kindern über einzelne Textstellen zu diskutieren.

Auch die Vorstellung eines gelesenen Buches kann von den Kindern an einem Interaktiven Whiteboard anregend gestaltet werden. Dies ist vor allem dann interessant, wenn dieses Buch bzw. Bilderbuch bei jüngeren Kindern auch in digitaler Form vorliegt. In diesen Fällen ist es z.B. möglich, dass mehrere Schüler gleichzeitig sich in einer Art „Sitzkino" um das Interaktive Whiteboard platzieren und gemeinsam das Buch rezipieren. Durch die entsprechenden technischen Möglichkeiten können einzelne Bilddetails herangezoomt und Gegenstand eines Gesprächs werden. Zudem lässt sich am Interaktiven Whiteboard der Bilderbuchtext leichter deaktivieren. Auf diese Weise werden die Kindern zu Erzählern der Geschichte (vgl. hierzu die Artikel zum Thema „Lesen und digitale Medien" im Praxisband dieser Reihe).

Das *Schreiben* stellt einen weiteren wichtigen Kompetenzbereich in der Grundschule dar und dazu bietet das Interaktive Whiteboard ebenfalls vielfältige Potenziale (vgl. hierzu die

Artikel zum Thema „Schreiben und digitale Medien“ im Praxisband dieser Reihe). Prinzipiell lassen sich zunächst die Linien je nach Klassenstufe beliebig variieren, was bei einer traditionellen Kreide- oder Whiteboardtafel mit vorgegebenen Linien so nicht möglich ist. Unterschiedliche Schriften können ebenfalls eingestellt und auch deren Transparenz flexibel gestaltet werden. Auch die verschiedenen Phasen des Schreibprozesses (Planen, Verfassen und Überarbeiten) profitieren vom Einsatz Interaktiver Whiteboards. So können in der Planungsphase unterschiedliche technische Möglichkeiten genutzt werden, z.B. ist ein Zugriff auf das Internet und damit eine Vielzahl an Recherchequellen möglich. Die Ergebnisse sind mit entsprechenden Programmen leicht als Mindmap (z.B. MindManager Smart, Mindmeister) präsentierbar, die auch während des anschließenden Schreibprozesses einfach angepasst werden kann. Auch die Schreibprodukte der Schüler lassen sich gut am Interaktiven Whiteboard darstellen. Dazu werden die selbstgeschriebenen Texte der Kinder am besten mit einem Smartphone oder einem Tablet abfotografiert und auf der Tafel präsentiert. Mit einem Markerstift können unterschiedliche Textstellen hervorgehoben und diskutiert werden. In einem ergänzenden Tafelbereich besteht dann die Möglichkeit, Textänderungen vorzunehmen.

Ist ein Internetanschluss des Interaktiven Whiteboards vorhanden, können weitere Potenziale genutzt werden. Nicht nur, dass unterschiedliche Texte z.B. aus Kinderwebseiten besprochen werden können; vielmehr lassen sich bei vorliegenden digitalen Texten beispielsweise Wortwolken bilden, die einen Text nach den am häufigsten verwendeten Wörtern durchsuchen und symbolisch dann durch die Größe der gefundenen Wörter ihre Häufigkeit im Text veranschaulichen. Eine gute Anschlussaufgabe für die Kinder wäre, die passenden Wörter zu den Wortarten zu suchen und die Wortwolken entsprechend zu füllen.

Wenn Kindern Tablets zur Verfügung stehen, können sie über WLAN auf das Interaktive Whiteboard zugreifen. Dadurch kann zum Beispiel im Kompetenzbereich Schreiben ein gemeinsamer, kooperativer Schreibanlass entstehen, indem am Interaktiven Whiteboard etwa die Lehrerin einen Text begonnen hat, der dann gemeinsam von den Schülern ergänzt wird. Diese bleiben dabei auf ihrem Platz sitzen und schreiben auf ihrem Tablet. Alle Schüler sehen nun gemeinsam das Produkt und können sich darüber austauschen, z.B. Sätze ergänzen oder modifizieren. Dies geht gut entweder mit dem Programm Etherpad – ein kostenloses Open Source Angebot – oder über Google Documents in Google Drive. Der Vorzug der Verbindung zwischen Tablets und Interaktiven Whiteboards wird auch darin gesehen, dass die Schüler von ihrem Platz aus ihre Arbeitsergebnisse präsentieren können, ohne diese an einer Tafel rekonstruieren zu müssen oder von der Lehrerin vorgestellt zu bekommen. Auch lassen sich Arbeitsergebnisse an dem Board abspeichern und stehen den Kindern jederzeit zur weiteren Verarbeitung zur Verfügung.

Im vierten Kompetenzbereich *Sprache und Sprachgebrauch untersuchen* bietet das Interaktive Whiteboard die Möglichkeit, viele „klassische“ Übungen einfacher als im analogen Bereich durchzuführen (vgl. hierzu die Artikel zum Thema „Sprachreflexion und digitale Medien“ im Praxisband dieser Reihe). Das Zerlegen von Wörtern in Silben beispielsweise kann mit Hilfe der interaktiven Elemente der digitalen Tafeln sehr gut umgesetzt und ggf. auch wieder rückgängig gemacht werden. Satzglieder lassen sich mit unterschiedlichen Farben markieren und durch Anmerkungsfunktionen mit den entsprechenden Fachbegriffen versehen. Auch grammatische Proben wie z.B. die Umstellprobe lassen sich beliebig innerhalb eines Satzes verschieben.

6. Fazit

Die Übersicht über die pädagogischen Möglichkeiten der Interaktiven Whiteboards sowie das Referat einiger Studien macht deutlich, dass die Integration von neuen Technologien wie diesen digitalen Tafeln nicht automatisch zu einer Verbesserung des Lernens oder gar zu besseren Unterrichtsergebnissen führt. Vielmehr müssen vielfältige Faktoren berücksichtigt werden, die für einen potenzialen Erfolg verantwortlich gemacht werden können. Dazu gehört nicht nur die schon erwähnte Bedeutung der Vorbereitung der Lehrkräfte auf diese Technik, wie sie zum Beispiel von Irion (2010) oder Ghislandi (2013) betont wurden. Auch die Einstellungen von Pädagogischen Kräften zu neuen Unterrichtstechnologien wie heutzutage etwa die digitalen Medien sind zu beachten (vgl. Laporte-Hoffmann 2014). Insgesamt gesehen haben sich aber die Interaktiven Whiteboards in den Schulen ‚veralltäglicht', d.h. ihre Bedeutung wird kaum noch diskutiert, sondern sie werden einfach entweder mit ihren Potenzialen benutzt oder nur als Beamer verwendet. Beherrscht die Lehrkraft dagegen nicht nur die Technologie, sondern auch die pädagogisch-didaktischen Möglichkeiten, dann können die Interaktiven Whiteboards zu einer Bereicherung des Unterrichts beitragen.

Literatur

Armstrong, Victoria; Barnes, Sally; Sutherland, Rosamund; Curran, Sarah; Mills, Simon; Thompson, Ian: Collaborative research methodology for investigating teaching and learning: the use of interactive whiteboard technology. In: Educational Review 57, 4 (2005), 457-469.

Aufenanger, Stefan; Bauer, Petra: Interaktive Whiteboards. Neue Chancen für Lehrer, Schüler und Schule. In: Computer + Unterricht 78 (2010), 6-9.

Beauchamp, Gary: Teacher Use of the Interactive Whiteboard in Primary Schools: Towards an Effective Transition Framework. In: Technology, Pedagogy and Education 13, 3 (2004), 327-348.

Becta: What the Research Says About Interactive Whiteboards. Coventry: Becta ICT Research 2003.

Cogill, Julie: How is the interactive whiteboard being used in the primary school and how does this affect teachers and teaching? London: King's College, University of London 2002.

Eder, Johann; Pfann, Claudia; Reiter, Anton; Sperker, Leopold; Vallant, Michael: Activboard@school. Multimediale Schultafeln im Unterricht an der Praxisvolksschule der Kirchlichen Pädagogischen Hochschule Wien/ Krems, Campus Wien-Strebersdorf. Innsbruck: Studienverlag 2008.

Eule, Stefanie; Issing, Ludwig: Interaktive Whiteboards. 2005. -http:// www.e-teaching.org/lehrszenorien/vorlesung/praesentation/elektronische_ tafel/Whiteboards.pdf (letzter Zugriff: 02.08.2016)

Ghislandi, Patrizia; Facci, Michele: Schools in the Digital Age: teachers' training role in the innovative use of the Interactive Whiteboard. In: Ricerche di Pedagogia e Didattica – Journal of Theories and Research in Education (2013), 61-78

Goodison, Terry A.: Learning with ICT at primary level: pupils' perceptions. In: Journal of Computer Assisted Learning 18, 3 (2002), 282-295.

Greiffenhagen, Christian: Interactive Whiteboards in Mathematics Education: Possibilities and Dangers. In: WGA 11 (ICME-9), The Use of Technology in Mathematics Education (2000).

Hall, Ian; Higgins, Steve: Primary school students' perceptions of interactive whiteboards. In: Journal of Computer Assisted Learning 21 (2005), 102-117.

Hennessy, Sara; Deaney, Rosemary; Ruthven, Kenneth; Winterbottom, Mark: Pedagogical Strategies for Using the Interactive Whiteboard to Foster Learner Participation in School Science. In: Learning, Media and Technology 32, 3 (2007), 283-301.

Higgins, Steve; Falzon, Chris; Hall, Ian; Moseley, David; Smith, Heather; Wall, Kate: Embedding ICT in the Literacy and Numeracy Strategies: Final Report. University of Newcastle 2005.

Higgins, Steve; Beauchamp, Gary; Miller, David: Reviewing the literature on Interactive Whiteboards. In: Learning, Media and Technology 32, 3 (2007), 213-255.

Irion, Thomas: Interaktive Whiteboards: Was sollten Lehrkräfte wissen und können? In: Computer + Unterricht 78 (2010),16-18.

Kirchner, Julia: Digitale Tafeln: Bye-bye Kreide. SPIEGEL Online. 2011 (http://www.spiegel.de/schulspiegel/wissen/digitale-schultafeln-bye-bye-kreide-a-739177.html; letzter Zugriff: 06.06.2016).

Knaus, Thomas: Weiß ist das neue Grün – Pro und Contra digitaler Tafeln. In: Knaus, Thomas; Engel, Olga (Hrsg.): fraMediale - Digitale Medien in Bildungseinrichtungen. München: kopaed 2011, 161-176.

Levy, Philippa: Interactive Whiteboards in Learning and Teaching in Two Sheffield Schools a Developmental Study. University of Sheffield 2002.

Miller, Dave; Glover, Derek; Averis, Dough: Enabling Enhanced Mathematics Teaching: Final Report for the National Centre for Excellence in Teaching of Mathematics. Keele University 2008.

Miller, Dave; Glover, Derek; Averis, Dough: Interactive whiteboard research papers. Keele University 2011.

Moss, Gemma; Jewitt, Carey; Levaaic, Ros; Armstrong, Vicky; Cardini, Alejandra; Castle, Frances: The Interactive Whiteboard. Pedagogy and Pupil Performance Evaluation: An Evaluation of the Schools Whiteboard Expansion (SWE) Project: London Challenge. London University 2007.

Moss, Gemma; Jewitt, Carey: Policy, Pedagogy and Interactive Whiteboards: What Lessons Can be Learnt From Early Adaption in England? In: Thomas, Michael; Schmid, Euline Cutrim (Hrsg.): Interactive Whiteboards for Education Hershey. New York: Hershey 2010, 20-36.

Rein, Wilhelm: Encyklopädisches Handbuch der Pädagogik. Bad Langensalza: H. Beyer & Söhne 1910.

Richardson, A.: Effective Questioning in Teaching Mathematics Using an Interactive Whiteboard. In: Micromath 18, 2 (2002), 8-12.

Röhl, Tobias: Dinge des Wissens. Schulunterricht als sozio-materielle Praxis. Stuttgart: Lucius Verlag 2013.

Rudd, Tim: Interactive whiteboards in the classroom. Bristol: futurelab 2007.

Schlieszeit, Jürgen: Mit Whiteboards unterrichten. Das neue Medium sinnvoll nutzen. Weinheim: Beltz Verlag 2011 (online abrufbar unter: http://mediaculture-online.de/fileadmin/user_upload/Medienbildung_MCO/fileadmin/bibliothek/schlieszeit_whiteboards/schlieszeit_whiteboards.pdf, letzter Zugriff: 06.06.2016).

Schuck, Sandy; Kearney, Matthew: Exploring pedagogy with interactive whiteboards. Sidney: University of Technology 2007.

SMART, Technologies Inc.: Reducing stress in the classroom. How interactive whiteboards and solution-based integration improve teacher quality of life. Whitepaper 2009. (downloads01.smarttech.com/media/research/whitepapers/reducing_stress_wp.pdf) (letzter Zugriff: 06.06.2016)

Smith, Heather; Higgins, Steve; Wall, Kate; Miller, Jen: Interactive Whiteboards: Boon or Bandwagon? A Critical Review of the Literature. In: Journal of Computer Assisted Learning 21, 2 (2005), 91-101.

Somekh, Bridget: Evaluation of the Primary Schools Whiteboard Expansion Project. Manchester: Education & Social Research Institute, Manchester Metropolitan University. 2007.

Sweeney, Trudy: Transforming learning with Interactive Whiteboards: Towards a developmental framework. In: Australian educational computing 23, 2 (2008) 24-31.

The European Schoolnet: The ICT Impact Report. A review of studies of ICT impact on schools in Europe. Brüssel: The European Schoolnet 2006.

Wich, Franz: Das große Buch der Schultafel. Gerbstedt: Projekte-Verlag Cornelius 2008.

Zhang, Yaojun; Fu, Wei; Shu, Zhixu: Research on the Application of Interactive Electronic Whiteboard in Network Teaching. In: Procedia Environmental Sciences 12, Part B, 0 (2012), 1151-1156.

VOLKER ZIMMERMANN, SINA-MARIE SCHNEIDER, SOPHIA SCHWÄR

Das vernetzte Klassenzimmer

Auf dem Weg zur digitalen Schule

1. Das Ziel: Moderne didaktische Möglichkeiten ausschöpfen

Die Art und Weise, wie Wissen in unseren Schulen vermittelt wird, hat sich in den vergangenen Jahren bereits entscheidend verändert und zum Positiven entwickelt. Unterricht findet längst nicht mehr „nur" im Rezipiermodus statt, bei dem sich der Lehrer primär als „Instruktor" versteht. Vor allem im Gruppenunterricht werden didaktische Ansätze genutzt, die darauf abzielen, Themen interaktiv mit den Schülern zu erarbeiten. Das gilt auch, und vielleicht sogar besonders, für die Primarstufe. Die Rolle des Lehrers hat sich zunehmend in Richtung „Activator" und „Facilitator" entwickelt.[1] Dabei geht es darum, gleichzeitig möglichst individuell und inklusiv zu lernen. Gerade die Kombination aus Gruppeninteraktion, individuellem Lernen und Inklusion sind wichtige Ziele in der Diskussion des vernetzten Klassenzimmers.

Lehrkräfte benutzen heute ein ganzes Instrumentarium an Methoden: Selbstbestimmtes Lernen in Gruppen mit oder ohne Moderation, individuelles Coaching, Lernen durch Beobachtung und Nachahmung (*Learning by Apprenticeship*), fächerübergreifendes und projektorientiertes Experimentieren und Referieren (*Inquiry-based Learning*), Simulation und Spiel werden passend zum Thema und dem zu vermittelnden Inhalt miteinander kombiniert. Direkte Instruktion und rezipierendes Lernen finden vorwiegend zur Aktivierung der Schüler in Lernprozessen Anwendung. Darüber hinaus geht es um das Feedback des Lehrers an die Schüler und über ihr eigenes Lernergebnis. Gleichzeitig wird Lernen als ein hochgradig sozialer Vorgang verstanden: Zusammenarbeit, Hilfestellung und Feedback zwischen Lehrern und Schülern untereinander sind Grundlage dafür, Lernen effektiv und effizient zu gestalten (vgl. Hattie 2014).

Mit digitalen, multimedialen Technologien lässt sich Unterricht sehr gut unterstützen und Gruppenarbeit, Übungsphasen und individuelles Lernen miteinander kombinieren. Wie inzwischen aus zahlreichen Studien bekannt ist (vgl. Hattie/ Beywl/ Zierer 2013), reagiert das Gedächtnis sehr gut auf multimodalen Input. Mit anderen Worten: Werden mehrere Sinne bedient, so werden die Schüler aufnahmebereiter. Menschen lernen nachweislich durch eine Kombination von Text, Ton und Bild besser (vgl. Mayer 2001). Abwechslungsreiche Mediennutzung regt zur Aufnahme und Verarbeitung von Wissen an. Hinzu kommt, dass Smartphones, Tablets und/ oder Laptops bestens geeignet sind, individuelles

1 Im Sinne eines Lernmoderators, der weniger instruktiv sondern vielmehr beratend und moderierend agiert.

Lernen genauso wie Gruppenlernprozesse zu erleichtern. Mit ihnen können Inhalte erarbeitet werden, genauso wie die Geräte helfen können, Wissen einzuüben – in der Primarstufe v.a. auch durch die Möglichkeit, spielerische Elemente zu nutzen. Die Benutzeroberflächen von mobilen Endgeräten sind heute so hochwertig und einfach zu bedienen, dass sie in fast jedem Alter eingesetzt werden können.

Unterstützend wirkt, dass die „Digital Natives" computergestützte Informationen anders verarbeiten als Menschen, die mit diesen Technologien nicht aufgewachsen sind. Es fällt ihnen leichter, mit entsprechenden Technologien umzugehen. Für sie ist es selbstverständlich, dass Medien im Alltag eingesetzt werden. Dies bedeutet zwar nicht, dass sie leichter oder schneller lernen – wie in letzter Zeit zwar auch behauptet wurde, letztendlich aber nicht nachgewiesen werden konnte. Es bedeutet vielmehr, dass Akzeptanzbarrieren zur Nutzung von Technologie im Unterricht stark sinken. Begünstigend scheint die „Computer Literacy" der Lehrkräfte stark gestiegen zu sein, d.h. ihre Fähigkeiten im Umgang mit Computertechnologie sind deutlich besser geworden (vgl. Zimmermann 2015). Langzeit-Studien von Hattie, veröffentlicht im Buch „Lernen sichtbar machen", zeigen eindeutig, dass computergestützter Unterricht grundsätzlich einen positiven Einfluss auf die Erreichung von Lernzielen hat – und zwar in allen Schulbereichen und für alle Kompetenzen (Hattie/Beywl/Zierer 2013). Die positiven Effekte sind größer,

- wenn Computertechnologien eingesetzt werden, um traditionellen Unterricht zu unterstützen, und weniger um ihn zu ersetzen,
- je besser Dozenten im Umgang mit Computern, Tablets, Smartphones, etc. trainiert sind,
- wenn mit der Technologie Schülern mehr Möglichkeiten gegeben werden, ihre praktischen Übungsphasen zu verlängern und sie mehr tutorielle Unterstützung erhalten,
- wenn Schüler den Vorteil nutzen können, ihre Lerngeschwindigkeit und die Auswahl des Lernmaterials selbst zu steuern und zu kontrollieren,
- wenn Schüler die Computertechnologie nutzen, um gemeinsam zu lernen,
- wenn Computer dabei unterstützen, dass die Tutoren bzw. Lehrer hochgradig adaptiertes Feedback geben oder die Lernenden selbst Feedback geben dürfen.

Technologieeinsatz schafft dabei Lernerlebnisse und kann so zu höherer Leistungsmotivation führen. Denn Lernerlebnisse werden vor allem durch Interaktion und außergewöhnliche, kreative Lehr- und Lernmethoden erzeugt. Der Einsatz digitaler Technologien kann dazu beitragen, Unterricht aufzuwerten und zu einem positiven Lernerlebnis zu machen.

2. Die Basis: Technik, Vernetzung, Tools und Plattformen

Konkrete Einsatzmöglichkeiten für technologiegestützte Lernszenarien im Unterricht bieten sich viele:

- Ein Video z.B. zu einem Ausschnitt aus einem Kinderbuch aufzeichnen und das Video gemeinsam mit den Schülern analysieren und weiterentwickeln.

- Texte gestaltend vorlesen, die Vorträge mit dem Mobiltelefon aufzeichnen und anschließend kriterienbasiert z.B. die Aussprache beurteilen und Aussprachevarianten erproben.
- Anleitungen (z.B. zum Basteln) mit Hilfe von digitalen Bildersequenzen erstellen und eine schriftliche Anleitung dazu verfassen
- Fotos von Ausflügen machen und anschließend in einem digitalen Schülerblog in Form eines Berichts dokumentieren.

Auch wenn die Technik alleine noch keinen Mehrwert bietet, so geht es im vernetzten Klassenzimmer ohne eine gewisse Basisausstattung nicht. Denn die oben beschriebenen Szenarien funktionieren dann am besten, wenn in der Schule ein technisch „vernetztes Klassenzimmer“ zur Verfügung steht. Nachfolgend sollen drei Ausstattungsvarianten für ein vernetztes Klassenzimmer unterschieden werden, die auch in Ausbaustufen realisiert werden können.

2.1 Ausbaustufe 1: Der vernetzte Lehrer

Das vernetzte Klassenzimmer sollte mit der Ausstattung der Lehrkräfte und einer Minimalausstattung des Klassenzimmers mit drahtlosen Präsentationsmöglichkeiten beginnen. Denn die Anwendung der Technologie im Unterrichtsalltag nimmt dann zu, wenn die Lehrkräfte über sie verfügen. Tabletkoffer, die auf „Mietbasis” im Unterricht eingesetzt werden, sind damit gerade nicht gemeint. Solche Modelle schaffen auf Dauer keine Akzeptanz, sondern führen eher zu Problemen und hohem Zusatzaufwand. Ziel einer Schule sollte es sein, Technik für die Lehrkräfte dauerhaft bereitzustellen. Hierzu zählen mindestens folgende Aspekte:

- Eine Lehrkraft sollte ihren eigenen Laptop, Tablet-PC oder ggf. sogar beides haben. Die Endgeräte sollten personalisiert sein, d.h. als ein individuelles Alltagsarbeitsgerät der Lehrkraft zugewiesen sein und in deren Verantwortung liegen, so dass die Lehrkraft sich das Gerät so installieren und ausstatten kann, wie sie es für den Unterrichtseinsatz plant.
- Jeder Klassenraum sollte über einen ausreichend großen (TV-)Monitor verfügen, auf den drahtlos Bilder, Videos und Bildschirminhalte vom Lehrer-PC/ Tablet bzw. einem mobilen Endgerät übertragen werden können. Kabellose Verbindungen haben den Vorteil, dass umständliche Einstöpsel- und Umstöpstelungsarbeiten, die wertvolle Unterrichtszeit kosten, vermieden werden. Zudem sind mit Kabeln auch viele Probleme der Inkompatibilität der Stecker verbunden. Denn man benötigt verschiedenste Steckerverbindungen und Typen (HDMI, RGB), um die Endgeräte zu verbinden. Zudem müssen die Kabel lang genug sein, damit sie die Bewegungsfreiheit und Präsentationsmöglichkeiten nicht einschränken. Um drahtlos auf einem Monitor zu präsentieren, können entsprechende HDMI-Sticks verwendet werden (z.B. Google Chromecast, AppleTV oder Samsung Allshare Cast).

Mit dieser Basisausstattung kann der Monitor (oder alternativ auch ein Projektor) als elektronische Tafel genutzt werden. Lehrern (und auch Schülern) ist es so möglich, Inhalte von ihrem Endgerät auf den Monitor zu transportieren. Whiteboard-Apps können vom Lehrer genutzt werden, um den Monitor wie eine Tafel zu benutzen. Mit einfachen Halteständern lassen sich Tablet oder Laptop so befestigen, dass es den Lehrern leicht fällt, im Stehen zu präsentieren.

Die folgenden Lehr-Lern-Szenarien können mit dieser Basisausstattung beispielsweise durchgeführt werden:

- Filme oder Videos aus Videoportalen wie YouTube, den Medienbibliotheken oder Mediatheken der TV-Sender zeigen, analysieren,
- Webseiten gemeinsam rezipieren und als Recherchegrundlage nutzen (z.B. auch in Form eines WebQuests),
- Mitschriften oder Texte, die zu unterschiedlichen Schreibanlässen entstanden sind, fotografieren und als Foto in der ganzen Klasse zeigen und diskutieren (z.B. im Rahmen einer Schreibkonferenz),
- Musik streamen und als kreativen Schreibanlass nutzen,
- gemeinsam an Dokumenten und interaktiven Aufgaben bzw. Simulationen aus dem Internet arbeiten (z.B. im Rahmen der Erweiterung der Lesekompetenz),
- das Smartphone oder Tablet als interaktives Whiteboard verwenden und eigene Ergebnisse mit anderen besprechen,
- beliebige Dateien präsentieren (doc, ppt, pdf, Foto, Video usw.) und als Gesprächsgrundlage nutzen.

Vorteil der personalisierten Laptops oder PCs für Lehrer ist zudem, dass Lehrkräfte darüber auch die Klassen-, Noten- und Schülerverwaltung durchführen können. Speziell dafür geeignete Lehrer-Apps können den Arbeitsalltag erheblich erleichtern. Sie unterstützen die Klassenverwaltung sowie das Management von Schüler- und Elternkontaktdaten. Weiterhin gibt es umfangreiche Funktionen zur Notenverwaltung, bei denen man auch die Gewichtung definieren kann. Die Notenerfassung ist meist bei den Apps sehr komfortabel gelöst, so z.B. über Serieneingabe einer Arbeit für die ganze Klasse und deren nachträgliche Bearbeitung. Die Berechnung von Durchschnittsnoten erfolgt automatisch. Pro Schüler können sehr schnell die jeweiligen Einzelnoten eingesehen werden. Ebenso lassen sich Fehlzeiten, vergessene Hausaufgaben und andere frei definierbare Eintragungen festhalten. Auch hat man komfortable Klassenübersichten, in denen man beispielswiese schnell sehen kann, welche Schüler noch etwas nachzureichen haben. Diese Funktionen lassen sich mit einer Erinnerungsfunktion verknüpfen. Über die Verknüpfung mit Kontaktdaten kann man auch Schülern oder Eltern relativ einfach Erinnerungen (z.B. via Mail) zukommen lassen. Die Apps arbeiten dabei sehr visuell. Lehrer können beispielsweise Fotos für die Klassenmitglieder hinterlegen und damit die Tools auch als Hilfsmittel nehmen, um Schülernamen nicht mehr zu vergessen. Erinnerungsfunktionen, die nicht nur Lernenden, sondern auch Ereignissen, Unterrichtsplänen oder Klassen zugeordnet sind, lassen sich verwalten. Möglich ist es darüber hinaus, Sitzordnungen in Klassen abzubilden, Klassenlisten und Dateien zu exportieren oder zu drucken. Lehrer-Apps legen besonderen Wert auf Datenschutz, -sicherheit und -sicherung. So werden in den Apps die Daten verschlüsselt gespeichert. Die Apps können so eingestellt werden, dass Zugriffe auf Daten wie Noten immer nur nach erneuter Eingabe von Passwörtern oder zu wählenden Nummerncodes möglich sind. Auch lassen sich von der Datenbank Sicherungen automatisch in Dateien auf dem Endgerät durchführen. Über Massenexporte können auch Listen erzeugt werden, um diese ggf. auszudrucken.

2.2 Ausbaustufe 2: Der vernetzte Klassenraum

Das digitale Klassenzimmer ohne Internet-Zugang ist in gewisser Weise wie „Autos ohne Benzin". Natürlich müssen Lehrer und Schüler nicht immer online sein, insbesondere nicht in den ersten Klassen der Primarstufe. Viele Lern-Apps können auch ohne Internet eingesetzt werden. Um das volle Potenzial der digitalen Schule und mobiler Endgeräte auszuschöpfen, wird jedoch ein Internet-Zugang benötigt. Nur so können Schüler im Internet recherchieren, miteinander an einem Dokument arbeiten oder selbst erstellte Inhalte auf Lernplattformen hochladen. Benötigt wird also in der nächsten Ausbaustufe eine Infrastruktur, die auf mobiles Lehren und Lernen zugeschnitten und so ausgelegt ist, dass Lehrkräfte und mehrere Schüler möglichst gleichzeitig online gehen können.

Eine komfortable – wenn auch nicht die günstigste – Lösung sind Endgeräte, die mit einer eigenen Datenkarte ausgestattet sind und dann auch ohne physische Anbindung an das Schulnetz sofort zum Surfen genutzt werden. Dies könnten beispielsweise die Lehrer-PCs oder Tablets sein. Mit dieser Variante wird der Einsatz von Tablets auch nicht mehr nur auf den Lernort Schule beschränkt. Tablets können dann auch z.B. während eines Museumsbesuch vor Ort genutzt werden. Zu beachten ist, dass die Datenkarten Verbindungen zu schnellen Mobilfunknetzen aufbauen, damit sich ferner Videos und andere datenintensive Medien verwenden lassen. Lehrer können dann auch hierüber den Schülern Zugriff auf das Internet geben, indem diese den Lehrer-PC als WLAN für die eigenen Endgeräte (z.B. bei der Nutzung eines eigenen Smartphones) nutzen. Somit liegt die Kontrolle über die Zugänge immer noch in der Hand der Lehrkraft.

Natürlich sollten Schulen das Ziel haben, alle Klassenzimmer mit durchgängigem WLAN auszustatten. Denn letztlich geht es darum, überall auf dem Schulgelände den Zugang zum Internet für Lernzwecke, aber auch ggf. als Service für ältere Schüler zu ermöglichen. Dabei können Schulen den Betrieb der Infrastruktur an entsprechende Systemdienstleister auslagern, um nicht intern mit den technischen Fragen einer solchen Ausstattung überfordert zu sein. Über ein WLAN können Schulen auch gezielt Zugänge zu bestimmten Internetseiten sperren oder nur zu bestimmten Zeiten das freie Surfen ermöglichen.

2.3 Ausbaustufe 3: Der vernetzte Schüler

Tablet-Klassen haben derzeit Konjunktur in Pilotprojekten, allerdings bedeuten sie auch erhebliche Investitionen – und zwar nicht nur einmalig – denn die Geräte müssen auch im Fall von Defekten schnell ausgetauscht werden können. Die Idee, die hinter Tablet-Klassen steckt, ist der Versuch, Unterricht über Tablets oder Tablet-PCs in der Form durchzuführen, dass jeder Schüler oder zumindest Gruppen von Schülern über ein eigenes Endgerät verfügen und darauf die unterschiedlichsten Apps sowie die digitalen Schulbücher (sofern verfügbar) verwenden. Die Geräte können von den Lehrern für den Unterricht vorbereitet werden, sie sind mit einer entsprechenden Software ausgestattet vom Lehrer kontrollier-

und steuerbar. Die Lehrperson sieht sich mit einheitlichen Technologien konfrontiert und kann Hilfestellungen leisten, wenn sie erforderlich sind. Im Primarstufenbereich wird ein solcher technischer Weg – wenn eine Schule auch Unterricht mit Endgeräten für die Schüler ermöglichen will – als sinnvoll erachtet.

In älteren Klassenstufen und alternativ zur Ausstattung der Schüler mit einem Endgerät durch die Schule kann auch über „Bring Your Own Device"-Konzepte diskutiert werden. Diese Variante mag für diese Klassenstufen sogar sinnvoller sein. In diesem Fall wird es den Schülern erlaubt, ihr eigenes Endgerät, z.B. Smartphone, auch im Unterricht einzusetzen (Anmerkung: In diesen Fällen sollten sich die Lehrer die schriftliche Erlaubnis der Eltern einholen). Letzteres Konzept hat den Vorteil, dass die Schüler das Gerät nutzen, das sie am besten kennen. Nachteil ist der Kontrollverlust für den Lehrer sowie die Tatsache, dass die Lehrkräfte im Unterricht mit unterschiedlichen Endgeräten konfrontiert sind.

2.4 Ausbaustufe 4: Softwareplattformen und Inhalte

Die Vernetzung von Lehrern und Schülern rund um ihren Unterricht sollte auch technologisch von Plattformen unterstützt werden, die den Austausch von erarbeiteten Inhalten, Unterrichtsmaterial oder sonstigen Lernresourcen in einer sicheren Umgebung und ohne Zugang von unberechtigten Personen ermöglichen. Plattformen, die solches prinzipiell leisten (abgesehen vielleicht vom EU-Datenschutzrecht, siehe unten), sind beispielsweise *Edmodo* oder *Schoology*.[2] Sie werden in den USA bereits von über 50 Mio. Schülern genutzt. In Deutschland bieten Lösungen wie *edyou* ähnliche Unterstützung in einer sicheren Umgebung unter Berücksichtigung des EU-Datenschutzrechts.[3] Generell zeigt, sich, dass die neue Generation von Plattformen, die von Schülern akzeptiert werden, ähnlich wie soziale Netzwerke funktionieren müssen, die sie aus dem Privatbereich kennen. Sie sollten aber aus Gründen des Schutzes der Privatsphäre und Datensicherheit für geschlossene Gruppen ausgerichtet sein. Ein Zugang kann dann nur auf Einladung durch einen Lehrer erfolgen. In diesen Netzwerkplattformen lassen sich Gruppen moderieren, Untergruppen und Aufgaben anlegen, Lernfortschritte einsehen und alle möglichen Dokumente wie Skripte, Folien, Literaturlinks oder Videos teilen, kommentieren und bewerten. Weiterhin können Aktivitäten der Teilnehmer gepostet, kommentiert und bewertet werden. Die Sammlung von Videos über mehrere Lerngruppen oder Kurse bzw. Klassen hinweg kann zudem dazu führen, dass eine ganze Bibliothek mit Inhalten entsteht, die in der Folge auch für Selbstlernphasen genutzt werden kann.

Es ist zu erwarten, dass sich solche „sozialen Schulplattformen" als wichtige Softwarekomponente im Lehr- und Lernprozess auch in Deutschland durchsetzen werden. Sie sind einfach zu bedienen, stehen in der „Bildungs-"Cloud bereit und erfordern kaum Technologie-Know-How der Anwender – gleich ob Lehrer oder Schüler. Der Zugang zu ihnen kann mobil wie auch via Desktop-PC oder Laptop erfolgen. Gleichzeitig schreiben sie kein didaktisches Konzept fest, sondern bieten den Lehrern sehr viele freie Gestaltungsmöglichkeiten für den Unterricht in nahezu jedem Fach oder Thema.

Weitere Einsatzmöglichkeiten von mobilen Endgeräten im Unterricht bieten Web-Dienste

2 https://www.edmodo.com/?language=de; https://www.schoology.com

3 https://edyou.eu

und Apps, die Inhalte zum interaktiven Selbststudium anbieten. Neben bereits bekannten Seiten wie Wikipedia oder E-Books haben sich in den letzten Jahren eine Vielzahl an neuen Formaten entwickelt, die einen einfachen, meist kostenfreien Zugang zu Ressourcen ermöglichen, die in dieser Form einer „normalen" Schule nicht zur Verfügung stünden.

Weiterhin existieren mittlerweile zahlreiche offene Lernressourcen wie die *Khan Academy* oder *TheSimpleClub*.[4] Hier finden sich zahlreiche Inhalte, die den Schülern helfen können, sich Wissen anzueignen und sich somit auf Übungen im Klassenraum vorzubereiten. So stellt die *Khan Academy* über 4000 Lehrvideos zu den Bereichen Naturwissenschaften, Geschichte und Wirtschaft bereit und verfügt über einen umfangreichen YouTube Kanal. *TheSimpleClub* ist ein deutscher Dienst, der kostenlos Online-Nachhilfe über Video Tutorials in naturwissenschaftlichen Fächern bietet. Eine wichtige Aufgabe in den nächsten Jahren ist es, die Qualität innerhalb dieser Angebote dauerhaft sicherzustellen und auf die Inhalte der nationalen Bildungsstandards und der Lehrpläne abzustimmen.

3. Die Umsetzung: Grundlagen und Konzepte des vernetzten Klassenzimmers

Viele Schulen setzen zunehmend auf den Einsatz digitaler Medien im Unterricht. Medien allein sind jedoch nur zu einem geringen Teil für den Lernerfolg ausschlaggebend, weshalb Lernen mit Multimedia nicht per se als das effektivere Lernen angesehen werden kann. Lehrerfortbildungen in Bezug auf den Einsatz digitaler Medien sind daher unverzichtbarer Bestandteil der Digitalisierungsstrategie einer Schule.

3.1.1 Konnektivismus: Das vernetzte Individuum

In Zeiten der Digitalisierung kann der Einsatz von Medien im Unterricht Lernsituationen initiieren, in denen traditionale Lernarrangements nicht mehr funktionieren, weil ihre Thesen zu kurz greifen.

> "Including technology and connection making as learning activities begins to move learning theories into a digital age. We can no longer personally experience and acquire learning that we need to act. We derive our competence from forming connections" (Siemens 2005, 4).

Nicht nur die Technologien haben sich verändert, sondern damit verbunden auch die Beziehungen der Lernenden untereinander: Häufig stehen nicht mehr Individuen, sondern die Gruppe und ihre damit verbundenen Interaktionen im Vordergrund. Siemens (2005) hat dazu die Lerntheorie des *Konnektivismus*' als Grundlage für das Lernen im digitalen Zeitalter formuliert.

Im Konnektivismus wird der Mensch – anders als in anderen Lerntheorien – nicht als isoliertes, sondern als vernetztes Individuum verstanden. Das Netzwerk mit Verbindungen zu anderen Menschen sowie zu nicht-menschlichen Quellen ist laut Siemens (2005) maßgeblich für Lernen. Grund dafür ist, dass Lernen und Wissen immer Meinungsvielfalt einschließen. Im Konnektivismus ist Lernen also ein Prozess, bei dem verschiedene Informationsquellen verbunden werden. Eine Kernkompetenz für effektives Lernen stellt daher die Fähigkeit dar, Verknüpfungen zwischen verschiedenen Wissensfeldern, Ideen und Kon-

4 https://www.khanacademy.org; https://www.thesimpleclub.de

zepten herzustellen. Lernen vollzieht sich auf unterschiedliche Art und Weise, wobei eine Unterrichtsstunde Quelle für Lernen sein muss. Andere Kanäle sind z.B. die Rezeption von Blogs oder digitalen Magazinen, die Durchführung von Unterhaltungen und Diskussionen usw. Der Lernende kann sein Lernen erheblich verbessern, wenn er sich in ein bestehendes Netzwerk oder in eine Gemeinschaft zum entsprechenden Thema integriert.

Nach konnektivistischer Ansicht ist es wichtiger zu wissen, wo man Informationen finden kann, als diese Information selbst immer sofort genau zu verinnerlichen bzw. parat zu haben. Der Aufbau von Netzwerken zum Erlangen von Informationen oder zum genaueren Verständnis führt meist zu größeren Erfolgen als das detaillierte Durchdringen oder einfache Suchen. Daher sollte es Aufgabe der Schule sein, den Aufbau von Netzwerken sowie die Verknüpfung verschiedener Informationskanäle zu fördern.

Dem Konnektivismus liegt außerdem die Annahme zu Grunde, dass sich Denken und Emotionen gegenseitig beeinflussen und daher beides im Lernprozess berücksichtigt werden sollte. Der Lernprozess wird demnach auch durch die Motivation, über die ein Lerner verfügt, sowie von seiner Stimmung beeinflusst (vgl. Siemens 2005).

Dies spricht dafür, dass dem Lehrer zukünftig noch stärker die Rolle eines „Activators“ und „Facilitators“ zukommen wird. Der Lehrer ist weniger „Präsentator“, sondern vielmehr „Lernmoderator“, der weniger instruktiv, sondern eher beratend und moderierend agiert, Zusammenarbeit unterstützt, eigenständiges Lernen fördert und begleitet und dabei in der Lage ist, die Emotionen des Einzelnen im Lernprozess zu beachten. Für die Lehrkräfte bedeutet das eine neue Herausforderung, deren Umsetzung einer gezielten Fortbildung bedarf.

3.2 Prinzipien für einen Unterricht im vernetzten Klassenzimmer

Um digitales Lernen erfolgreich zu gestalten, müssen zunächst übergeordnete Lernziele definiert werden, anhand derer sich Lehrpersonen dann für ein passendes pädagogisches Konzept zur Verwirklichung dieser Lernziele entscheiden. Dabei spielen digitale Inhalte eine zunehmend große Rolle, da mit ihrer Hilfe Lernmaterial zeitgemäß und zielgerichtet präsentiert und vermittelt wird. Im Folgenden werden moderne Lernkonzepte beschrieben, die durch digitale Inhalte ihr volles pädagogisches Potential ausschöpfen können.

3.2.1 Lernen mit Multimedia

Mit der stetig fortschreitenden Digitalisierung und der damit einhergehenden digitalen Vermittlung von Inhalten wachsen gleichsam auch die Herausforderungen an modernen Unterricht. Somit kommt diesem Multimedia-Konzept eine immer größere Bedeutung in deutschen Klassenzimmern zu, als dies noch vor ein paar Jahren der Fall war.

Multimedia meint die Verknüpfung verschiedener Kanäle (beispielsweise Text und Bild) zur Vermittlung von Inhalten. Inhalte werden nicht nur über mehrere Kanäle kommuniziert, sie werden auch interaktiver, verlangen danach, nicht nur gehört und gesehen zu werden, sondern sich auch aktiv damit auseinanderzusetzen. Dies soll mit mehreren Sinnen geschehen, also multimodal sein (vgl. Weidenmann 2001). Beispiele hierfür bieten aufstrebende Force-Feedback-Technologien, wie sie bereits in marktführenden Smartphones und Tablets zu finden sind. Diese sprechen neben visuellen und auditiven Kanälen gleichzeitig auch den

Tastsinn der Nutzer an und integrieren somit gleich drei Sinnesmodalitäten. Um Lernen mit multimedialen Inhalten erfolgreich und nachhaltig zu gestalten, gilt es jedoch Grundprinzipien dieses Instruktionsdesigns zu verstehen und umzusetzen.

Hierzu gibt es bereits einige Forschungsansätze, wie beispielsweise die Kognitive Theorie des Multimedialen Lernens nach Mayer (2001), die verschiedene Prinzipien multimedialen Lernens integriert und durch Astleitner, Pasuchin und Wiesner (2006) um die motivationale Komponente des Lernens sowie 2008 durch Wiesner um die emotionale Komponente (Emotionales Lernen) ergänzt wurde. Demnach wird der Wissenserwerb gefördert, wenn Informationen sowohl durch Text als auch Bilder repräsentiert werden, anstatt nur durch Text oder nur durch Bilder. Zudem sollen Text- und Bildinformationen in räumlicher Nähe zueinander platziert werden, um den Lernerfolg zu optimieren. Bildliche und textuell sprachliche Inhalte werden sinnvollerweise parallel anstatt sukzessive präsentiert. Für den Lerner interessante Informationen, die für das eigentliche Lernziel jedoch irrelevant sind, reduzieren den letztendlichen Wissenserwerb und beeinträchtigen so die Lernleistung. Weiterhin ist Lernen erfolgreicher, wenn Informationen audiovisuell, also durch Bild und Ton dargestellt werden, als durch visuelle Darstellung allein. Diese audiovisuelle Darstellung von Lerninhalten ist ebenfalls erfolgreicher als die redundante Darstellung der gleichen Information durch Bild, Ton und Text. Bei der Vermittlung von Lerninhalten können persönliche Ansprachen und pädagogische Agenten unterstützend auf den Lernprozess wirken. Lerner mit geringem Vorwissen profitieren zudem deutlich stärker von Designeffekten des Lernmaterials als Lerner mit vergleichsweise hohem Vorwissen dies tun, da diese aufgrund ihres Vorwissens besser imstande sind, Mängel im Instruktionsmaterial auszugleichen (vgl. Mayer 2001).

Bei der Verwendung multimedialer Inhalte im Unterricht müssen zunächst übergeordnete Lernziele festgelegt werden, auf Grundlage derer die Medienauswahl stattfindet. Hält man sich dann an die oben genannten Prinzipien, dürfte dem erfolgreichen multimedialen Lernen nichts mehr im Wege stehen.

3.2.2 Personalisiertes Lernen

Personalisiertes Lernen ist das Instruktionsdesign, welches am stärksten an den Bedürfnissen des einzelnen Lerners ausgerichtet ist. Hierbei sind Lernziele, Lerntempo und Lerninhalte individuell, was ein hohes Maß an Selbstlernkompetenz des Lerners erfordert. Die klassische Rolle des Lehrers als belehrende Autoritätsperson wandelt sich beim personalisierten Lernen hin zum Lerncoach, der als Begleiter des Lernprozesses fungieren und die Selbstlernkompetenz der Lerner fördern soll (vgl. Fassnacht 2014).

Um diesen komplexen Anforderungen gerecht zu werden, bedarf es modernster technologischer Unterstützung, beispielsweise in Form von Software, die analysiert, wie Individuen lernen, ihnen anhand der errechneten Ergebnisse einen individualisierten Lernplan erstellt, der speziell auf die Stärken und Schwächen des Einzelnen abgestimmt ist, und so stets das perfekte Maß an Herausforderung bietet, ohne zu überfordern. Schüler können somit optimale Lernergebnisse erzielen. In den USA werden solche Konzepte bereits modellhaft in Schulen umgesetzt, in Deutschland wird bisher selten auf die technologischen Möglichkeiten zu dieser sogenannten Binnendifferenzierung zurückgegriffen.

3.2.3. Situiertes Lernen

Situiertes Lernen, also Lernen im Bezug zur eigenen Lebenswelt, erfolgt in Interaktion mit anderen (soziale Komponente) sowie in authentischen Situationen, so dass das angeeignete Wissen auch in Zukunft noch relevant und bedeutungsvoll bleibt (vgl. Mandl et al. 2002). Hierbei sollen Schülerleistungen verbessert werden, indem an den individuellen Entwicklungsstand der Lerner angeknüpft wird; ein Ansatz, der sich auch im Konzept des obengenannten personalisierten Lernens wiederfindet (vgl. Anderson et al. 2000). Für gelungenes situiertes Lernen ist der Praxisbezug des Lernmaterials essentiell, da es Schülern so leichter fällt, Erlerntes aktiv in die praktische Anwendung zu transferieren.

Diese Schaffung authentischer Situationen ist im traditionellen Schulalltag schwer umsetzbar. Schüler lernen in einer geschützten Umgebung Inhalte, die für sie zunächst keine offensichtliche Anwendung in ihrer jeweiligen authentischen Lebenswelt finden.

Hier kann Technologie ansetzen, um Authentizität zu vermitteln und somit situiertes Lernen zu fördern. Durch den Einsatz computergestützter Simulationen können diese authentischen Situationen auch im Klassenzimmer erzeugt werden. Probleme können praxisnah innerhalb der jeweiligen Situation gelöst werden und so den Transfer zur Lebenswelt der Schüler ermöglichen.

3.3 Orchestrierung technologiegestützter Lernarrangements

Das digitale Klassenzimmer bringt neben den didaktischen auch organisatorische Anforderungen an die Lehrkraft mit sich: die Klasse muss organisiert werden, der Lehrer muss sich ein Bild über den Lernprozess verschaffen können und Lernaktivitäten müssen überwacht und gesteuert werden.

Orchestrierung technologiegestützen Unterrichts beinhaltet u.a. die Planung und Unterstützung von Lernaktivitäten, die Verteilung von mehreren Lerner- und Lehrerrollen sowie die Kombination unterschiedlicher Lernarrangements. Zu den aktuellen Phänomenen technologiegestützten Lernens gehören demnach Mobiles Lernen, MOOCs (Massive Open Online Courses) sowie das Lernen in und mit sozialen Netzwerken wie beispielsweise Facebook (vgl. Weinberger 2015). Mobiles Lernen beschreibt dabei jegliches Lernen, das über mobile Medien stattfindet, beispielsweise über Smartphone oder Tablet. Mobiles Lernen ermöglicht Weiterbildung jederzeit und an jedem Ort. Voraussetzung sind lediglich der Besitz eines mobilen Endgeräts sowie eine mobile Datenverbindung, die es erlauben, die Lerninhalte „on the go“ abzurufen. Unter MOOCs versteht man kostenlose Online-Kurse zu spezifischen Themen der Weiterbildung. Ähnlich zu geschlossenen Online Kursen bieten MOOCs die Möglichkeit klassische Konzepte der Wissensvermittlung mit multimedialen Inhalten aufzubereiten. Über Foren können sich Teilnehmer des MOOCs zu den behandelten Themen austauschen und so eine Wissensgemeinschaft aufbauen (Vgl. Schulmeister 2012). Soziale Netzwerke wie Facebook bieten die Möglichkeit, Lerngruppen in Eigenregie zu organisieren sowie zu koordinieren. Hierzu stehen verschiedene Kommunikationstools wie Gruppenchats oder das Anlegen eigener Gruppen für bestimmte Lernthemen zur Verfügung. Zudem bietet Facebook ein Netzwerk innerhalb und zwischen Lerngemeinschaften auch auf internationaler Ebene. Die Kommunikation zwischen Projektmitgliedern verschiedener Länder ist somit ganz einfach. Weiterhin können aktuelle themenbezogene

Informationen unmittelbar diskutiert und geteilt werden. In Verbindung mit mobilem Lernen können Nutzer via Push-Benachrichtigungen über aktuelle Geschehnisse innerhalb der für sie relevanten Gruppen auch unterwegs direkt informiert werden und haben so die Möglichkeit, schnell zu reagieren.

Inwiefern solche technologiegestützten Lernarrangements erfolgreich im Hinblick auf das Erreichen von Lern- und Kompetenzzielen sind, wird an der Universität des Saarlandes erforscht. Hierzu werden Studien zu instruktionalen Ansätzen zur Förderung kooperativen Online-Lernens durchgeführt. Ergebnisse dieser Studien zeigen, dass kontraintuitive bzw. ungünstige Orchestrierung vorliegt, wenn traditionelle Konzepte des Erklärens eines Phänomens im Unterricht mit anschließender Übungsphase (Hausaufgaben) angewandt werden. Weiterhin liegt eine hinderliche Orchestrierung vor, wenn Gruppenarbeitsprozesse zunächst individuell vorbereitet werden und erst dann eine gemeinsame Diskussion über den zu behandelnden Stoff stattfindet. Demnach soll durch Orchestrierung der klassische Verlauf einer Abfolge von Lernarrangements durch eine Verknüpfung der genannten Lernarrangements ersetzt werden, Übungsphasen also direkt mit Erklärungsphasen verknüpft anstatt nur daran angeschlossen werden. Auf längerfristige Sicht kann eine deutliche Effizienzsteigerung des Online-Lernens durch Instrumente wie Skripts erreicht werden (vgl. Weinberger 2015). Mithilfe von Skripts werden spezifische Interaktionsmuster von Lernern gefördert und so der individuelle Wissenszuwachs gesteigert. Lerner diskutieren demnach in Gruppen auf Grundlage einer ihnen zugeteilten Position, die im Laufe des Lernprozesses zwischen den Gruppenmitgliedern rotiert, so dass jedes Gruppenmitglied jede Rolle mindestens einmal übernimmt. Hierdurch können Lerner unterstützt werden, am Wissensaustausch innerhalb von Gruppen aktiv und gleichberechtigt teilzunehmen und gleichzeitig ihre Argumentationsfähigkeit trainieren.

Orchestrierung kann somit als nützliches Konzept zur Analyse und gleichsam Förderung der Kombination unterschiedlicher, technologiegestützter Lernarrangements angesehen werden. Wichtig hierbei ist, dass Orchestrierung dynamisch bleibt, das heißt, dass Lehrer jederzeit die Möglichkeit haben, das Lernarrangement zu jedem gegebenen Zeitpunkt auf die Bedürfnisse der Lerner anzupassen (vgl. Dillenbourg et al. 2010).

4. Ausblick

Die hier genannten Möglichkeiten, Bildung bereits in der Grundschule zu digitalisieren und somit modernen Gesellschaftsstandards anzupassen, stellen einen Auszug der Technologien, Methoden und didaktischen Konzepte dar, die in diesem Zusammenhang denkbar sind. Aufgrund des schnelllebigen digitalen Wandels, in dem wir uns zur Zeit befinden, kommen jedoch ständig neue Technologien auf, aus denen sich Möglichkeiten und Chancen für erfolgreiches Unterrichten ergeben. Um Unterricht gleichermaßen zeitgemäß, motivierend und kompetenzorientiert zu gestalten, ist es für Lehrpersonen unerlässlich, sich über diese neuen Entwicklungen und deren mögliche Nutzung im Klassenzimmer zu informieren und stets auf dem Laufenden zu bleiben. Es sei an dieser Stelle auf Technologien verwiesen, die sich entweder noch in der wissenschaftlichen Erprobungsphase befinden oder aber noch nicht einem breiten Publikum zur Verfügung stehen, deren Potential für zukünftigen Unterrichtskonzepte jedoch außer Frage steht. Gleichwohl geben sie bereits heute einen Ausblick darauf, wie sich die Einsatzmöglichkeiten von Technologie in der Bildung immer mehr verbreiten werden.

3D-Drucker werden zukünftig gerade im Schulunterricht eine wichtige Rolle spielen. Mit ihrer Hilfe können Lernende innerhalb kurzer Zeit abstrakte Konzepte selbst in greifbare „Produkte“ transferieren. Warum nicht die Masken für ein szenisches Spiel entwickeln oder ein Setting zu einem rezipierten Kinderbuch entwickeln und ausdrucken?.

Weiteres Potential bieten *Augmented Reality-Anwendungen.* Wenn es beispielsweise um das Einüben von Handhabungen, das Erlernen von Arbeitsschritten oder von Arbeitsverläufen geht, kann mit ihrer Hilfe die Realität auf einem virtuellen Display simuliert werden. Wearables wie die Google-Brille können eingesetzt werden, um beispielsweise technische Geräte zu reparieren. Auf dem Display der Datenbrille werden dann Erklärungen transparent über die reale Geräteteile eingeblendet und erklärt.

Literatur

Anderson, John et al.: Perspectives on learning, thinking and activity. Educational Researcher (2000), 29, 4, 11-13.

Astleitner, Hermann; Wiesner, Christian: An integrated model of multimedia learning and motivation. Paper presented at EARLI (European Association for Research on Learning and Instruction) - conference. 26.8.-30.8., Padua, Italy 2003.

Dillenbourg, Pierre; Jermann, Patrick: Technology for classroom orchestration. In: Swe Khine, Mint; Saleh, Issa M. (Hrsg.): New Science of Learning. Cognition, Computers and Collaboration in Education. New York: Springer 2010, 525-552.

Fassnacht, Konrad: Individualisierung – Differenzierung – Personalisierung (2014). http://clc-learning.de/individualisierung-differenzierung-personalisierung/ (letzter Zugriff: 16.06.2016).

Hattie, John: Lernen sichtbar machen für Lehrpersonen. Baltmannsweiler: Schneider Verlag Hohengehren 2014.

Hattie, John; Beywl, Wolfgang; Zierer, Klaus: Lernen sichtbar machen. Baltmannsweiler: Schneider Verlag Hohengehren 2013.

Mandl, Heinz; Gruber, Hans; Renkl, Alexander: Situiertes Lernen in multimedialen Lernumgebungen. In: Issing, Ludwig J.; Klimsa, Paul (Hrsg): Information und Lernen mit Multimedia und Internet. Lehrbuch für Studium und Praxis. 3. Aufl. Weinheim: Beltz, Psychologie-Verlags-Union 2002, 138-148.

Mayer, Richard. E.: Multimedia Learning. Cambridge: University Press 2001.

Schlüsselkompetenzen für lebenslanges Lernen 2006, http://eur-lex.europa.eu/legal-content/DE/TXT/?uri=URISERV%3Ac11090 (letzter Zugriff: 15.06.2016).

Schulmeister, Rolf: As Undercover Students in MOOCs 2012, https://lecture2go.uni-hamburg.de/konferenzen/-/k/14447 (letzter Zugriff: 08.07.2016).

Siemens, George: Connectivism: A Learning Theory for the Digital Age. In: International Journal of Instructional Technology and Distance Learning (2005),2 (1). http://www.itdl.org/Journal/Jan_05/article01.htm (letzter Zugriff: 16.06.2016).

Thissen, Frank: Mobiles Lernen in der Schule 2013, https://itunes.apple.com/de/book/mobiles-lernen-in-der-schule/id675793862?mt=11 (letzter Zugriff: 12.06.2016).

Weidenmann, Bernd: Lernen mit Medien. In: Krapp, Andreas; Weidenmann, Bernd (Hrsg.): Pädagogische Psychologie. 4. Aufl. Weinheim: PVU. 2001. 415-466.

Weinberger, Armin: Orchestrierung technologiegestützter Lernumgebungen. Invited Talk at Festo Lernzentrum. Rohrbach, Germany 2015.

Wiesner, Christian: Die Bedeutung der Emotionen in der Medienpädagogik. In: Blaschitz, Edith; Seibt, Martin (Hrsg.): Medienbildung in Österreich. Münster, Wien: LIT 2008, 216-228.

Zimmermann, Volker: Flipped Classroom: Ein Überblick. Magazin Digitale Schule (2015) http://magazin.digitale.schule/konzepte/flipped-classroom-ein-berblick (letzter Zugriff: 06.07.2016).

JAN M. BOELMANN

Exkurs: World of Classcraft

Modell der Zukunft auch für die Primarstufe?

1. Wie sich Computerspiele und Unterricht gleichen

Computerspiele sind didaktische Umgebungen und vermögen es, ihren Nutzern binnen kurzer Zeit Fähigkeiten und Fertigkeiten zu vermitteln, die diese für das Bestehen des Spiels benötigen. Hierbei arbeiten sie in der Regel nicht mit Instruktionen, sondern verlangen von Spielern selbstständiges Problemlösen (vgl. Kraam-Aulenbach 2003), sodass sich diese nicht als Erfüllungsgehilfen computergenerierter Befehle, sondern als Gestalter des Spiels erfahren. Damit dieser Effekt eintreten kann, nutzen Spielproduzenten verschiedene Strategien, wobei die Motivierung durch Kompetenz-Erfahrung als zentral gelten kann: Die Spieler erleben Erfolge, teils in kurzen Abständen, erhalten Belohnungen für erfolgreiche Handlungen, die an sie gestellten Aufgaben überfordern sie nicht, da sich das Spiel auf ihr Fähigkeitenniveau einstellt. Zudem erhalten sie unmittelbare Rückmeldungen zu ihren gezeigten Leistungen, die ggf. Hilfesysteme auslösen oder besondere Herausforderungen freischalten. Ein weiteres Merkmal guter Spiele ist die Transparenz der Anforderungen, denen sich die Spielenden stellen müssen, sodass ihr Handeln nicht beliebig oder unsinnig erscheint.

Orientiert man sich an den bekannten Merkmalslisten für guten Unterricht (vgl. Helmke 2014, 168ff.; Meyer 2004, 17f.), wird deutlich, dass Computerspiele die gleichen Kriterien erfüllen müssen, um als gelungen anerkannt zu werden, wie guter Unterricht. Anders als Schulunterricht stehen Computerspiele allerdings unter dem Zwang, all diese Kriterien zu erfüllen, da ihr kommerzieller Erfolg und somit das Überleben des Computerspielstudios hiervon abhängt. Entsprechend ausgefeilt sind ihre Mechanismen.

Daher liegt es nahe, Computerspielprinzipien als erfolgreiche und vielerprobte Best Practice in den Schulunterricht zu übertragen (vgl. Hübner 2013, 49). Erprobt wird dies insbesondere in den USA, wo etwa in der Quest-to-learn-Schule in New York (http://www.q2l.org/) der gesamte Unterricht nach Computerspielprinzipien gestaltet wird. Eine weniger radikale Variante stellen die sogenannten Classcraft-Systeme dar, die die Spielprinzipien von Computerrollenspielen auf den Unterricht übertragen, um die Leistungsanforderungen transparenter zu gestalten und die Lernmotivation zu erhöhen.

2. Zwei Classcraft-Systeme im Vergleich

Derzeit befinden sich zwei Classcraft-Systeme auf dem Markt: das vom Amerikaner Shawn Young entwickelte ‚World of Classcraft' und das in die Lernplattform www.socialcube.net integrierte Tool des Österreichers Christian Haschek. Beide Systeme unterscheiden sich grundlegend: Während Hascheks System als minimalistisch bezeichnet werden kann, orientiert sich Youngs Classcraft-Version optisch stark an dem namensgebenden Online-Rollenspiel ‚World of Warcraft' und weist neben der reinen Vergabe von Erfahrungspunkten zahlreiche teilweise kostenpflichtige Zusatzfeatures auf.

Für den Vergleich beider Plattformen sollte auch der unternehmerische Hintergrund der beiden Systeme betrachtet werden: Christian Haschek ist Softwareentwickler und bezeichnet sich selbst als Hobby-Lehrer, der an einem Wiener Gymnasium seit 2011 Informatik unterrichtet (vgl. Haschek 2014). Das von ihm entwickelte XP-basierte Benotungssystem, das in die Lernplattform Socialcube eingebunden ist, kann über Socialcube LITE kostenlos genutzt werden. Der Lehrer Shawn Young entwickelte ‚World of Classcraft' im Jahr 2013 als Rollenspiel für die ganze Klasse: Ebenso wie die Helden in Online-Rollenspielen über das Meistern von verschiedenen Abenteuern Erfahrungen sammeln und sich mit ihnen verbessern, sollen auch die Schüler ihre individuelle Weiterentwicklung durch Lernabenteuer im Klassenraum erleben. Young gründete ein Startup-Unternehmen und bietet neben einer kostenfreien Grundversion, die allerdings sogenannte In-App-Käufe zulässt – die Schüler können gegen echtes Geld ihren Charakter verändern –, auch verschiedene kostenpflichtige Modelle an, in denen die Möglichkeit der In-App-Käufe deaktiviert werden kann. Wenngleich mit Blick auf die hohen Kosten für die Entwicklung von Webseite und App sowie deren Wartung die monatlichen Gebühren von ca. 10$ als angemessen zu kennzeichnen sind, ist das Modell der In-App-Käufe problematisch.

Das erklärte Ziel von www.lite.socialcube.net ist die Erhöhung der Transparenz von Benotungen in unterrichtlichen Kontexten. Die Schüler erfahren zu Beginn einer Unterrichtsreihe, wie viele XP (Erfahrungspunkte) sie für bestimmte Noten benötigen und wie sie sich diese XP erarbeiten können. Ein Beispiel soll dies verdeutlichen: Die Lehrkraft legt zu Beginn des Unterrichtsvorhabens fest, dass in der aktuellen Reihe maximal 100 XP erworben werden können. Hieraus ergibt sich, dass beispielsweise 51 erarbeitete XP die Note 4 ergeben, 65 XP die Note 3-, etc., anschließend legt sie fest, wie einzelne Leistungen bewertet werden: Etwa könnte eine Meldung ohne aufgerufen zu werden mit einem XP belohnt werden, eine gelungene Wortmeldung mit drei XP, ein sehr gutes Referat mit 25 XP, gut erledigte Hausaufgaben mit fünf XP usw. Während des Unterrichts protokolliert die Lehrkraft die Schülerleistungen und überträgt die Werte anschließend mit Begründung in das Onlinesystem. Über einen personalisierten Zugang können die Schüler ihren aktuellen XP-Stand abfragen und erfahren, wie sich dieser zusammensetzt, wie sie im Vergleich zu ihren Klassenkammeraden stehen und wie viele XP sie noch für die nächstbessere Note benötigen. Optisch präsentiert sich die Plattform sehr nüchtern, aber professionell. Die Informationen werden ansprechend aufbereitet, wenngleich ein gewisser Datenbank-Charme nicht vermieden wird.

Inhaltlich versteht sich ‚World of Classcraft' stärker als Unterrichtsprinzip denn als Benotungshilfe: In der knallbunten Spielwelt werden die Schüler nicht nur als Nutzer angelegt, sondern erhalten auch Spielcharaktere mit eigenen Klassen, Eigenschaften und Möglichkeiten, die zudem optisch individualisiert werden können. Hierbei sind die Möglichkeiten umfangreicher, die Nutzeroberfläche grafisch opulenter und das Regelwerk deutlich komplexer. Neben den Erfahrungspunkten (XP), die die Schüler im Unterricht für erwünschtes Verhalten sammeln können, verfügt jeder Charakter über eine festgelegte Zahl an Lebenspunkten (HP), die sich durch Fehlverhalten reduziert (etwa Zuspätkommen oder eine Unterrichtsstörung). Sobald die Lebensenergie der Spielfigur verbraucht ist, erfährt der Schüler negative Konsequenzen, etwa eine Zusatzarbeit. Alle Charaktere werden verschiedenen Klassen (Magier, Krieger oder Heiler) zugeordnet, die den Spielern den Einsatz verschiedener Kräfte erlauben: So können etwa Heiler Teammitglieder heilen – also deren HP auffüllen, um sie vor Strafen zu schützen –, Krieger auf die Jagd gehen – was ihnen erlaubt, im Unterricht zu essen – oder Magier sich selbst teleportieren – was in der realen Welt einen Sitzplatzwechsel bedeutet. Zu Beginn des Spiels verfügen die Teilnehmenden nur über eine Kraft, erhalten aber mit zunehmender Erfahrung Kraftpunkte (PP), die sich in weitere Fähigkeiten eintauschen lassen. Um den Einsatz von Kräften zu bezahlen, verfügen die Spieler über Aktionspunkte (AP), die ebenso wie die HP langsam aber stetig regenerieren. Der Spielleiter hat zudem die Möglichkeit, Charaktere zu Gruppen zusammenzuschließen, die in der Folge gemeinsam als Team agieren müssen. Das gesamte Spielprinzip erinnert an Pen-and-Paper-Rollenspiele, wobei der Schulunterricht das erlebte Abenteuer darstellt. Dies wird durch Zufallsereignisse zu Beginn der Stunde, Bosskämpfe in Form von besonders schweren Aufgaben oder Heldenwerkzeuge wie der „Wanderung zum Weißen Berg" (einer Countdown-Funktion) oder eines „Waldlaufs" (einer Stoppuhr-Funktion) untermauert. Neben der PC-Version gibt es auch eine inhaltlich identische App, die auf Mobilgeräten genutzt werden kann.

3. Fazit

Der Vergleich der beiden Systeme zeigt beispielhaft, dass die Übertragung von Computerspielprinzipien auf den Unterricht auf unterschiedliche Weisen realisiert werden kann. Während das System Haschecks vor allem die Transparenz der Notengebung in den Blick nimmt, setzt Young auf eine völlige Neuausrichtung des Unterrichts mit dem Ziel, die Lernmotivation der Schüler nachhaltig zu steigern.

In welchem Unterricht bringen diese Systeme einen Mehrwert? Insbesondere das System Youngs geht von einem Schülerbild aus, in dem Schüler nicht intrinsisch motiviert lernen, sondern äußere Anreize für ihr Handeln brauchen – eine Einschätzung, die vielerorts, aber nicht überall zutrifft. ‚World of Classcraft' setzt zudem auf zahlreiche spielerische Elemente, wie den Einsatz der Kräfte oder die Zufallsereignisse, die den Unterricht auflockern sollen, aber auch vom Lernen ablenken. Gerade für Klassen mit einer kurzen Aufmerksamkeitsspanne kann dies – in einer optimalen Dosierung – Erholungsphasen bedeuten, die anschließend die Leistungsfähigkeit der Klasse erhöhen und den zeitlichen Aufwand amortisieren. Zudem können die gruppenbezogenen Kräfte den Zusammenhalt der Klasse und infolgedessen das Sozialverhalten verbessern. Gelingt es allerdings nicht, diese Phasen zu kanalisieren, können sie das Lernen nachhaltig behindern, da die effektive Lernzeit drastisch verringert wird. Neben dem zeitlichen Faktor im Unterricht birgt dieses Classcraft-System zudem einen hohen außerunterrichtlichen buchhalterischen Aufwand, da XP, HP, PP und AP aller Schüler verwaltet werden müssen.

Die Socialcube-Variante hingegen lässt sich leichter in den Unterricht integrieren, da sie keinen kompletten Umbruch bestehender Praktiken verlangt. Zwar entsteht auch hier ein gewisser buchhalterischer Aufwand, zugleich erhöht das System die Transparenz der Notengebung teils drastisch. Dennoch ist fraglich, ob die absolute Quantifizierung aller Schülerleistungen und die hiermit einhergehende Motivation, die nächstbessere Note zu erreichen, auch die Lust am Lernen steigern kann.

Vor allem im Unterricht der Primarstufe ist die intrinsische Lernmotivation bei den Schülern noch sehr stark ausgeprägt und sollte möglichst lange gefördert werden. Hierbei können die in Computerspielen konsequent umgesetzten didaktischen Prinzipien helfen, indem etwa der Unterricht heraus- aber nicht überfordernd gestaltet wird, transparente Leistungsanforderungen gestellt und hieraus folgende Leistungen anerkannt und belohnt werden, Hilfen bereitgestellt und erworbene Kompetenzen sichtbar gemacht werden. Ein zu starker Fokus auf die Noten als extrinsische Motivation muss nicht das Lernen verhindern, kann aber den Blick der Schüler ändern: Sie lernen nicht mehr, um klüger zu werden, sondern um bessere Noten zu erhalten. Gerade bei älteren Schülern mit entsprechenden (Nicht-) Lernbiographien kann diese veränderte Blickrichtung einen Motivationsschub auslösen, in der Grundschule – so hoffe ich – benötigt man eine solche Krücke noch nicht.

Literatur

Haschek, Christian: My XP-based grading system. a modern approach to grading in the year. (2014), https://blog.haschek.at/xp-based-grading-system (letzter Zugriff: 03.06.2016).

Haschek, Christian: Socialcube. Online unter: http://lite.socialcube.net (letzter Zugriff: 03.06.2016).

Helmke, Andreas: Unterrichtsqualität und Lehrerprofessionalität. Diagnose, Evaluation und Verbesserung des Unterrichts. Seelze: Klett-Kallmeyer 2014.

Hübner, Tobias: Gamifying Education. Über die Kollision von Schule und Computerspiel. In: Boelmann, Jan M.; Seidler Andreas (Hrsg.): Computerspiele als Gegenstand des Deutschunterrichts. Frankfurt/ Main: Peter Lang 2013, 49-66.

Kraam-Aulenbach, Nadia: Interaktives, problemlösendes Denken im vernetzten Computerspiel (2003), http://elpub.bib.uni-wuppertal.de/edocs/dokumente/fb03/diss2002/kraam-aulenbach (letzter Zugriff: 03.06.2016).

Meyer, Hilbert: Was ist guter Unterricht? Berlin: Cornelsen Scriptor 2004.

Quest to learn http://www.q2l.org/ (letzter Zugriff: 03.06.2016).

Schmidt, Christian: Der Mist geht nicht. In: WASD (2012), 1, 1, 9-15.

Young, Shawn: World of Classcraft. Online unter http://www.classcraft.com (letzter Zugriff: 03.06.2016).

GABRIELE KOTULLA, DANIELA BICKLER

Exkurs: „Medien, aber sicher.“

Die Initiative Teachtoday

1. Hintergrund

Kinder und Jugendliche nutzen digitale Medien und Technologien ganz selbstverständlich und sind bereits in jungen Jahren online. Die Digitalisierung des Alltags ist fest im Familienleben verankert: In jeder zehnten Familie beginnt die Internetnutzung schon im Alter von drei Jahren (vgl. DIVSI 2015). Mit zunehmendem Alter steigt die Internetnutzung rapide, ab zehn Jahren sind fast alle Kinder im Internet unterwegs (vgl. DIVSI 2015; Bitkom 2014). Mit dem Schuleintritt nimmt auch die Smartphonenutzung zu: Ein Fünftel aller Sechs- bis Sieben- Jährigen nutzt ein Smartphone, im Alter von zwölf bis 13 Jahren sind es bereits 85% (vgl. Bitkom 2014). Auch wenn Kinder geschickt mit der Technik umgehen, heißt dies noch lange nicht, dass sie auch über grundlegende Kompetenzen verfügen. So kann beispielsweise ein Drittel der Acht- und Neunjährigen alleine ins Internet gehen, aber nur jeder Zehnte kennt sich mit der Ablagestruktur eines Computers aus (vgl. mpfs 2015).

> „Kinder benötigen eine qualifizierte und umfassende Vorbereitung auf die digitalisierte Welt. Ein kompetenter Umgang, aber auch ein Verstehen von Zusammenhängen und Funktionsweisen im Kontext digitaler Medien – und insbesondere des Internets – versetzt sie in die Lage, diese Kulturtechniken sinnvoll und nutzbringend für die Schule und später in Ausbildung und Beruf einzusetzen.“ (DIVSI 2015, 136).

Eltern sehen sich in der Hauptverantwortung, wenn es darum geht, ihren Kindern einen kompetenten Umgang mit dem Internet zu vermitteln (vgl. DIVSI 2015). Doch auch Bildungseinrichtungen und Unternehmen sollten ihren Beitrag dazu leisten, Kinder und Jugendliche an die Nutzung der digitalen Medien heranzuführen.

Mit der Initiative Teachtoday fördert die Deutsche Telekom im Rahmen ihres gesellschaftlichen Engagements die sichere und kompetente Mediennutzung von Heranwachsenden. Teachtoday unterstützt Kinder und Jugendliche, Eltern und pädagogische Fachkräfte mit praxis- und alltagsnahen Tipps sowie Materialien für den sicheren Umgang mit digitalen Medien.

2. Angebote

Das erste Handy, die Diskussion um angemessene Nutzungszeiten oder der respektvolle Umgang im Internet: Die Angebote von Teachtoday setzen bei konkreten Alltagssituationen an und berücksichtigen die verschiedenen Nutzungsweisen von Kindern und Jugendlichen in Familie, Schule und Freizeit. Sie verbinden Online- und Printangebote mit Aktivitäten vor Ort. Die Materialien für Erwachsene und für Kinder sind stringent miteinander verknüpft. Erwachsene können sie sofort gemeinsam mit Kindern und Jugendlichen umsetzen. Die Initiative besteht aus folgenden Kernbausteinen:

- Die Plattform *www.teachtoday.de* unterstützt Eltern und pädagogische Fachkräfte mit aktuellen Informationen, Projektideen und Materialien.
- Das *Medienmagazin Scroller* richtet sich direkt an Kinder und ist für den Einsatz in Familie und Bildungseinrichtung konzipiert. Pädagogische Begleitbriefe und Elternratgeber bieten Anregungen für die Umsetzung. Scroller ist als Druckausgabe und online unter www.scroller.de verfügbar.
- Der *Medienkompetenztest* ist ein spielerischer Einstieg für Heranwachsende im Alter von neun bis zwölf Jahren zur Erkundung der eigenen Kompetenz im Umgang mit digitalen Medien. Er kann von Eltern mit ihren Kindern oder auch von pädagogischen Fachkräften mit größeren Lerngruppen durchgeführt werden.
- Im *Medienparcours* lernen Mädchen und Jungen ihr Medienverhalten richtig einzuschätzen. Der Parcours kann von Bildungseinrichtungen gebucht werden, alle Materialien sind mit Erklärfilmen online verfügbar, so dass Einrichtungen diesen auch selbständig umsetzen können.
- Beim *Wettbewerb „Medien, aber sicher.“* werden internationale Projekte rund um die sichere Mediennutzung ausgezeichnet.
- Auf dem *Summit for Kids* und weiteren „Vor-Ort-Aktivitäten“ erhalten die Kinder selbst eine Stimme. Hier stellen sie ihre Forderungen für eine sichere digitale Welt. Diese werden online dokumentiert.
- Die Initiative nutzt zudem verschiedene *„Social Media“-Kanäle* zum Austausch.

3. Aktivitäten im Detail

3.1 Der Medienkompetenztest – Stärken feststellen und fördern

Als Einstieg in das Thema Mediennutzung eignet sich der Medienkompetenztest von Teachtoday. Kinder im Alter von neun bis zwölf Jahren setzen sie sich intensiv mit ihrem eigenen Medienverhalten auseinander und schätzen spielerisch ihre Medienkompetenz ein.

Der Test basiert auf dem Kompetenzatlas von John Erpenbeck und Volker Heyse (2009). Insgesamt werden sechs Kernkompetenzen berücksichtigt, die für eine kreative, kommunikative und reflexive Nutzung von digitalen Medien besonders wichtig sind: schöpferische Fähigkeit, Kommunikationsfähigkeit, Kooperationsfähigkeit, Beurteilungsvermögen, Entscheidungskompetenz und Eigenverantwortung (vgl. Abb. 1).

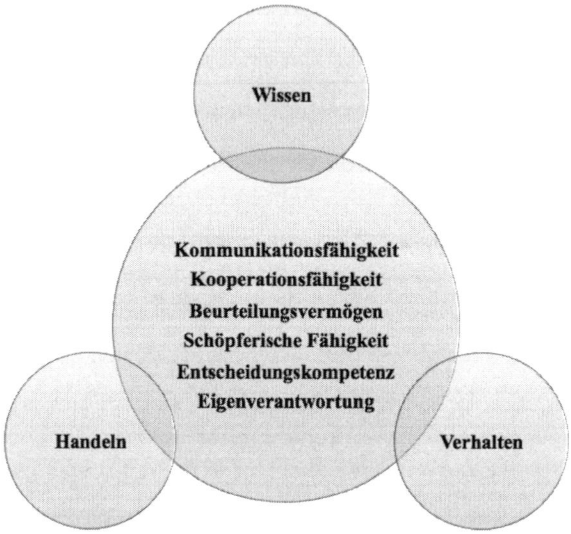

Abb. 1: Das Modell des Medienkompetenztests

Pro Kernkompetenz werden je vier Fragen gestellt, die entweder auf das Wissen über Medien, das eigene Handeln im Umgang mit digitalen Medien oder das Verhalten in der Interaktion mit anderen bezogen sind. Nach Abschluss des Tests erhalten die Kinder eine persönliche Auswertung. So erfahren sie genau, wo ihre individuellen Stärken liegen. Pädagogische Fachkräfte haben die Möglichkeit, für jede Lerngruppe einen Zugangscode zu generieren, mit dem sie anonymisiert die Gesamtauswertung der Lerngruppe einsehen können. Auf Grundlage des Profils einer Lerngruppe kann nun zielgerichtet die Medienkompetenz der Kinder gefördert werden. Zur Stärkung jeder der sechs Kernkompetenzen gibt es auf Teachtoday zahlreiche Projektideen, um mit Kindern zum Beispiel das Thema Handynutzung zu thematisieren.

3.2 Der Medienparcours – Ein Computerspiel für die Turnhalle

Mit einer Kombination aus Bewegung und Inhalten motiviert der Medienparcours Kinder im Alter von neun bis zwölf Jahren, sich kritisch mit ihrer eigenen Mediennutzung auseinanderzusetzen. Der Parcours ist aufgebaut wie ein „Jump and Run"-Spiel, so dass die Kinder sich sehr aktiv mit zentralen Themen wie Datenschutz, Cybermobbing oder auch Spielzeiten beschäftigen. Der Parcours besteht aus fünf Stationen, wovon jede circa acht Minuten dauert. Das Durchlaufen aller Spielstationen nimmt somit ungefähr 40 Minuten in Anspruch. Diese können beispielsweise an einem Projekttag komplett als „Computerspiel in der Turnhalle" umgesetzt oder als thematischer Einstieg in ein Thema einzeln genutzt werden.

Mit Hilfe des Zeiten-Buzzers erfahren die Mädchen und Jungen beispielsweise, wie schwer es ist, das Zeitgefühl während der Beschäftigung mit digitalen Medien zu behalten: Während sich die Kinder mit kleineren Computerspielen beschäftigen, müssen sie ihr Spiel alle zwei Minuten unterbrechen, zum Buzzer laufen und diesen drücken. Eine App zeichnet die Zeiten auf und macht am Ende das Zeitgefühl der Kinder sichtbar. Eine gemeinsame Reflexion schließt sich an. Ein anderer wichtiger Bestandteil des Medienparcours` ist der App-Schnapper. Mit dem App-Schnapper können die Schüler ihr Wissen zum Thema Apps erproben und erweitern: Welche Apps kennen und nutzen sie zum Kommunizieren, Recherchieren und Spielen? In diesem Quiz finden sie viele Anwendungen in Form von Icons, die per Drag und Drop einzelnen Tätigkeiten wie „Quatschen“ oder „Musik hören“ zugeordnet werden können.[1]

Literatur

BITKOM – Bundesverband Informationswirtschaft, Telekommunikation und neue Medien e. V.: Jung und vernetzt. Kinder und Jugendliche in der digitalen Gesellschaft. Berlin 2015, online abrufbar unter: https://www.bitkom.org/Publikationen/2014/Studien/Jung-und-vernetzt-Kinder-und-Jugendliche-in-der-digitalen-Gesellschaft/BITKOM-Studie-Jung-und-vernetzt-2014.pdf (letzter Zugriff: 06.06.2016).

Deutsches Institut für Vertrauen und Sicherheit im Internet (DIVSI) (Hrsg.): DIVSI U9-Studie. Kinder in der digitalen Welt. Hamburg 2015, online abrufbar unter: https://www.divsi.de/publikationen/studien/divsi-u9-studie-kinder-der-digitalen-welt/ (letzter Zugriff: 06.06.2016).

Deutsche Telekom AG (Hrsg.): Medien, aber sicher. Ein Parcours für kompetente Mediennutzung für Kinder von 9 bis 12 Jahren. Berlin. 2015. www.teachtoday.de/mediabase/pdf/Broschuere_Medienparcours_1873.pdf. (letzter Zugriff: 06.06.2016).

Deutsche Telekom AG (Hrsg.): Trixi und ihr Handy. Ein ganz normaler Tag. In: Scroller (2016), 1, 24f.

Heyse, Volker; Erpenbeck, John: Kompetenztraininging. Stuttgart: Schäffer-Poeschel 2009.

Medienpädagogischer Forschungsverbund Südwest (mpfs): KIM-Studie 2014. Kinder + Medien, Computer + Internet. Stuttgart 2015.

www.teachtoday.de (letzter Zugriff: 06.06.2016).

www.scroller.de (letzter Zugriff: 06.06.2016).

www.teachtoday.de/218_Medienkompetenztest.htm (letzter Zugriff: 06.06.2016).

Projektidee: Trixi und ihr Handy. Ein ganz normaler Tag. www.teachtoday.de/766_Ein_ganz_normaler_Tag.htm (letzter Zugriff: 06.06.2016).

www.teachtoday.de/138_Medienparcours.htm (letzter Zugriff: 06.06.2016).

1 Weitere Informationen zu den anderen Stationen im Medienparcours sind unter http://www.teachtoday.de/215_Der_Medienparcours_im_Detail.htm einsehbar.